Memoires De Monsieur De La Colonie, Maréchal De Camp ...: Contenant Les Événemens De La Guerre Depui Le Siége De Namur En 1692 ..., Avec Avantures Et Les Combats Particuliers De L'auteur : Tome Premier

Jean Francois Martin de La Colonie, Compagnie

252 _ 7

Ll 200.9.

32611

79 - 3 n° 25177

MEMOIRES

DE MONSIEUR

DE LA COLONIE,

TOME PREMIER.

MEMOIRES

DE MONSIEUR

DE LA COLONIE,

MARÉCHAL DE CAMP,

DES ARMÉES
DE L'ÉLECTEUR DE BAVIERE,

CONTENANT

LES ÉVÉNEMENS DE LA GUERRE,

depuis le Siége de Namur en 1692, jusqu'à la
Bataille de Bellegrade en 1717.

*Les motifs qui engagérent l'Electeur de Baviere à prendre
le parti de la France contre l'Empereur en 1701.*

La Description circonstanciée des Batailles & Siéges en
Allemagne, en Flandre, en Espagne, &c.

AVEC

LES AVANTURES ET LES COMBATS
particuliers de l'Auteur.

TOME PREMIER.

A BRUXELLES,
Aux dépens de la Compagnie.

M. D. CC. XXXVII.

DEs Perſonnes reſpectables dans l'Empire avoient demandé ces Mémoires pour les publier en Allemand. M. de la Colonie avoit lieu de croire que le Traducteur ſupléeroit au ſtyle & à la diction même : & il a été très-ſurpris de voir paroître en François un Ouvrage qu'il n'avoit pour ainſi dire qu'ébauché. Son premier ſoin a été d'en ſuprimer tout ce qu'il a pu ramaſſer d'exemplaires, heureuſement l'Edition n'étoit pas nombreuſe ; enſuite il l'a revû : & quoiqu'il ne ſe pique pas d'écrire, s'il n'en a pas changé le ſtyle, du moins il l'a purgé de bien des fautes.

Le Lecteur y trouvera un détail exact des Guerres de l'Empire & la France, depuis le Siége de Namur en 1692. jusqu'à la fameuse Bataille de Belgrade, qui se donna contre les Turcs en 1717. Il sera étonné de voir en Baviére, après l'échec d'Hochstet, des Combats où les Troupes de l'Empereur ont été batuës par celles de l'Electeur; il ne doit pas moins l'être du silence qu'ont gardé sur ces événemens ceux qui ont écrit l'Histoire du Régne de Loüis XIV. Ce sont pourtant des Faits si certains, & dont il y a encore tant de témoins, qu'il n'est pas possible d'en douter.

Il verra en Flandre la Description circonftanciée des Batailles de Ramilly, Oudenarde, Malplaquet, Denain, & des Siéges tant de notre part que de celle des Alliés ; ce qui s'eft paffé d'intéreffant en Efpagne, en Italie, & dans tous les Lieux où la Guerre a été portée.

Au refte, M. de la Colonie n'affirme prefque rien fur le témoignage d'autrui ; & s'il s'étend quelquefois fur la Guerre amoureufe, c'eft moins pour varier fes Mémoires, que pour ne rien omettre des Faits dont il a été le témoin ou l'Auteur.

MEMOIRES

DE MONSIEUR

DE LA COLONIE,

Maréchal de Camp des Armées de l'Electeur de Baviére.

JE n'aurois jamais entrepris de mettre ces Mémoires au jour, si des personnes d'une qualité distinguée ne me les avoient demandés, pour les faire traduire en Allemand ; je ne me sentois pas assez de style pour leur donner de l'ornement, & je ne m'y serois jamais déterminé sans leurs priéres, qui m'étoient des ordres absolus. Au reste, on ne m'a demandé que la vérité des faits, ce qui m'a fait croire que le Traducteur supléeroit à ce qui manqueroit d'ailleurs, & cette idée a

foulagé la répugnance que j'ai naturellement de m'ériger en Ecrivain. On m'a ordonné pareillement de faire le détail de
ma vie depuis le commencement de mes
Services, à caufe de la fingularité de quelques avantures, & des périls où j'ai été
tant de fois expofé dans des affaires géné-
rales & particuliéres ; j'ai obéi, fans ofer
m'étendre fur de certaines circonftances
où l'amour propre auroit eû trop de part.
Mais malgré mes précautions peut-être ne
ferai-je pas exemt de foupçons ; il y a cependant tant de témoins vivans de tout ce
que j'écris & de tout ce qui m'eft arrivé,
que fi j'étois capable d'altérer la vérité,
cela feul me retiendroit. Enfin les voilà
faits fans art & fans étude, & fans avoir
confulté ni Auteurs ni Hiftoires ; il ne fe-
ra pas furprenant qu'un homme qui a paffé toute fa vie à faire la guerre n'ait point
acquis un ftyle propre à relever fon Ouvrage. J'ai appris à lire & à écrire jufqu'à l'âge
de dix ans, dans un Bourg du Périgord,
qui eft le lieu de ma naiffance ; fi cela peut
fuffire, il y a de ma faute de n'avoir pas
mieux fait. J'étois le fixiéme enfant d'une
famille qui n'étoit pas bien partagée du côté de la fortune. Les Parens de mon pere

& de ma mere s'étoient fort diftingués par
leurs Services & par les Emplois confidérables qu'ils avoient occupés ; mais des revers qui cauférent la diffipation de leurs
biens , réduifirent leurs Defcendans au
point de ne pouvoir pas foutenir le luftre
où ils avoient vécu pendant bien des fiécles.

La Maifon des Guines , dont ma mere
defcend , eft une des plus nobles & des
plus anciennes de Picardie ; un Cadet de
cette Maifon quitta le Service fous le Régne de François II. pour fe marier en Périgord. La tendreffe eut plus de part à cet
établiffement que n'en eut la fortune : & le
peu de bien qu'il a laiffé à fes Defcendans ,
les a confondus dans le Public ; de forte
qu'il n'y a plus que les Aînés de quelques
Branches qui vivent encore noblement.

Mon Bifayeul paternel , le dernier de
ceux qui ont pû fe foutenir dans le luftre de
fes prédéceffeurs , mit fes Defcendans , par
trop de courage , non-feulement dans la
trifte fituation de ne pouvoir pas l'imiter ,
mais encore d'avoir peine à vivre médio-
crement dans le peu de patrimoine qu'il
leur laiffa. Sa fidélité & fa bravoure fous le
Régne de Henry III. caufa la perte de tous
fes biens , & ne laiffa à fes enfans que la

gloire d'être fortis de l'homme le plus va-
leureux & le plus intrépide de fon tems.

Il commandoit un Corps de Troupes
dans le Périgord, fous les Ordres de Monfieur de Montluc Gouverneur de Guyenne,
pour s'opofer aux Religionaires, qui fous
la protection du Prince de Condé faifoient
des défordres affreux ; il remporta quantité d'avantages fur eux & fur leurs Troupes,
entr'autres il défit un détachement confidérable que l'Amiral de Coligny envoyoit
de Xaintes en Quercy. Ce détachement
paffoit par le Périgord ; il l'attaqua près
d'un Village qu'on apelle la Bitarelle, &
l'Action fut fi vigoureufe & fi bien conduite, qu'il n'échapa perfonne ; on la trouva fi
belle & fi hardie, qu'on ne l'apella plus le
refte de fa vie que la Bitarelle. Mais M. de
Montluc étant mort, mon Bifayeul, qui
manquoit d'apui, fut expofé à la haine im-
placable que les Religionaires avoient conçû contre lui.

Le Vicomte de Turenne, qui avoit em-
braffé le parti de la Ligue, jura fa perte ; il
y réuffit à l'égard des biens, mais pour la
Perfonne, mon Bifayeul fçut fe garantir
par tant de rufes & tant de conduite, que le
Vicomte n'en put jamais venir à bout. Le

Roy Henry III. sous le Régne duquel mon Bisayeul avoit rendu des services importans, étoit un Roy qui sur la fin de son Régne s'adonna entiérement aux plaisirs ; & qui ne punissoit ni ne récompensoit.

Mon Bisayeul fut errant presque le reste de sa vie ; il n'osoit se fixer dans une demeure, crainte d'être surpris par les gens que le Vicomte de Turenne employoit à le poursuivre. Une nuit par hazard s'étant retiré dans une Maison près de Périgueux, pour la couchée seulement, on l'y surprit ; & pour qu'il ne pût échaper, on entoura la maison de tous les côtés, ensuite on se mit à enfoncer la porte. Il n'y avoit plus de salut pour lui s'il ne se fût avisé d'en lâcher lui-même les verroux ; alors ceux qui vouloient le prendre étant entrés en foule sans précaution, il se mêla parmi eux à la faveur de l'obscurité ; il sortit sans que personne s'en aperçût, & gagna la campagne sa pertuisane à la main. Quand il fut hors de danger, il sentit un véritable regret d'abandonner la partie sans s'être vengé de quelques-uns de ses persécuteurs ; l'envie qu'il en avoit lui en fit imaginer les moyens. Il se mit à crier à diverses reprises, d'une voix & de la même maniére que s'il avoit

été un des pourſuivans : la Bitarelle ſe ſauve : les premiers qui l'entendirent couru-
rent à ſa voix, en lui demandant : où eſt-il ?
Il eſt ici, répondoit-il, en les attendant de
pied ferme ; & à meſure qu'ils arrivoient il
les tuoit à coups de pertuiſane ; mais il fut
obligé de ſe retirer quand il vit que ſes ennemis venoient en trop grand nombre.

La Bitarelle ſe ſauve, paſſa en Proverbe
dans le Pays ; on en parloit encore dans
mon enfance : & l'on croyoit remarquer en
moi quelque choſe qui avoit du raport à
mon Biſayeul ; on diſoit que j'en avois toutes les allûres, & l'on m'en donna le nom,
auquel on m'avoit tellement accoutumé,
que j'y répondois comme au mien propre.

J'avois environ dix-ſept ans quand les
Victoires de Louis XIV. firent tant de
bruit dans le Royaume ; la Bataille de
Fleurus, la Priſe de Mons & la mort du
Prince d'Orange, qu'on croyoit avoir été
tué à la Bataille de Droghedu en Irlande,
cauſoient tant de joye, que juſques dans les
plus petits Villages on en fit des feux &
des réjouiſſances exceſſives. On ne parloit
que de guerre, & toute la jeuneſſe étoit
dans une ſi grande émulation, qu'elle s'em-
preſſoit à ſuivre le torrent des nouvelles

levées qu'se faisoient chaque jour. J'en
avois en particulier une ardeur démesurée;
mais j'aurois voulu d'abord être Officier,
& on ne pouvoit l'être sans avoir servi dans
les Compagnies de Cadets que le Roy
avoit établi dans neuf Places frontiéres du
Royaume. C'étoit là qu'on instruisoit la
Noblesse dans tous les exercices qui rendoient les Officiers capables de servir utilement & avec conduite; & on ne pouvoit
être reçû dans ces Compagnies si l'on n'é-
toit de famille noble ou vivant noblement,
ce qui devoit être certifié par les Intendans
des Provinces. J'employai auprès de mon
pere la sollicitation de mes amis, pour obtenir de quoi faire mon voyage, & M. de
Bezons, Intendant de Bordeaux, me donna une lettre sur laquelle je fus reçû à Versailles par feu M. de Barbesieux, & envoyé
dans la Compagnie de Charlemont en
Flandre. Le Marquis de Refuge, Maréchal de Camp des Armées du Roy, en
étoit Gouverneur; il étoit aussi Capitaine
de la Compagnie des Cadets, à la place de
M. de Reveillon, qui avoit été cassé pour
n'avoir pas mis ordre à une espéce de sédi-
tion qui s'étoit élevée quelques années auparavant.

Aiiij

Il y avoit des Maîtres dans ces Compagnies pour enseigner tout ce qui peut per-
fectionner un jeune homme de condition.
Outre l'Exercice Militaire, où l'on donnoit les plus grandes attentions, on pouvoit y apprendre à faire des armes, à dan-
ser, à monter à cheval, la Géographie, les
Fortifications & les principales parties des
Mathématiques ; mais on n'étoit sévére que
pour l'exercice du Mousquet, car pour
les autres chacun étoit libre de les prendre
ou de les laisser ; pourvu qu'on se présentât aux Sales à son tour, cela suffisoit : &
comme la jeunesse n'aime rien de ce qui
peut la gêner, presque pas un n'en profi-
toit. Je regardai cette occasion de m'instruire bien différemment que mes camarades ; je crus que si je pouvois réussir dans
les Fortifications, je trouverois par là le
moyen de supléer aux dépenses que ma famille n'étoit pas trop en état de faire pour
mon avancement ; c'est ce qui m'engagea à
m'apliquer au Dessein & aux autres parties
qui pouvoient me rendre promptement
utile aux travaux du Roy ; je m'attachai
aussi à bien aprendre à faire des armes & à
voltiger, c'étoient les exercices que j'aimois le plus.

Les Maîtres de Mathématiques, qui depuis la création des Compagnies n'avoient presque trouvé personne qui s'attachât serieusement à cette Science, fûrent si charmés de mon aplication, qu'ils me facilitérent avec soin tous les moyens d'y réussir. Pour m'animer davantage, ils me donnoient en présence de mes camarades tant d'aplaudissemens, qu'ils m'attirérent la haine de quelques anciens Cadets, surtout celle d'un des plus fameux, qui tenoit le premier rang dans la Sale d'Armes, par son habileté, & à qui quelques affaires d'honneur, dont il s'étoit bien tiré, avoient acquis la réputation de brave; c'est ce qui le faisoit respecter des autres Cadets, & ce qui le rendoit présompteux & insolent.

Ce Cadet ne suportoit ces aplaudissemens qu'avec peine; il auroit voulu qu'ils eussent tous été réservés à sa bravoure, & quoique ceux qu'il remportoit dans les Armes fussent d'un genre différent de ceux qu'on me donnoit, il n'en étoit pas moins inquiet que si nous eussions été en concurrence pour le même objet. Dans toutes les occasions ce brave ne manquoit point de m'apostropher; il n'attendoit pas même qu'elles se présentassent, il les prévenoit.

Je me promenois un jour avec d'autres
Cadets fur l'Efplanade lorfqu'il, nous joignit de deſſein prémédité , & m'adreſſant
la parole avec un air de mépris, il me dit
cent chofes déplaiſantes ; toutes mes occupations y étoient tournées en dériſion , &
en geſticulant & turlupinant il me demanda ſi je ſçavois tirer une tierce & une quarte
à la pointe de l'épée, auſſi bien qu'une ligne
diagonale ou perpendiculaire. Je ne pûs
fouffrir ces mauvaifes plaiſanteries que très
impatiemment ; nos paroles s'échauffèrent,
& je me ſentis ſi piqué de ſes fanfaronades,
que ſans autre examen je mis l'épée à la
main. Jamais homme ne fut plus ſurpris
que le fut celui-là ; il croyoit que ſa ſeule
réputation devoit trop m'intimider, pour
ofer me battre contre lui ; il ſe mit cependant promptement en défenſe , & les autres Cadets nous laiſſèrent la liberté de nous
battre ſans être interrompus. Nous faiſions
l'un & l'autre de notre mieux ; enfin pour
mon coup d'eſſai j'eûs le bonheur de vaincre ce Bréteur ſi redouté. Je lui portai
deux coups d'épée, dont l'un lui ayant percé le bras dans les tendons au deſſus du poi-
gnet, lui cauſa tant de douleur, qu'il le
mit hors de défenſe , & il ſe vit contraint de

me demander grace. Cette affaire fit entie-
rement perdre à ce fanfaron toute la réputation qu'il s'étoit acquise , & servit à redoubler les soins que les Maîtres de Mathématiques prenoient à m'instruire ; ces Messieurs regardérent les railleries de ce Cadet
comme un affront fait à eux-mêmes, que je
venois de venger ; & ils firent de nouveaux
éforts pour me mettre bientôt en état d'ê-
tre employé sur les travaux du Roy. Quand
ils m'en jugérent à peu près capable, ils sol-
licitérent eux-mêmes le Marquis de Refuge
& l'Ingénieur en chef ; & ils trouvérent
moyen par leurs aprobations & les aplaudissemens qu'ils me donnérent de me faire
employer sans sortir de la Compagnie. J'é-
pargnai alors avec soin les apointemens que
je retirai des travaux , afin d'être en état de
me mettre en Equipage lorsque je serois
fait Officier dans un Régiment , sans avoir
la peine de retourner en Province incommoder mes parens.

Je me trouvai bientôt dans une heureuse situation ; je n'avois point l'esprit de dis-
sipation , & je connoissois parfaitement que
j'avois besoin d'une grande conduite pour
parvenir par moi-même , à cause du peu
que j'avois à espérer de mon patrimoine.

Mais cette satisfaction fut troublée par une
nouvelle affaire imprévûë , qui fut d'un
plus grand poids que n'avoit été la premiére , & qui pensa ruiner entiérement mes
affaires : il y eut même à craindre qu'il n'en
arrivât quelque chose de plus sérieux ; &
sans la protection que feu M. de Louvois
accordoit aux Compagnies de Cadets ,
qu'il regardoit comme son ouvrage , je
n'en serois peut-être pas sorti si heureusement que je fis.

Cette affaire ne se passa point entre Cadets ; ce fut contre un jeune Officier qui faisoit la fonction d'Aide ou Garçon-Major
dans un Bataillon de Navarre , qui étoit
de Garnison dans Charlemont. Ce jeune
homme étoit un gros garçon bien tourné , qui avoit une Moustache naissante à
la Royale , comme on les portoit dans ce
tems-là , ce qui lui donnoit un air de guerre
& de fierté , & peu de gens s'estimoient autant que lui. Un jour de Fête-Dieu , que le
Bataillon étoit sous les armes pour la Procession du S. Sacrement , le hazard me conduisit avec trois autres Cadets devant les
Drapeaux du Régiment , où étoit l'Aide-
Major ; cet Officier ayant craché par mé-
garde sur mon habit , je m'arrêtai tout

court de furprife, & ce mouvement l'ayant
fait apercevoir de fon imprudence, il cher-
cha à la réparer en tirant fon mouchoir
pour m'effuyer ; je crus cette fatisfaction
tellement de droit que je ne fis pas mine de
lui en épargner la peine. L'Ayde-Major,
pétri de vanité, fut piqué de ce que je ne
lui faifois pas honnêteté ; il crut qu'un
homme de fa conféquence s'étoit trop
abaiffé en faifant cette démarche, & il s'en
retourna fur fes pas la chofe à moitié faite,
en prononçant quelques paroles injurieufes. Je voulus d'abord lui répondre, mais
voyant qu'il prenoit de là l'occafion d'élever la voix, je continuai mon chemin, en
l'affurant que j'aurois l'honneur de le revoir, & m'en allai à l'Eglife pour entendre
la Meffe. Les Cadets qui étoient avec moi
me quittérent à la porte de l'Eglife ; ils
avoient une fi grande démangeaifon d'aller
dire ce qui venoit d'arriver, que bientôt les
Officiers de ce Bataillon & ceux de notre
Compagnie en fûrent avertis. Ces Meffieurs, qui connûrent les fuites fâcheufes
que cette affaire pouvoit avoir, fe joignirent les uns aux autres pour trouver moyen
de l'apaifer dans fa naiffance. On n'avoit
que trop éprouvé, par l'accident qui étoit

arrivé à M. de Reveillon, que cette Compagnie, composée de sept ou huit cens étourdis, prenoit son parti sans aucune réflexion. Ils ne pouvoient pas croire, après l'affaire que j'avois euë avec le Cadet, que je laissasse celle-là sans mot dire, & craignant que la Compagnie ne prît quelque violent parti contre ce Bataillon, il n'y eut point de mouvemens que ces Messieurs ne se donnassent, pendant que j'entendis la Messe, pour obliger l'Officier à me faire des excuses lorsque je sortirois de l'Eglise. En effet, je trouvai à la porte nombre d'Officiers avec le Garçou-Major, à qui le Commandant du Bataillon ordonna de me faire excuse de ce qui s'étoit passé entre nous ; je le fais, dit-il en marmotant entre ses dents, parce que vous me l'ordonnez, & point autrement, & on le prendra comme on le voudra. Je les remerciai de leur bonne volonté, & continuant mon chemin j'entendis ces Messieurs parler d'un ton bien haut au Garçon-Major ; mais cela ne suffisoit pas, je n'étois point satisfait, & ce qui venoit de se passer me piquoit presque autant que l'action même. L'envie que j'avois de m'en venger ne fit que redoubler, & de crainte qu'on ne m'en ôtât les moyens

par quelque nouvelle assemblée, je m'en
allai dîner au plus vîte. Dès que j'eûs dîné
je fortis de la Ville, & je ne rentrai que
quand je vis qu'on alloit en fermer les portes ; alors je me gliffai dans une petite ruë
près des Remparts , en attendant qu'on
donnât l'Ordre fur la Place d'Armes , où
je fçavois que néceffairement mon homme
devoit fe trouver pour le prendre du Major
de la Place , & le donner aux Sergens du
Bataillon. Quand je vis que l'Ordre pouvoit être donné , je m'avançai dans le chemin par où il devoit fe retirer, c'étoit auprès des Cazernes où logeoit le Bataillon,
je me plaçai à la porte d'une maifon d'où il
ne pouvoit m'apercevoir qu'au moment
qu'il feroit tout à fait près de moi. Cet Officier ne fe retira qu'après que tous les Sergens fûrent rentrés dans leurs Cazernes ; il
marchoit avec un air de tranquillité & un
tortillement de reins qui marquoit combien il étoit content de lui-même ; je le
voyois venir de loin fans me découvrir , &
quand je vis qu'il étoit affez près., je me
préfentai devant lui en mettant l'épée à la
main , & lui dis de fe mettre en défenfe. A
cette aparition fi peu attenduë , cet homme fit un tremouffement qui marquoit une

extrême furprife ; il fe recula tout tranfi, fans porter la main à fon épée, ce qui m'obligea de lui crier une feconde fois de mettre l'épée à la main, fans quoi je l'allois fabrer comme un malheureux. Il fe mit enfin en défenfe, en prononçant quelques paroles mal articulées, mais d'une voix extrêmement élevée, afin que le voifinage pût nous entendre. La crainte que j'en eûs redoubla ma colére ; je le ferrai de fi près, que dans un inftant nous nous prîmes au colet ; mais la peur avoit tellement faifi ce poltron, qu'à la premiére fecouffe je le jettai par terre, & lui préfentai la pointe de mon épée fur l'eftomac, pour lui faire rendre la fienne. Il fut fi éffrayé qu'il fe prit à crier à haute voix : au fecours, Meffieurs de Navarre. A ces cris les Soldats fortirent des Cazernes ; mais quelques Officiers qui fortirent auffi, & qui aperçûrent prefque tous les Cadets rangés en haye, pour voir de quelle maniére la chofe fe pafferoit, firent rentrer avec empreffement leurs Soldats, de crainte que leur feule préfence n'ébranlât ces étourdis, qui au moindre mouvement du Bataillon fe feroient jettés deffus fans aucune réflexion. Cependant je defarmai mon homme, & quand je fûs

maître de son épée, je le laissai & me retirai en ma Chambre, sans qu'aucun Cadet
m'aprochât; au contraire, quand ils virent
que l'action s'étoit passée comme ils le sou-
haitoient, ils disparûrent tous en un instant, & prirent différentes routes, donnant
à croire qu'ils ne s'étoient trouvés-là que
par hazard. Au reste il n'étoit pas difficile
de comprendre le motif qui les avoit
conduits. Les Officiers du Bataillon pénétrérent leurs intentions, & pour couper
chemin au desordre qui auroit pû s'ensui-
vre, ils tinrent leurs Soldats en respect.
J'avois été surpris de voir notre Compagnie si concertée, car je n'avois communi-
qué mon dessein à personne; mais j'apris
qu'on avoit tellement compté que je ne
laisserois pas cette affaire sans la suivre,
que nos Cadets, de complot fait, étoient
demeurés toute l'après-midi hors de leurs
chambres, sans pourtant s'atrouper, dans
l'intention de n'y pas rentrer avant l'heure
de la retraite, afin de pouvoir faire tête au
Bataillon, en cas qu'il voulût s'intéresser
dans l'affaire que je pourrois avoir avec
l'Ayde-Major.

Je ne fûs pas long-tems dans ma chambre sans sçavoir des nouvelles de nos Supé-

rieurs. Un de nos Officiers, Normand de
Nation, qui s'apelloit Gerbonville, me fit
l'honneur de me venir trouver avec le Sergent de notre Brigade, & d'un air plein de
févérité il m'ordonna de rendre mon épée
& de le fuivre: il eut la bonté de me conduire jufqu'à l'entrée d'un affreux cachot,
où l'on ne voyoit le jour qu'au travers d'une
petite lucarne large de trois pouces feulement, cifelée dans un épais rocher, dans
lequel étoit pratiqué ce cachot. Un afpect
fi affreux me déconcerta extrêmement; je
n'avois pas cru que l'affaire fût affez de conféquence pour mériter un châtiment fi ri-
goureux, d'autant même que mon adver-
faire ne m'avoit pas paru bleffé. Je demandai donc à mon Supérieur en quoi j'étois
affez criminel pour mériter ce ténébreux
manoir. Comment, Monfieur, me dit-il,
vous me demandez en quoi vous êtes criminel, après nous avoir expofé tous tant
que nous fommes à un danger encore plus
grand que celui que nous avons effuyé dans
la fédition qui fe paffa du tems de M. de
Reveillon. Si le Bataillon de Navarre avoit
donné du fecours à fon Ayde-Major, comme il n'auroit pas manqué de le faire fans
la prudence de fes Officiers, où en ferions-

nous ? Les Cadets n'étoient-ils pas de deffein prémédité, tout prêts à courir deffus?
Toute la Garnifon n'a-t-elle pas été à un
doigt de fa perte par votre imprudence?
Et vous trouvez encore étrange de ce qu'on
ne vous traite pas avec plus de modération?
croyez-vous qu'on vous doive aplaudir en
pareil cas, & ne vous pas faire fentir ce
que vous méritez ? Je voulus l'affurer que
pas un Cadet n'avoit fçû mon deffein ; que
c'étoient les cris de l'Ayde-Major qui
avoient attirés les uns & les autres, & que
s'il avoit été auffi honnête homme qu'il
avoit voulu le faire croire, la chofe fe feroit paffée fans bruit de lui à moi. Mais
Gerbonville inexorable me dit que fi mes
raifons paroiffoient bonnes, les chofes s'é-
toient paffées différemment, & qu'il falloit
obéir fans réplique ; enfin on me fit defcendre impitoyablement dans cette affreufe demeure.

On ne me traita avec tant de févérité
que par raport aux Officiers de notre Compagnie ; ils avoient couru rifque d'être caf-
fés lors de la révolte des Cadets, fous M.
de Reveillon, & ils fûrent fi éfrayés de
mon affaire, qu'ils courûrent tout allarmés
chez le Marquis de Refuge, lui repréfen-

ter le danger où j'avois expofé la Garnifon
& lui-même, & qu'il étoit de toute néceffité de s'affurer de moi, pour ne pas tomber dans le même cas, & d'en écrire en
Cour. Heureufement le jour fuivant n'étoit
pas un jour d'Ordinaire du Courier, &
les Maîtres de Mathématiques qui m'aimoient, eûrent le tems de prier M. de Refuge de ne pas écrire en toute rigueur contre moi. D'ailleurs les Officiers de Navarre
craignoient que leur Garçon-Major ne fe
trouvât envelopé dans les circonftances de
cette affaire. M. de Refuge entra dans toutes ces confidérations ; mais je fûs toujours
à bon compte dans le cachot, avec ordre
au Géolier de ne me laiffer parler à perfonne. On me mit en bonne main ; cet honnête homme exécuta fi ponctuellement fes
ordres, qu'il ne me parloit pas lui-même.
J'avois beau le queftionner quand il m'a-
portoit à manger, il ne me répondoit jamais un feul mot. Il pofoit ma portion fur
un mauvais lit de Corps-de-Garde, dont
les planches toutes moifies formoient la
table & le feul meuble de mon noble apartement : & il reffortoit à l'inftant, en fer-
mant toutes les portes après lui.

Je paffai dix jours entiers dans ce cruel

État., livré feulement à mes feules réflexions, fans confeil ni confolation de perfonne. Mes triftes idées n'étoient remplies
que d'affreufes repréfentations; tout m'y
paroiffoit funefte & de mauvais préfage.
L'étroite prifon où l'on me retenoit., fans
vouloir me laiffer parler ni écrire à perfonne ; les difcours que Gerbonville m'avoit
tenus en m'y renfermant ; d'autres nouveaux monftres que je me faifois moi-même, tout enfin ne me laiffoit pas un feul
moment fans fouffrir. Mon fommeil même
étoit interrompu par des rêves hideux, qui
me faifoient quelquefois réveiller en furfaut ; & à mon réveil les tourmens renaif-
foient avec plus de violence qu'auparavant.
L'efpace de ces dix jours fut dix fiécles
pour moi ; & j'endurai pendant ce tems-là
tout ce que la nature peut fouffrir de plus
cruel. L'onziéme jour le Géolier m'apor-
tant à manger comme à l'ordinaire, me
parut d'un air plus traitable ; il me parla
avec un ton de voix radouci, il entra dans
mes peines, & me dit qu'il avoit toujours
pris part à mes chagrins ; mais que les ordres qu'on lui avoit donnés l'avoient empêché de me témoigner ce qu'il reffentoit.
Qu'il ne falloit plus m'inquiéter, que tout

iroit bien, puisqu'on venoit de lui ordonner de laisser entrer ceux qui viendroient
me voir. J'écoutai avec attention un difcours si agréable, & ma joye fut si grande
qu'il me fut impossible de manger. Peu de
tems après je vis entrer nombre de Cadets,
qui se succédant les uns aux autres, ne
desemparérent point mon cachot de toute
la journée.

Le lendemain Gerbonville voulut me
faire le plaisir de m'annoncer lui-même ma
liberté, & de réparer par cette bonne nouvelle les maux qu'il m'avoit causés. Il me
dit de sortir, & d'aller remercier le Marquis de Refuge de toutes les bontés qu'il
avoit euës pour moi. J'exécutai cet ordre
avec beaucoup de plaisir, & je démêlai au
travers d'une longue morale qu'il me fit,
que mon action n'avoit pas été trouvée si
mauvaise qu'elle leur avoit paru d'abord.

Cependant M. de Refuge en avoit écrit
à M. de Louvois, & lui avoit rendu compte de ce qui s'étoit passé; mais ce Ministre
qui ne vouloit pas fournir à Sa Majesté l'occasion de se rebuter des Compagnies de
Cadets, fit relever le Bataillon de Navarre,
& l'envoya dans une autre Garnison; & lui
ayant parlé de cette affaire, comme d'une

chofe fans conféquence, arrivée par hazard entre jeunes gens, il ordonna de me
remettre en liberté.

Il n'y avoit que huit jours que j'étois
hors du cachot, lorfque M. de Jaillis,
Commandant immédiat de la Compagnie,
après M. de Refuge, me fit ordonner par
le Sergent de Brigade de lui aller parler;
cet ordre me fut donné d'une maniére à
me faire croire qu'il y avoit encore quelque
punition en campagne contre moi. J'examinai ma confcience en chemin, pour voir
fi je ne m'étois point rendu coupable en
quelqu'autre chofe; mais ma crainte fut
agréablement raffurée, quand M. de Jaillis
me dit que M. de Refuge venoit de me
nommer Sous-Brigadier d'une Brigade de
la Compagnie, & de l'aller remercier. Je
courus avec un plaifir extrême au Gouvernement; & je reffentis dans l'agréable furprife de cette premiére Promotion, une
joye plus vive que je n'en ai reffenti en toutes celles où je me fuis trouvé depuis. C'é-
toit mon premier dégré d'élévation; je le
regardois alors comme quelque chofe de
conféquence, quoiqu'au fond il ne me
mettoit que tant foit peu au-deffus d'un
fimple Cadet. Ce petit Pofte ne me détour-

na en rien de mes occupations ordinaires:
M. de Refuge m'exemtoit du Service
dans la Compagnie, en confidération des
Travaux du Roy; j'en étois fi charmé,
que je fouhaitois avec ardeur pouvoir être
employé à des chofes où je puffe faire voir
ma bonne volonté; & l'attachement que
j'avois pour le Service; c'eft ce qui arriva
peu de tems après, par la fameufe entreprife que le Roy fit fur Namur en 1692.

L'entreprife de ce Siége étoit une des
plus confidérables qui eût encore paru en
Europe depuis bien des fiécles. On apelloit
cette Ville: Namur la Pucelle; parcequ'aucun Conquérant n'avoit encore pû la prendre: Céfar même, malgré tous fes éforts,
& un long & pénible Siége, fut obligé de
l'abandonner fans avoir pû la réduire. Dans
cette prévention, Namur fit l'attention de
toute l'Europe, quand Louis XIV. fe préfenta en perfonne pour l'attaquer. Le Roy
qui voulut diriger lui-même une fi fameufe entreprife, partit de Verfailles le 10
de May, fuivi de Monfeigneur & de toute
la Cour, & fut fe mettre à la tête de fon
Armée; il voulut abfolument camper dans
les Lignes de Circonvallation qui fûrent
faites autour de la Place, & Madame de
Maintenon,

Maintenon avec les principales Dames de la Cour qui avoient fuivi, fûrent logées dans la petite Ville de Dinan, trois lieuës au-deſſus, fur la Riviére de Meuſe. Indépendamment de l'Armée du Roy qui faiſoit le Siége de cette Place, M. le Maréchal de Luxembourg en commandoit une feconde, pour s'opoſer au fecours que les Ennemis auroient tenté d'y faire entrer.

Namur n'eſt qu'à fept lieuës au-deſſous de Charlemont ; tous les apareils de ce Siége avoient paſſé à notre vûë, & prefque tous nos Ingénieurs fûrent commandés pour y aller fervir. Ce n'étoit qu'avec un extrême regret que je les voyois partir fans être moi-même de la partie ; j'en témoignai quelque choſe à mes amis les Maîtres de Mathématiques, qui pour me fatisfaire follicitérent M. de Cladech, Chef de nos Ingénieurs, qui devoit commander une Brigade pendant le Siége, pour obtenir de M. de Refuge la permiſſion d'y aller comme Ingénieur volontaire, ce qu'il m'accorda avec plaiſir ; & j'eûs l'honneur d'être compris dans le nombre de ceux qui fervirent de plus utilement.

Cette Place, fans être réguliére, eſt une

des plus fortes, par la situation de son Château, de toutes celles qui sont sur la Frontiére de Flandre ; la bizarerie des Fortifications, & le nombre des Ouvrages qui se couvrent & se défendent les uns les autres, font un enchaînement de difficultés insurmontables à ceux qui en veulent faire le Siége. Ces difficultés étoient alors plus grandes qu'elles n'ont été depuis, parceque cette Place n'ayant jamais été prise, personne n'en connoissoit les endroits les plus foibles, & il fallut se livrer au hazard. Ce peu de connoissance pensa nous être très-nuisible ; & si le bonheur ne nous avoit pas secouru après la réduction de la Ville, il auroit fallu nécessairement être parjure à la foi d'une Capitulation, ou lever le Siége, pour n'avoir pas sçû les véritables endroits où l'attaque du Château étoit la plus facile. Ce fut par ce défaut de connoissance qu'en nous rendant maîtres de la Ville, on accorda une Capitulation aux Assiégés, par laquelle il étoit expressement dit que la Garnison des Ennemis qui défendoit le Château, ne tireroit en aucune maniére sur la Ville ; que les Troupes du Roy & la Bourgeoisie y seroient en entiére sûreté, marchant dans les ruës, & y agissant comme auparavant le Siége; mais aussi que le Roy ne feroit aucune attaque contre le Château, directement ni indirectement du côté de la Ville; ce fut donc faute d'avoir connu la véritable situation des Fortifications du Château, qu'on accorda cet Article aux Assiégés; parce que c'est précisément par le seul côté de la Ville qu'il peut être pris : il est presque imprenable par *tout* autre endroit.

Nous commençâmes par assiéger la Ville avant d'entreprendre de grandes choses du côté du Château; nous y ouvrîmes la Tranchée le 29. May, & nous y dressâmes plusieurs Batteries les mieux servies qu'on ait jamais vû; car la présence du Roy donnoit tant d'émulation, que chacun dans son emploi tâchoit de se surpasser. Les premiers jours de ces attaques, les Ennemis parûrent sur leurs Remparts avec une contenance animée, comme s'ils s'étoient peu souciés de notre entreprise; mais les jours suivans ils ne firent qu'une petite sortie du côté de la porte de Fer, à la faveur d'une Demi-Lune qui couvre le corps de la Place, & cette sortie leur réussit si peu, qu'ils n'entreprirent plus d'en faire; il est vrai aussi que la Garnison étoit un peu foible,

parce que les Ennemis n'avoient pas cru
que le Roy voulût commencer la Campagne par une entreprife de cette conféquence. La plûpart des Bataillons qui compofoient cette Garnifon étoit Efpagnol, très-
foible & délabrée, & compofée d'affez
mauvaifes Troupes ; ce qu'il y avoit de
mieux, étoient quelques Régimens Bran-
debourgeois & du Landgrave ; mais ils n'é-
toient pas en grand nombre ; auffi ne nous
firent-ils pas languir long-tems devant la
Ville, qui nous fut livrée le 5 Juin, & la
Garnifon fe retira dans le Château, après
la Capitulation que je viens de dire.

La réduction d'une place de cette conféquence, que nous emportâmes en fi peu
de tems, nous fit efpérer que nous aurions
bon marché du Château ; la Garnifon ne
s'étoit défendue que très-mollement, &
felon toute apparence, le Château qui avoit
encore moins de commodité pour faire des
forties fur nous que n'en avoit la Ville, ne
devoit pas nous faire craindre une plus belle défenfe ; mais nous ne penfions pas
alors que du côté où nous faifions nos attaques, nous avions à combattre contre un
nombre de Fortifications qui fe défendoient d'elles-mêmes, & qu'outre cela

nous avions à surmonter le tems le plus dé-
testable. Pendant près de trois semaines,
une pluye abondante ne discontinua point ;
elle rendit les routes du Camp si impraticables, qu'il étoit presque impossible de voi-
turer, de la Riviére jusqu'aux Batteries,
les Munitions nécessaires pour servir l'Artillerie.

La situation de ce Château est très avantageuse ; il est sur une hauteur au-dessus de
la Ville, où la rencontre des Riviéres de
Meuse & de la Sambre forment un angle
dans lequel il est placé ; la pointe de cet angle est du côté de la Ville, & la petite Riviére de Sambre fait la séparation de ces
deux places, qui se communiquent par un
grand Pont de pierre. Ce Château a quelques Fortifications qui bornent la petite
Riviére, & c'est de ce côté-là où il a sa
partie la plus foible ; parce que les Fortifications sont commandées par les Remparts
de la Ville, qui n'ont que le petit travers de
la Sambre entre deux, & qu'on peut du
premier abord battre en bréche jusqu'au
Rez de Chaussée. Il y a encore quelques
Jardinages joignant les Remparts de la
Ville, qui commandent également ces
Fortifications, dans lesquelles on peut pla-

B iij

cer telles Batteries qu'on peut souhaiter, & par cet endroit l'attaque du Château est beaucoup plus avantageuse & plus assurée pour les Assiégeans ; mais nous nous l'étions prohibée par la Capitulation de la Ville.

La partie du Château qui borde la Riviére de Meuse, est une hauteur sur des Rochers escarpés & inaccessibles, où l'on ne peut faire aucune attaque ; nous n'avions donc que la partie tout à fait oposée à la Ville, où nous pouvions dresser nos Batteries ; c'est celle qui s'étend dans la campagne au-delà du Château, & quoiqu'elle soit sur une hauteur, cependant le terrein y est assez plat, si l'on en excepte quelques Ravins & quelques Bois qui l'entrecoupent en certains endroits. Cette partie étoit fortifiée, premiérement, à commencer du centre du Château, par un Donjon bien terrassé, couvert de deux bons demi Bastions, attachés à une Courtine placée au-delà du Fossé. Ce Donjon a un autre Fossé à son revers. Au-delà de ce Fossé vient un grand & large Ouvrage à Corne, bien revêtu avec un bon Fossé sec & fort profond, Contrescarpe & Chemin Couvert bien palissadé ; la Courtine de

cet Ouvrage à Corne est encore couverte
au-delà de son Fossé par un quatriéme Ouvrage, qui pour la forme dont il est cons-
truit est nommé Bonnet à Prêtre : cet Ouvrage a aussi une Contrescarpe & un Chemin couvert ; mais il n'est pas d'une extrême conséquence. Après ce quatriéme
Ouvrage, régne dans le terrein un grand
Ravin très-profond, au-delà duquel est encore un nouveau Fort, bien revêtu, avec
Fossé, Chemin Couvert & Glacis ; il est
apellé le Fort-Guillaume, nom du Prince
d'Orange devenu Roy d'Angleterre, qui
l'a fait construire ; ce fut par cet endroit
que nous fûmes obligés de commencer le
Siége du Château, parce qu'il s'offroit le
premier sur notre chemin. Les pluyes
commençoient lorsque nous attaquâmes
ce Fort ; & comme les chemins étoient encore praticables, nous eûmes de la facilité
à le battre en bréche, & nous l'emportâmes le 12. du mois. Ce Fort nous servit à
placer du Canon pour battre le Bonnet à
Prêtre, & une des faces des demi Bastions
de l'Ouvrage à Corne ; outre toutes
nos Batteries, nous en dressâmes encore
d'autres dans la campagne, qui battoient
pareillement l'Ouvrage à Corne ; mais cet-

te Artillerie dreſſée avec précaution, faiſoit très-peu d'effet, faute de pouvoir y tranſporter les Munitions néceſſaires ; car les pluyes avoient tellement détrempé les terres, qu'il n'étoit plus poſſible de ſe ſervir de Chariots ; tout ce qu'on pouvoit faire étoit de tranſporter quelques Bombes & quelques Boulets ſur des Mulets & des Chevaux de bât, encore ces animaux avoient-ils peine à ſortir à vuide des mauvais pas qu'ils rencontroient quelquefois, s'ils n'étoient pas guidés par de nouvelles routes. Avec ces difficultés, nos Batteries ne pouvoient être ſervies, & tout alloit très-lentement ; d'ailleurs toute la Cavalerie de notre Armée manquoit entiérement de Fourage, parce que ce Pays n'étoit pas aſſez abondant pour pouvoir lui en fournir long-tems ; car il n'eſt preſque rempli que de Bois, qu'on ſe vit obligé de dépouiller pour nourrir les Chevaux, dont une très grande quantité périt.

Nous étions en cet état vers la fin du mois de Juin ; le Roy étoit fort inquiet, & nos premiers Ingénieurs du Royaume, qui avoient la direction des travaux du Siége, ne ſçavoient plus par où s'y prendre ; on ne prévoyoit que de très-mauvaiſes ſuites par les obftacles du tems qui augmentoient tous les jours, & par la Chaîne de Fortifications que nous avions à percer dans l'endroit où nous faifions nos attaques. Dans cette dure fituation, M. de Vauban hazarda de demander la permiffion au Roy d'attaquer par la Ville, en rompant les Articles de la Capitulation, repréfentant à Sa Majefté qu'il feroit moins honteux de les enfreindre, que d'être obligés de lever le Siége, ce qui arriveroit affurément fi on le continuoit par l'endroit où l'on avoit fait les attaques; que s'il lui étoit permis d'en faire fur les Remparts de la Ville & dans les Jardins qui y aboutiffoient, il répondoit à Sa Majefté de la prife du Château par plufieurs raifons; premiérement, parce que c'étoit la partie la plus foible, & en fecond lieu, parce que les Munitions pour l'Artillerie ne manqueroient plus, puifque les batteaux en voitureroient jufqu'aux Portes de la Ville; qu'il prioit très-humblement Sa Majefté de lui accorder la permiffion qu'il lui demandoit, eû égard à toutes ces raifons.

Le Roy fe laiffa toucher par les priéres de M. de Vauban, & par l'état où les chofes fe trouvoient; mais cependant pour ne

rien précipiter, & par une prudence extraordinaire, il permit feulement de faire
ouvrir des Tranchées fur les Remparts de
la Ville, le long de la Riviére de Sambre,
de dreffer des Batteries, & de conftruire
des Epaulemens dans toutes les ruës de la
Ville qui étoient enfilées du Château, afin
qu'on y pût marcher en fûreté & à couvert
des coups des Affiégés ; & il ordonna de
n'y conduire l'Artillerie que quand il le jugeroit à propos. J'eûs l'emploi d'une partie
de ces travaux, qui fûrent les feuls qui fe
firent, fans que les Travailleurs fuffent expofés aux coups des Affiégés, qui n'ofé-
rent tirer fur nous, crainte de nous donner
occafion d'enfreindre la Capitulation. Ils
ne pouvoient comprendre quels étoient
nos deffeins en nous voyant travailler avec
tant de précipitation à une manœuvre contraire aux Articles accordés par le Roy même. Pour nous, nous étions fi aifes de la
permiffion que le Roy avoit accordée à M.
de Vauban, que nous fîmes les travaux
avec une diligence extrême, comptant que
tout de fuite on alloit placer l'Artillerie &
battre en bréche les Ouvrages qui étoient
au bord de la Sambre ; mais Dieu permit
que le Roy fe garantit d'être parjure à fa

parole ; il fit naître un hazard des plus favorables & des plus imprévûs , qui nous rendit les maîtres de cette Place , sans faire de plus grands travaux & sans perdre davantage de monde.

Nos travaux sur les Remparts de la Ville étant faits , le Roy avant de rien entreprendre de ce côté là voulut risquer l'assaut du Bonnet à Prêtre , où il y avoit déja bréche , mais presque inaccessible à cause de sa grande rapidité ; notre derniére Parallele étoit même encore fort éloignée de son Chemin Couvert ; cependant l'ayant ordonné on eut le bonheur d'emporter d'assaut cet Ouvrage le 29 du mois , sans beaucoup trouver de résistance , ceux qui le défendoient l'ayant abandonné après leur premiére décharge , & s'étant retirés dans l'Ouvrage à Corne. Il n'y avoit plus que le travers du Fossé pour finir la bréche de l'Ouvrage à Corne , mais il n'étoit pas possible de transporter du Canon & des Munitions. Nous nous logeâmes toujours dans l'Ouvrage pris , pour en faire les préparatifs ; & pour ne pas demeurer oisifs , en attendant que le tems nous permît de commencer , nous fîmes filer quantité de Facines destinées pour le Fossé qui étoit au pied d'une bréche

B vj

extrémement rapide, commencée à une des
faces de cet Ouvrage, afin que lorſqu'on
la continueroit, les terres qui ébouleroient
s'arrêtaſſent ſur ces Facines, ce qui devoit rendre promptement cette bréche
rempante & facile à l'aſſaut. Dès l'entrée
de la nuit, qui ſe trouva heureuſement très-
obſcure, on commença à jetter les Facines
dans le Foſſé, ſans que les Aſſiégés don-
naſſent aucun ſigne de vie ; cette facilité
nous fit naître l'envie de profiter de nos
travaux, en faiſant deſcendre un nombre
de travailleurs dans le Foſſé, pour aprocher les Facines qu'on y jettoit au pied de
la Bréche, & pour faire rouler de la terre
par deſſus, ce qui devoit former une ram-
pe ou dégré propre à l'aſſaut. On travail-
loit cependant ſans bruit, crainte de s'attirer le feu des Ennemis, qui auroient pû
commodement faire rouler des Bombes &
des Grenades ſur nos Travailleurs ; mais ils
ne firent mine de rien. Cette grande tranquilité de leur part excita la curioſité d'un
de nos Grenadiers, qui étoit commandé
au ſoutien des Travailleurs dans le Foſſé ;
voyant tout paiſible, il eſſaya de grimper
peu à peu juſqu'au haut de la Bréche pour
voir ce qu'on y faiſoit ; ce curieux eut beau-

coup de peine avant de pouvoir y parvenir; mais enfin, après plusieurs éforts étant monté jusqu'au sommet, il se tint en un peloton pour écouter. Lorsqu'il se fut un peu reposé, il se dévelopa peu à peu, & hazarda de lever la tête, & après avoir parcouru des yeux toute l'étendue du terrein, il se mit à marcher sur les mains & sur les genoux en tâtonnant. Il s'arrêtoit de moment en moment, pour examiner de tous côtés, lorsqu'il remarqua un Soldat tout seul, assis à terre, à demi endormi; la découverte de cet homme l'engagea à examiner encore avec plus d'attention, & parcourant plus loin sans rencontrer personne, il s'en retourna doucement sur ses pas pour en donner avis à son Officier.

En effet, il n'y avoit dans tout ce grand Ouvrage qu'un Sergent & dix hommes commandés, qui se retiroient dans un espéce de soûterrain, à l'abri de la pluye & des Bombes, & qui n'avoient qu'une Sentinelle auprès de la Bréche; c'étoit le Soldat que notre Grenadier avoit aperçû. Ce peu de précaution de la part des Assiégés, venoit de ce que la Bréche n'étoit pas assez avancée pour qu'ils dussent craindre les surprises. D'ailleurs leur Garnison étoit tellement fatiguée par le mauvais tems & par le grand nombre de poſtes qu'ils occupoient pendant le jour, qu'ils étoient obligés de ſe retirer la nuit de tous ceux où ils ne voyoient pas une néceſſité abſolue de reſter, & de lui procurer du repos. Les choſes étoient en cet état quand le Grenadier en fit la découverte; il en donna avis aux Officiers, qui d'abord n'en voulûrent rien croire; cependant comme l'affaire étoit d'une extrême conſéquence, on jugea à propos de l'examiner. Il y avoit à craindre que ce ne fût quelque feinte de la part des Aſſiégés, pour attirer nos Troupes & les faire ſauter en l'air par des Mines pratiquées ſous cet Ouvrage; au reſte qu'auroient-ils gagné à cela, les uns auroient pû ſauter, & les autres tenir ferme & ſe ſoutenir dans l'Ouvrage. Tout bien conſidéré, on détacha un Lieutenant, un Sergent & vingt Grenadiers pour ſuivre le Soldat qui devoit leur ſervir de guide, avec ordre de ſe ſaiſir ſans bruit de la Sentinelle des Ennemis, & de lui faire déclarer l'état de toutes choſes.

Ce petit Détachement ſe mit à grimper, & ce ne fut qu'avec beaucoup de peine qu'il gagna le haut de la Bréche. Quand il

y fut une fois, il se glissa dans l'Ouvrage
assez avant, pour couper chemin au Soldat qui étoit en Sentinelle, en cas qu'il
voulût se sauver. Alors le Sergent & quatre Grenadiers allérent s'en saisir, & lui
mettant l'épée à la gorge le menacérent de
le tuer s'il faisoit mine de crier, & au contraire lui promîrent la vie s'il déclaroit l'é-
tat des choses qu'on lui demanderoit. Ce
misérable, se laissa prendre sans dire mot,
& pour conserver sa vie, il conduisit la
Troupe dans le soûterrain où étoit le petit
Corps-de-Garde, qu'on égorgea dans le
sommeil. Il les conduisit ensuite dans deux
autres endroits où étoient l'embouchure
des Mines, pour nous faire sauter en l'air,
lorsque nous aurions pris l'Ouvrage d'assaut. Nos Grenadiers eûrent soin d'en retirer les Saucissons, qu'ils raportérent avec
eux, pour donner des preuves de leurs dé-
couvertes; & à l'aide de ce guide, le Détachement parcourut tout l'Ouvrage, &
ne vit plus d'obstacle à nous en emparer.

L'Officier commandé laissa la Troupe
avec le Sergent, pour observer s'il ne se
passeroit rien de nouveau; il prit quatre
Grenadiers avec lui pour conduire la Sentinelle, & fut avertir l'Officier Général de

Tranchée de tout ce qui venoit de se passer.
Aussitôt on fit avancer les Troupes de
Tranchée avec les Travailleurs, qui se sou-
tenant les uns les autres, grimpérent la
Bréche & se mirent à l'ouvrage ; de maniére qu'avant le jour, toutes nos coupures &
nos logemens fûrent en état de soutenir
contre les attaques des Assiégés, s'ils
avoient tenté de nous déloger. Mais ils n'é-
toient pas en état de faire une telle entreprise ; au contraire, dès que le jour parut,
& qu'ils eûrent démêlé de dessus les Remparts du Donjon, nos Coupures & nos
Drapeaux plantés sur le revers, ils arborérent le Drapeau blanc, & battirent la
Chamade ; alors on éveilla le Roy, sans
beaucoup de précaution, & il en fut d'autant plus content qu'il ne s'attendoit pas à
une nouvelle si agréable. La Capitulation
fut réglée le même jour, & la Garnison
sortit le lendemain par la Bréche, à dix
heures du matin. Cette Garnison étoit
composée de treize Bataillons, qui défilé-
rent les uns après les autres, parmi lesquels
on remarqua que les plus foibles & les plus
mal mis étoient les Espagnols. Voilà de
quelle maniére nous nous rendîmes maîtres de cette importante Place, qui fit tant

de bruit, & qui caufa tant de joye dans le
Royaume; pas une Relation, je crois, n'en
a détaillé le Siége avec ces circonftances.

Les difficultés que l'on eut à furmonter
pendant le Siége; le nombre des travaux,
leurs différences & leurs contrariétés, fûrent autant d'inftruétions pour moi. Je
m'attachai avec foin à en faire les remarques, pour m'en fervir dans le befoin, &
je ne pouvois étudier fous de meilleurs
Maîtres que Meffieurs de Vauban, & de
Maigrigny, les plus fameux Ingénieurs du
Royaume, qui le conduifirent. Leurs le-
çons falutaires m'ont fervi depuis dans bien
des occafions; mais que le Métier que
j'embraffai eft périlleux ! de foixante
Ingénieurs que nous étions au Siége de
Namur, il ne s'en fauva que vingt-deux,
les autres fûrent tués dans les travaux.

Après la Prife de cette Place, j'allai rejoindre la Compagnie, & remercier M. de
Rufuge de la permiffion qu'il m'avoit donnée. Il me queftionna avec attention fur le
détail de tout ce qui s'étoit paffé, & parut
content de moi. Il m'affura en même tems
qu'il travailleroit bientôt à me faire Officier
dans quelque bon Régiment, & il me tint
parole. En effet, en moins de trois mois,

le Colonel du Régiment de Vexin Infanterie, lui ayant demandé un Sous-Lieutenant pour son Régiment, je fus choisi, &
il m'en fit expédier les Lettres.

Presque tous les jeunes gens qui ont demeuré quelque tems absens de chez eux
ont envie d'y retourner sitôt que l'occasion
s'en présente; pour moi, dès que j'eûs reçû mes Lettres d'Officier, je ne songeai
qu'à joindre le Régiment, & je regardai le
voyage de la Province comme une occasion de dépenser beaucoup plus que je ne
pouvois en retirer. Les épargnes que j'a-
vois faites sur la paye que je recevois des
Cadets & des Travaux du Roy, m'avoient
mis en état de fournir à mon petit Equipage : & je ressentois autant de satisfaction
d'éviter à mon pere le chagrin de l'incommoder pour mon avancement, qu'un autre en auroit ressenti en tirant une grosse
somme de sa famille.

J'allai joindre le Régiment de Vexin,
qui n'étoit qu'à quatre lieuës de Charlemont, & je fûs reçû très-gracieusement du
Colonel, à qui le Marquis de Refuge avoit
eû la bonté d'écrire en ma faveur, & de
lui exagérer ma capacité & ma bonne volonté. Dans la bonne opinion qu'il eut de

moi, il m'employa à différentes chofes, & m'accorda fa protection. Il eft vrai que j'allois au devant de tout ce qui fe préfentoit pour le Service ; je n'attendois point que mon devoir m'apellât ; je tâchois de le prévenir autant qu'il m'étoit poffible, afin de mériter les bontés de mon Colonel. Je fentois bien d'ailleurs qu'il n'y avoit que mes actions qui pouvoient me les attirer, & j'avois naturellement une forte inclination d'en faire qui puffent mériter des aplaudiffemens, & une grande répugnance pour toutes celles qui pouvoient m'en éloigner.

Ce fut en l'année 1693. que je commençai ma premiére Campagne en Flandre, en qualité d'Officier. Cette Campagne fut trèsglorieufe à la France ; l'Armée du Roy y prit la Ville de Furnes, dans la rigueur du froid du mois de Janvier ; le Maréchal de Luxembourg qui la commandoit, fit attaquer celle de Huy dans le mois de Juillet ; & je fus mis fur le Catalogue des Ingénieurs volontaires pour le Siége ; mais je n'y fus employé qu'une nuit, car cette Place fe rendit après trois jours de Tranchée ouverte.

L'Armée des ennemis fe tenoit fur la

défensive, & nous vit prendre cette Place
sans faire aucun mouvement, elle étoit re-
tranchée très-avantageusement entre les
Villages de Sainte Croix & de Nervinde,
sa gauche appuyée auprès d'un assez gros
ruisseau. Il sembloit qu'elle n'avoit rien à
craindre dans cette situation, du moins les
précautions qu'elle avoit prises pour les retranchemens, lui donnoient lieu de croire
que notre Armée périroit plutôt que de la
forcer. Cependant M. de Luxembourg
vouloit pousser ses Conquêtes, & avoit
résolu, par permission de Sa Majesté, de
faire le siége de Charleroy, que les Ennemis couvroient par leur Camp de Nervinde. Il falloit absolument attaquer les Ennemis dans leurs Retranchemens, ou abandonner le projet du Siége de cette Place.
Ce Général, que le péril n'étonnoit pas,
aima mieux risquer tout que d'abandonner
ses desseins. C'étoit l'homme le plus entreprenant & le plus heureux qui fût de son
tems. Il se présenta devant les Retranchemens des Ennemis le 29. de Juillet, fit dresser en leur présence deux Batteries de gros
Canons, & fit battre en bréche leurs Lignes, avec une promptitude étonnante,
tandis que son Infanterie marchoit en Ba-

taille au petit pas, pour monter à l'affaut.
Tous les premiers rangs portoient des Facines pour combler les Retranchemens, &
à peine nos Soldats accoutumés à vaincre
s'en virent-ils à la portée, qu'ils attaquérent avec une rapidité inconcevable. Malgré le grand feu des Ennemis, ils pénétrérent d'abord jufques dans les Retranchemens, mais la réfiftance qu'ils y trouvérent,
les obligea de reculer ; ils revinrent cependant à la charge, & pénétrérent comme la
premiére fois, & ils fûrent encore repouffés. Alors la Victoire devint incertaine, &
pendant ces deux attaques & le ralliement
de l'Infanterie, pour retourner à la charge,
notre Cavalerie fouffrit extrêmement du
Canon des Ennemis, particuliérement la
Maifon du Roy. La grande réfiftance qu'on
éprouva auroit peut-être rebuté tout autre que M. de Luxembourg ; mais cet intrépide Général n'en voulut point démor-
dre ; il ramena de nouveau fon Infanterie
au feu ; & cette troifiéme attaque décida
l'affaire. Les Ennemis fûrent chargés avec
tant de fureur, qu'ils fe virent contrains
d'abandonner leurs Retranchemens, & de
fe fauver en défordre.

Le ruiffeau qui leur avoit été d'un grand

secours pour apuyer leur gauche, devint un obstacle à leur retraite, la plûpart s'y noya par trop de précipitation, & on compta que leur perte pouvoit monter à quatorze ou quinze mille hommes, avec environ quatre-vingt piéces de Canon, soixante-sept Etendarts & vingt-deux Drapeaux. La perte que nous fîmes étoit si considérable, qu'on ne l'accusa jamais au juste ; & si nous eûmes la gloire de remporter la Victoire, nous la payâmes cher, nous y perdîmes dix-huit à vingt mille hommes, parmi lesquels étoient nombre d'Officiers de considération : un Prince de Lorraine de Lilebonne, le Duc d'Uzès ; plusieurs personnes distinguées de la Maison du Roy y fûrent tuées, & le Duc de Berwick fut fait prisonnier. Les Ennemis nommérent cet Action, la Bataille des Facines, à cause des Facines que nos Soldats portoient, & du nombre des morts que nous eûmes, qu'ils disoient avoir servi de Facines pour combler les Fossés.

Notre Armée se trouva trop affoiblie après cette Action, pour entreprendre de faire le Siége de Charleroy sans nouveau renfort. On en tira d'une partie des Garnisons de quelques Places, & d'un

Camp de Troupes réglées que le Roy avoit
en ce tems-là fur les Côtes de Bretagne ;
c'étoit dans un endroit qu'on apelle Pon-
torfon , près du Mont S. Michel où elles
étoient commandées par feu Monfieur,
frere unique du Roy. Ces Troupes y
avoient été envoyées pour s'opofer à une
defcente dont on avoit été menacé de la
part des Anglois , mais n'y étant plus néceffaires , elles eûrent ordre d'aller joindre
l'armée de Flandre , pour faire le Siége de
Charleroy , & Monfieur fe retira à la Cour.
Quand tous ces renforts eûrent joint, on
travailla aux Lignes de Circonvallation , &
l'on ouvrit la Tranchée devant la Place le
7. de Septembre. On donna alors permiffion aux Officiers de l'Armée qui vouloient
fervir en qualité d'Ingénieurs volontaires à
ce Siége , de le faire infcrire fur le Catalogue , c'étoit la meilleure méthode de per-
fectionner ceux qui étoient portés au Génie, & de donner aux Officiers d'Infanterie des connoiffances utiles au Service du
Roy. Cette méthode , malgré fon utilité,
n'a pas continué pendant les Guerres fui-
vantes , & les Officiers qui depuis font entrés au Service, ne fe font pas piqués de
la fuivre ; peut-être auffi la fupreffion des

Compagnies de Cadets y a-t-elle contribué : on y prenoit toujours quelque teintu-
re de Mathématiques. Ce qu'il y a de certain, c'eſt qu'on n'a pas vû dans la dernjere
Guerre, ni tant d'émulation dans l'Officier, ni tant de capacité qu'il y en avoit
alors. Il eſt vrai qu'on s'eſt vû contraint de
prendre beaucoup d'Officiers au hazard,
ſans expérience & ſans diſpoſitions. La plûpart même croyoit qu'il ſuffiſoit de copier
le Petit-Maître pour faire ſon chemin dans
l'Art Militaire. On a vû encore tourner en
ridicule les anciens Officiers qui ſe tenoient
dans leurs diviſions ; on les apelloit par dériſion Vieille-Guerre, comme ſi la mode
de ſe battre & de faire la guerre avoit changé avec la mode des habits. Beaucoup de
jeuñes Colonels étoient ſouvent les premiers à mettre les Officiers de leur Régiment dans ce goût là. Je ne veux point
m'ériger en cenſeur, mais il me ſera permis
de dire que depuis que je fréquente les
Troupes Etrangéres, j'ai trouvé leurs
maximes excellentes. Les Régimens ſont
donnés à d'anciens Lieutenans-Colonels,
conſommés dans l'expérience, & par ce
moyen la diſcipline & la ſubordination s'y
perpétuë ſans relâchement. Les Officiers
&

& les Soldats accoutumés à cette manière,
ne trouvent point étrange qu'un Colonel
ait moins de brillant qu'un autre ; pourvû
qu'il ait de la capacité & de la valeur, ils le
respectent & lui obéissent exactement, &
le Service du Maître en va mieux. J'ai remarqué encore que cette subordination ab-
soluë qui régne parmi les Etrangers, selon
les dégrés des Emplois, les assujettit tellement à l'obéissance, que dans bien des affaires délâbrées, ils ont le pouvoir de rallier leurs Troupes, & de les contenir au
premier commandement ; ce qui est un
point d'une extrême conséquence, & qui
n'a pas toujours été bien observé en France dans les derniéres Actions. Mais je m'é-
loigne du Siége de Charleroy. Je dirai
donc que je ne fûs pas des derniers à me
faire inscrire sur le Catalogue des Ingénieurs volontaires ; & mon Colonel fut
charmé de me voir tant d'ardeur pour le
Service. Il m'en témoigna sa satisfaction,
en me disant qu'il souhaiteroit que tous les
Subalternes de son Régiment eussent d'aussi bonnes intentions que moi ; que c'étoit
le moyen de faire mon chemin ; que je n'a-
vois qu'à continuer, & qu'il ne m'oublieroit pas dans l'occasion. Je ne manquai

Tome I.   C

pas de l'informer tous les jours des particularités du Siége, en des termes convenables au métier, ce qui lui faisoit un sensible plaisir, car il s'en servoit lui-même dans
les Lettres qu'il écrivoit à ses amis. C'est
par là que j'achevai de m'attirer son amitié & sa protection ; mais j'en profitai peu :
il mourut à Paris l'hiver suivant.

A la première ouverture de Tranchée,
devant Charleroy, la nuit du sept au huit
de Septembre, je fus commandé en qualité d'Ingénieur, pour aller piqueter les
angles & les distances des Boyaux qu'il
fallut ouvrir, afin d'aprocher d'une Demi-
Lune avancée qu'on devoit attaquer d'a-
bord. Ces sortes de travaux sont très-meur-
triers, quoiqu'on prenne la nuit pour les
faire, parce que le bruit des pioches guide
les coups des Assiégés. Ainsi à moins qu'on
ne fasse l'ouverture de la Tranchée à une
distance fort éloignée des Ouvrages de la
Place, les Assiégeans perdent toujours
beaucoup de monde à ce premier abord ;
c'est aussi ce qui nous arriva. La Demi-Lune que nous devions attaquer la première,
étoit détachée & plus avancée que les autres Ouvrages, c'est pourquoi nous fûmes
obligés d'ouvrir notre Tranchée à une dis-

tance peu éloignée : alors le bruit des pioches nous découvrant aux Affiégés, ils
nous jettérent quantité de Pots-à-feu, de la
même maniére, qu'on jette les Bombes. Un
Pot-à-feu eft une efpéce de globe, ou groffe boule, rempli de vieille corde bitumée,
qui fait un feu très-clair. Ce globe qu'on a
foin d'allumer par un bout avant de le jetter, brule pendant très-long-tems, & éclai-
re un grand efpace de terrein, fur lequel
on peut pointer du Canon, comme fi c'é-
toit en plein jour. Pour empêcher qu'on
n'aille éteindre le feu, quoiqu'il fût très-
difficile d'en venir à bout, à caufe de fa
compofition, on a le foin de fourer en différens endroits du globe, de petits Canons
de Piftolet chargés à bale, qui tirent à mefure que le feu les faifit. Voilà les flambeaux
dont les Affiégés eurent le foin de nous
éclairer toute la nuit. Guidés par la clarté,
ils les accompagnoient fouvent de quelques
volées de Canon chargés à cartouche, qui
nous incommodoient extrêmement, &
qui nous tuérent deux Ingénieurs qui marquoient des alignemens. Le lendemain
avant le jour nous fûmes à couvert du feu,
au moyen des travaux que nous fîmes la
nuit.

C ij

Nous continuâmes les aproches de la Demi-Lune les nuits ſuivantes, & on les perfectionnoit pendant le jour. La brêche étant faite à une des faces, le ſeize du mois on ordonna l'aſſaut. Je me trouvai de Tranchée ce jour là, & je fûs commandé pour y monter avec les Grenadiers, afin qu'auſſitôt que nous en ſerions maîtres, je fiſſe travailler en diligence à un logement dans le travers de cet Ouvrage. Il falloit que ce logement communiquât à notre Tranchée par la brêche, & à un épaulement dans la gorge de la Demi-Lune, pour mettre à couvert les Troupes qui montoient à l'aſſaut, & celles qui devoient y demeurer pour ſoutenir.

On commanda pour cet aſſaut dix Compagnies de Grenadiers, ſoutenues par trois Bataillons de Fuſiliers; on leur fit prendre poſte à une heure après midi dans les Paralleles & les Boyaux les plus proches des deux faces de la Demi-Lune, ſans les avertir de l'heure ni du moment qu'ils ſortiroient pour l'expédition; on leur dit ſeulement que le ſignal de l'attaque ſe feroit par trois décharges de douze petits Mortiers, leſquels tireroient tous douze à la fois dans la Demi-Lune. Qu'à la troiſiéme décharge

les Bombes ne feroient chargées que de fable au lieu de poudre, & qu'elles auroient
de longues fufées, afin d'engager les Affiégés à demeurer plus long-tems ventre à
terre, pour les attendre à crever. Que
nous profiterions du tems qu'ils feroient
couchés pour fortir de notre pofte, & qu'en
filant le long des Glacis des deux faces,
nous entrerions par la gorge de l'Ouvrage,
& les ayant furpris, ils n'auroient pas le
tems de mettre le feu aux Mines, fupofé
qu'ils en euffent de préparées, au refte il
fut ordonné de ne pas fortir de notre pofte
jufqu'à ce que les Bombes de la troifiéme
décharge fuffent en l'air.

De la maniére dont cet ordre nous fut
donné, il y avoit à préfumer que le fignal
devoit commencer de moment à autre, &
comme on ne comptoit pas qu'il y eût de
tems à perdre, chacun commença à examiner fa confcience, & à faire des actes de
contrition bien fincéres, car la perte de
ceux qui étoient commandés pour cette
attaque étoit fi évidente, que fans une efpéce de miracle, on ne pouvoit pas s'en
garantir. Il falloit premiérement, avant de
pouvoir arriver à la gorge de la Demi-Lune, défiler le long des Glacis des deux faces,

C iij

& paſſer par les armes des ennemis qui occupoient les chemins couverts , ceux-là
n'étant pas dans le cas de mettre ventre à
terre par la crainte des Bombes. En ſecond
lieu , il y avoit les Ouvrages du corps de la
Place qui défendoient la Demi-Lune ,
d'où très-certainement il devoit ſortir un
feu terrible. Après tout cela ſurmonté , on
avoit encore à vaincre les Troupes qui ſou-
tenoient l'intérieur de la Demi-Lune , &
les Mines qui étoient ſous cet Ouvrage
pour le faire ſauter en l'air lorſque nous
l'aurions emporté. Dans une pareille attente , nature a cruellement à ſouffrir ; auſſi
perſonne n'avoit envie de faire la converſa-
tion , chacun étoit ſi occupé de ſes réflexions , qu'il ne penſoit qu'à la mort où il
étoit expoſé.

Nous demeurâmes dans cette dure ſituation juſqu'à trois heures après midi, ſans
avoir aucun ſignal , & ſans entendre parler
de rien. Quelques momens après on diſtri-
bua des Grenades à tous les Grenadiers , &
on leur fit allumer leurs Mèches. Nous ne
doutâmes plus alors que le moment du
ſignal ne fût bien proche, & dans cette attente chacun intérieurement renouvelloit
ſes actes de contrition, ou du moins tenoit

une contenance qui le dénotoit. Cependant comme le signal ne se donnoit point, il me prit envie d'examiner la physionomie de tous ceux qui étoient à portée de ma vûe; je voulois voir si je pourrois y démêler ce que l'ame des uns & des autres y souffroit de plus ou de moins. Je fixai mes regards avec attention sur plusieurs, mais plus je les regardois, plus il me sembloit que ce n'étoit plus les mêmes personnes. Leurs traits étoient tellement changés, que leur visage se trouvoit tout extraordinaire, aux uns c'étoit une face extrêmement alongée, aux autres toute racourcie; ceux-ci avoient les yeux & les chairs livides & rentrées, & ceux-là le regard tout-à-fait indéterminé. Enfin je ne voyois par-tout que l'image affreuse de ces coupables à qui on vient d'annoncer la mort. Je m'imaginai aussi que je devois être contrefait comme les autres; cependant l'ardeur que j'avois à m'acquérir de la réputation dissipoit beaucoup ma crainte, & peut-être m'avoit-elle conservé la physionomie un peu plus égale.

Nous étions toujours dans l'attente du signal, & il n'y avoit personne de tous ceux qui étoient commandés, qui ne souhaitât le voir au plutôt, afin d'être délivré de ses

cruelles idées; mais il n'arrivoit point, &
nature souffroit toujours. Il étoit déja six
heures du soir quand on aporta des haches
qu'on distribua aux Grenadiers, pour couper les barriéres par où nous devions passer,
en cas de besoin. M. de Vauban qui passa
dans ce tems-là, nous assura avec un air de
confiance que nous aurions bon marché de
la Demi-Lune, qu'il n'y avoit que de la
canaille pour la défendre, & qu'il n'étoit
pas sûr que l'Ouvrage fût miné. Qu'au
reste quand il seroit vrai qu'il y eût des Mines, nous surprendrions les Ennemis de
maniére à n'avoir pas le tems d'y mettre le
feu. Qu'il falloit d'abord qu'on auroit pénétré, parcourir promptement la Demi-
Lune, pour découvrir où elles pouvoient
être; que M. de Luxembourg promettoit
une récompense à ceux qui lui en porteroient les Saucissons, & que lui-même y
feroit honneur. Mais il ne nous dit point à
quelle heure le signal se donneroit, & nous
demeurâmes dans la même situation jusqu'à neuf heures du soir; pendant ce tems-
là personne de notre détachement ne se
sentit d'envie de souper.

Si on nous fit attendre si tard pour l'assaut, c'est qu'on reconnut qu'il étoit trop

dangereux de l'entreprendre pendant le
jour, & que l'obſcurité de la nuit nous ai-
deroit infiniment à ſurprendre les Aſſiégés,
& à éviter le grand feu de Mouſqueterie
que l'on pouvoit faire ſur nous du corps de
la Place. Cette raiſon étoit très-bonne,
mais il ne falloit pas avoir commandé les
Troupes ſitôt. Il eſt vrai que la perplexité
où nous étions nous faiſoit ſouhaiter le
moment de l'exécution, qui arriva enfin à
neuf heures préciſes. A la premiére décharge des douze Mortiers, les Troupes
impatientes firent un mouvement précipité
pour ſortir, & comme il fallut attendre la
troiſiéme, il s'éleva un murmure parmi les
Grenadiers, qui marquoit leur impatience.
Auſſitôt que les Bombes de la troiſiéme décharge furent en l'air, nos Troupes débou-
chérent leurs poſtes comme des furieux;
mais ils ne furent pas plutôt hors de la
Tranchée, pour défiler le long des Glacis
de l'Ouvrage, que les Ennemis qui occupoient le chemin couvert, firent un feu terrible ſur nous. Alors on ſe mit à redoubler
le pas, & à ſerrer les rangs de ſi près, que
je fus porté aſſez loin ſans toucher à terre,
& penſai être étouffé dans la preſſe.

Nous ſurprîmes véritablement ceux qui
C v

gardoient l'intérieur de la Demi-Lune ; comme on l'avoit projetté, ils ne s'attendoient nullement à un affaut à pareille heure, & encore moins à nous voir prendre cet Ouvrage par fa gorge, qui étoit le feul endroit de leur retraite. Cependant à la faveur de l'obfcurité ils fe démêlérent d'avec nous, & gagnérent le chemin couvert du corps de la Place ; mais ils ne s'en trouvérent pas mieux, car le bruit de notre affaut ayant attiré le feu de l'Ennemi de tous côtés, ces pauvres malheureux croyant fe retirer en fûreté, furent paffés par les armes de leurs propres camarades. Il y avoit encore quatre Mines des mieux chargées, qui auroient boulverfé tout l'Ouvrage, fi on avoit eû le tems d'y mettre le feu ; mais comme on avoit promis récompenfe aux Grenadiers qui enléveroient les Sauciffons, les premiers montés courùrent de tous côtés pour les découvrir. Ils furprirent les Mineurs qui étoient prépofés pour y mettre le feu ; ils enlevérent les Sauciffons des Mines, & nous évitérent par cette prompte recherche le malheur d'être enterrés dans le bouleverfement des terres.

A peine fûmes nous dans la Demi-Lune, que je fis travailler à un épaulement qui en traverſoit la gorge, afin de mettre nos gens à couvert des coups de fuſil qu'on tiroit du corps de la place. Cependant comme cet épaulement, malgré notre diligence, ne pouvoit pas être ſi promptement conſtruit, on fit mettre ventre à terre aux Grenadiers, avec la croſſe de leurs fuſils devant la tête, pour n'être pas ſi expoſés; mais malgré ces précautions il y en eut beaucoup de tués. Enfin nos communications furent faites quand le jour parut, & nous fûmes paiſibles. La priſe de cet Ouvrage nous fut d'une grande utilité; elle nous facilita la conſtruction d'une grande Batterie contre un Poligone entiet du corps de la Place, qui fut l'endroit par où nous prîmes la Ville. Nous avions cependant fait très-mauvaiſe chere pendant tout ce tems-là, & moi particuliérement qui avois eû beaucoup d'occupations toute la nuit: Comme je me ſentois une faim étonnante, je deſcendis de l'ouvrage pour aller dans la Tranchée chercher à manger; en paſſant je trouvai heureuſement un Capitaine de Grenadiers à qui on venoit d'aporter ſes Quantines; il m'arrêta pour déjeûner avec lui, & me fit beaucoup de plaiſir. Nous nous plaçâmes dans un angle de la Tranchée, en tournant le dos à la Ville, afin d'être à couvert. Pendant que nous déjeûnions, il arriva un Grenadier de la Compagnie de ce Capitaine, qui se tint debout vis-à-vis nous; il étoit chargé de la dépouille d'un de ses camarades, qui avoit été tué la nuit précédente. Ce Grenadier étoit un de ces grivois remplis de quolibets, un de ses beaux esprits de Corps-de-Garde. Il se mit à nous raconter, la pipe à la bouche, comment son camarade avoit été tué. Nous étions, dit-il, couchés ventre à terre, l'un auprès de l'autre, comme deux bons camarades, lorsqu'il est parti pour l'autre monde, sans m'en avertir. J'ai trouvé ce procédé peu conforme à nos usages, car on ne se quitte point parmi nous sans boire le brandevin, & c'est pour lui aprendre à vivre que je l'ai dépouillé. Ce pauvre diable se divertissoit, & croyoit nous divertir par ce récit, lorsqu'un petit Boulet de Canon tiré de la Ville, passant au-dessus de nos têtes, lui coupa le bras dont il tenoit sa pipe, & lui perçant la poitrine le renversa à nos pieds. Ce spectacle imprévû nous pénétra plus sensiblement que tout ce qui s'étoit passé pendant la nuit.

La Garnison de Charleroy se défendoit

beaucoup mieux que n'avoit fait celle de
Namur ; auſſi étoit-elle plus-nombreuſe &
pourvûe de meilleurs Troupes. Le Prince d'Orange qui la voyoit menacée, après
la Bataille de Nervinde avoit eu ſoin de la
renforcer ; & comme elle ſe trouvoit en état
de réſiſter, elle fit quelques ſorties dans les
commencemens du Siége, qui nous in-
commodérent & retardérent l'avancement
de pluſieurs travaux. Il y avoit déja plus
d'un mois que nous avions ouvert la Tranchée, ſans que nos Sapes fuſſent aux Paliſ-
ſades du chemin couvert de la Place. M.
de Luxembourg impatient, ne voulut
pas attendre davantage, & les fit emporter par un aſſaut où nous perdîmes plus de
ſix cens hommes. Dès que nous en fûmes
maîtres, nous y dreſſâmes une Batterie de
douze gros Canons, à la faveur de deux
Epaulemens & d'une Sape tournante, à laquelle je fûs commandé avec deux autres
Ingénieurs. Il n'y avoit que le travers du
foſſé pour battre la bréche déja commencée au Poligone, & il ne falloit que peu de
jours pour la rendre entiérement pratiqua-
ble, lorſque les Aſſiégés, qui ne ſe voyoient
plus de reſſource, arborérent le Drapeau, &
demandérent à capituler. C'étoit le ſecond

jour que notre Batterie commençoit à jouer, & ils nous livrérent la Place le 12. d'Octobre. La prife de Charleroy fut la derniére Conquéte du Duc de Luxembourg, l'un des plus braves & des plus intrépides Généraux de fon tems.

Tous les Ingénieurs qui avoient fervi à ce Siége en qualité de volontaires, obtinrent, par le moyen de M. de Vauban, une petite gratification de cinquante piftoles chacun; & cette gratification ne furchargea pas beaucoup l'Etat, car il reftoit peu d'Ingénieurs.

Ce fut à peu près dans le tems que Charleroy tomba au pouvoir du Roy, que le Maréchal de Catinat gagna une fameufe Bataille en Piémont, près d'un endroit qu'on appelle la Marfeille; il défit l'Armée du Duc de Savoye, dont il tua huit mille hommes, fit plus de deux mille prifonniers, prit tout le Canon & cent quatre Drapeaux ou Etendarts, fans perte que d'environ deux mille hommes. Les Anglois pour fe venger de la perte de leurs Alliés, firent avancer une Flotte dans la Manche, elle vint mouiller le 22. Novembre devant S. Malo, à deffein d'abîmer cette Ville par un nombre infini de Bombes & de Carcaffes remplies de Grenades, de Boulets, d'Armes à feu & de gros morceaux de Métal envelopés de toile goudronnée, & d'autres choses aisées à s'enflammer, qui devoient sortir à la fois d'une Machine, qui fut nommée infernale. Mais l'horrible Brûlot qui portoit cette Machine vint à échouer près de l'endroit où il devoit être attaché ; l'Ingénieur eut pourtant le tems d'y mettre le feu, & de faire sauter le Bâtiment, qui fit un bruit si épouvantable que plusieurs toits de maisons en furent renversés. Voilà à quoi aboutit l'Armement des Anglois.

Dans la fin de cette année, & le commencement de celle de 1694, les Peuples de France souffrirent extrêmement par la disette générale des grains & leur mauvaise qualité. Il y avoit un certain acide dans le pain, qui précipitoit si promptement la digestion, que peu de tems après l'avoir mangé, on ressentoit autant de faim qu'auparavant, & cet accident causoit une double consommation. La nécessité contraignit les Peuples à manger le Son qu'ils détrempoient dans de l'eau bouillante, & cette ressource manquant à plusieurs, ils paissoient les herbes dans les champs. Ce ne fut pas tout, la mortalité suivit cette

disette, elle fut si grande que les trois quarts
des Peuples dans les Villages de certaines
Provinces périrent par la faim, sans qu'on
pût les secourir : ce fut la plus cruelle fami-
ne qui ait été depuis bien des Siécles.

Notre Régiment, après le Siége de
Charleroy, eut son quartier d'hiver dans
les débris de la Ville, que les Bombes
avoient presque ruinée. Le Comte de
Montignac d'Autefort, notre Colonel, se
retira à Paris, où il mourut le même hiver.
Je fûs extrêmement touché de sa perte;
c'étoit un Seigneur plein de mérite, qui
m'auroit avancé s'il eût vécu. Cette perte
& la crainte de tomber sous un Colonel qui
n'auroit pas pour moi les mêmes bontés,
ne contribuérent pas peu à me faire quitter
le Régiment, pour suivre un de mes amis
dans les Dragons. C'étoit un Sous-Lieutenant, parfaitement honnête homme; nous
étions de chambrée ensemble, & tellement
unis que nos intérêts étoient les mêmes. Il
avoit un proche parent à Versailles, dans
le Bureau de la Guerre, sous M. de Barbezieux, & comme il s'ennuyoit dans l'Infanterie, il lui prit envie d'entrer dans les
Dragons, qui dans ce tems-là étoient d'un
grand brillant & fort à la mode. Il me sol-

licitoit depuis quelque tems de lé suivre,
en m'assurant que son parent, à qui il avoit
écrit mille biens dè moi, seroit ravi de
nous pousser dans le Service, mais l'attachement que j'avois pour mon Colonel, &
la crainte de lui déplaire, m'avoient jusques-là fait résister à ses propositions. Enfin après la mort du Comte de Montignac
d'Autefort, je me rendis, & nous nous
déterminâmes à faire le voyage de Versailles. Le parent de mon ami étoit si prévenu
en ma faveur, que je reçûs de lui mille
gracieusetés. Il nous fit expédier à chacun
un Brevet de Cornette dans le Régiment
des Dragons du Marquis de Gramont-Fal-
lon, Francomtois, & nous promit que
lorsque quelque chose de mieux viendroit
à vaquer dans le Régiment, nous ne serions
pas oubliés. Il eut aussi la bonté de nous
présenter au Marquis de Gramont, qui
étoit à Versailles, où il faisoit sa Cour auprès du Roy & du Ministre; il lui exagéra
ma capacité, comme s'il avoit été témoin
lui-même de toutes mes actions; & sa recommandation ne me fut pas inutile. Mon
nouveau Colonel crut tout le bien qu'on
lui avoit dit de moi, & me donna, après
l'Aide-Major, le détail du Régiment, peu

de tems après que j'y fûs entré. Les petits revenans-bon que je trouvai dans cet Emploi, accommodérent très-bien mes affaires.

Nous fîmes la Campagne de 1694, dans l'Armée de Flandre; elle ne fut pas fi brillante ni fi glorieufe que les précédentes Campagnes. Notre Armée n'entreprit rien, & vit les Ennemis ouvrir la Tranchée devant Huy, le 22. de Septembre, & s'en rendre maîtres le 30. du même mois, fans s'y opofer. Cette petite Conquête leur fit reprendre courage, & voyant que toute la Campagne fe paffa fans que nous euffions rien fait, ils comptérent fur de plus grands progrès pour la Campagne fuivante, & redoublérent leurs éforts pour fe mettre en état de faire des entreprifes fur la Frontiére, lorfque la faifon le permettroit. Le Marechal de Luxembourg étoit malade, & la France eut le malheur de perdre ce Général vers la fin de l'année.

Les Ennemis entreprirent auffi de faire une defcente fur nos Côtes le 18. Juin; ce fut dans un endroit qu'on apelle Camaret, proche de Breft, mais ils ne pûrent débarquer qu'environ mille hommes, qui fûrent prefque tous noyés ou taillés en piéces.

Ayant manqué leur coup, leur Armée Na-
valle s'aprocha de la Ville de Diépe en
Normandie, & la bombarda trois jours
durant avec tant de fureur, que cette Ville
fut presque réduite en cendres. Cette Flotte se présenta devant le Havre de Grace,
où elle en auroit fait autant si leurs Vais-
feaux avoient pû s'aprocher commodé-
ment du Port. On en fut quitte pour quelques maisons brûlées.

Il ne se fit rien de remarquable pendant
cette Campagne ni en Piémont ni en Alsace, les Armées se contentérent de s'obferver, sans ofer rien entreprendre de part
ni d'autre. Il n'en fut pas de même en Catalogne, le Maréchal de Noailles qui y
commandoit pour le Roy, remporta une
grande Victoire sur l'Armée d'Espagne,
qu'il défit presque entiérement le 27. du
mois de May, sur les bords de la Riviére
du Ter. Les Ennemis laissérent sept à huit
mille hommes sur la place, & près de trois
mille furent faits prisonniers. Ce Général
alla aussitôt assiéger la Ville & le Château
de Palamos, dont il se rendit maître le 29.
du même mois; & cette Conquête fut encore suivie de celle de Castelfolit, qu'il prit
le 8. de Septembre.

La Campagne de 1695, ne fut pas favorable à la France; les Ennemis entrérent
en Campagne fur la Frontiére de Flandre,
avec une Armée très-confidérable, il fembloit qu'ils vouloient fe prévaloir de la
mort du Duc de Luxembourg, en ofant
entreprendre le Siége de la Ville & du Château de Namur. Le coup étoit hardi, &
plus brillant que lorfque nous l'affiégeâ-
mes; il eft vrai auffi que nous ne connoif-
fions pas fi bien qu'eux les endroits les plus
foibles, mais nous n'avions trouvé dans
cette Place qu'une médiocre Garnifon, au
lieu qu'ils avoient à combattre contre de
bonnes Fortifications & contre une petite
Armée compofée de bonnes Troupes, &
commandée par un Maréchal de France.
Ces avantages de notre part devoient infpi-
rer aux Ennemis la crainte d'être obligés
de lever honteufement le Siége, & nous re-
gardions la chofe comme affurée. Mais
c'eft un terrible fleau que celui de la Guerre!
la vie des hommes n'eft comptée pour rien,
quand on a envie de réuffir dans quelque
entreprife. Pourvu qu'on vienne à bout de
fes deffeins, dix mille hommes de plus ou
de moins ne rompent pas le marché, c'eft
juftement ce qui arriva. Plus les Alliés vî-

rent que nous avions renforcé la Garnison de Namur, plus ils y oposérent de forces; & la grande précaution que nous prîmes pour défendre cette Place, ne fit qu'occa-sionner la perte d'un plus grand nombre de braves gens, & elle n'en fut pas moins prise.

Notre Régiment de Dragons fut un de ceux qu'on fit entrer pour la défense de la Place; chacun eut occasion de se signaler, car pendant ce long & pénible Siége, le Maréchal de Boufflers, qui avoit assez de Troupes pour fournir à tout, fit faire plu-sieurs sorties sur les Assiégeans, & surtout pendant qu'ils n'étoient attachés qu'aux attaques de la Ville. Sa vaste étendue, & l'avantage de plusieurs portes dont elle est percée, les facilitoient, & elles réussis-soient assez pour éloigner les travaux des Ennemis; mais il arrivoit bien souvent que nous nous retirions avec perte & avec pré-cipitation. Je me trouvai commandé dans une de ces sorties, notre Détachement poussa d'abord fort en avant, nous fîmes même combler quelques Boyaux de Tran-chée, quand un gros de troupes des En-nemis s'étant avancé pour nous prendre, nous fûmes obligés de nous retirer prom-ptement. J'eûs le malheur d'avoir mon

cheval tué sous moi en cette occasion; &
comme chacun ne songe qu'à soi, si je n'a-
vois pas apris à voltiger, & que j'eusse été
moins alerte, j'aurois immanquablement
été tué, ou tout au moins fait prisonnier;
mais je m'élançai à toute course derriére
un Dragon, & je me sauvai.

La Ville tint environ quatorze jours de
Tranchée ouverte, ensuite il fallut entrer
en composition. Le Maréchal de Boufflers
fit son possible pour engager les Alliés à
suivre les mêmes Articles qui avoient été
faits lorsque nous prîmes cette Place. Ils
portoient qu'on n'attaqueroit point le Château par l'intérieur de la Ville; mais ils n'y
voulûrent jamais consentir, & ils aimérent
mieux risquer les dommages que nous pouvions causer, que de s'exposer à lever le
Siége. Ils eûrent donc la liberté de faire
les attaques par-tout ou bon leur sembleroit, & ils en sçurent très-bien profiter. Ce
qu'il y eut de singulier fut l'antipatie marquée des habitans pour notre Nation. En
obligeant les Ennemis de ne point attaquer
le Château par la Ville, on s'intéressoit à
la conservation de leurs maisons, de leurs
effets & de leur vie même; cependant ils furent plus contens d'être exposés à tous les

périls qui les menaçoient, que d'un Traité, qui en retardant la Prise du Château, les mettoit au hazard de rester sous la puissance des François. On les avoit pourtant traités avec toute la douceur possible, & il sembloit même qu'il étoit plus de leur intérêt d'avoir une Garnison Françoise qu'une Garnison Hollandoise ; parce que les François font une grande consommation de Denrées & de Marchandises, qu'au contraire, les Hollandois font aporter tout ce qui leur est nécessaire, afin que l'argent ne sorte pas de leur Pays. D'ailleurs ceux-ci n'ont ni société ni politesse qu'entr'eux ; & c'est sans doute en quoi ils plaisoient davantage aux gens de Namur, qui sont eux-mêmes assez grossiers & brutaux. Ils préféroient l'air assoupi des Hollandois aux airs éveillés de nos François, qui leur faisoient, disoient-ils, tourner la tête, par tous leurs mouvemens & leurs raisonnemens éternels, & qui trouvoient mauvais tout ce qui n'étoit pas fait à leur maniére. Ils ajoutoient que nous nous aplaudissions seuls, & que nous méprisions le reste du genre humain ; enfin que nous mettions au dessous de nous, de nous conformer aux façons des Pays où nous avions à vivre.

D'abord que les Ennemis se furent emparés de la Ville, ils y firent la principale
attaque du Château; ils placérent trois
grandes Batteries, deux dans les Jardins
au-deſſus de l'Egliſe de S. Aubin, le long
des Remparts de la porte de Bruxelles, &
la troiſiéme ſur le rempart, entre S. Jean
& S. Aubin. De-là ils battoient en pleine
bréche un Ravelin, en Bec de Moineau, &
un Ouvrage à Pâté, qui aboutiſſoit aux
bords de la Riviére de Sambre, & raſoient
les cordons des autres Ouvrages qui pouvoient les incommoder, afin de démonter
les piéces de Canon qui étoient en Batterie derriére les parapets. Nous nous trouvâmes très-reſſerrés dans le Château, & la
ſituation du terrein ne nous permit pas de
faire des ſorties comme nous avions fait
dans la Ville. La ſeule reſſource qui nous
reſtoit pour ſoutenir le Siége, & pour donner le tems au Maréchal de Villeroy, de
nous envoyer du ſecours, étoit de défendre pied à pied chaque Ouvrage qui ſeroit
attaqué. Nous faiſions notre poſſible pour
cela, & pour réparer la nuit les bréches
que les Ennemis avoient faites pendant le
jour; mais leurs Batteries étoient ſi nombreuſes & ſi bien ſervies, qu'elles détrui-
ſoient

foient en peu de tems tous les travaux que nous avions faits.

L'Ouvrage à Pâté & le Bec de Moineau que les Ennemis battoient en bréche à la fois , fûrent les deux premiers où ils montérent à l'affaut ; M. de Boufflers les fit foutenir avec toutes les précautions poffibles. Nous avions fait de bonnes coupures derriére les bréches , & nous y joignîmes des épaulemens de diftance en diftance , par lefquels nos Troupes pouvoient fe retirer à couvert , en cas qu'ils fuffent chaffés des Ouvrages. Les Ennemis prirent le foir pour y monter à l'affaut ; ils fûrent attaqués & défendus avec la même vigueur ; enfin après la perte de beaucoup de monde de leur parti, ils fûrent contraints de fe retirer. Ils recommencérent l'attaque le lendemain, avec un renfort confidérable , & ils firent tant d'éforts que nos gens , après avoir réfifté très-long-tems , fûrent forcés de céder au nombre. Les Affiégeans fe logérent dans les deux Ouvrages , à la faveur defquels ils aprochérent du Canon pour battre en bréche une des branches du grand Ouvrage à Corne ; il n'étoit prefque plus flanqué d'aucun autre Ouvrage du côté de l'attaque; nous y fîmes feulement une

nouvelle coupure pour y suppléer & soutenir l'assaut en cas de besoin. Les Ennemis
nous prirent aussi le Fort Guillaume par
deux assauts différens, l'un au chemin couvert, & l'autre au corps de l'Ouvrage; il fut
bien défendu, & ils perdirent bien des
Soldats. Ils attaquérent aussi le Bonnet
à Prêtre; mais la principale attaque, qui
nous obligea de capituler le 4. Août,
fut celle de la branche de l'Ouvrage à Corne, vis-à-vis du Pâté. J'eûs le bonheur de
me trouver à deux différens assauts que les
Ennemis nous donnérent, sans avoir été
blessé; mon ami ne fut-pas si heureux, car
il fut emporté d'un boulet de Canon. J'en
eûs tout le regret possible. Les Ennemis
perdirent plus de 12000. hommes à ce
Siége. L'Electeur de Baviére & le Roy
d'Angleterre y commandoient l'Armée des
Alliés.

Le Maréchal de Villeroy ne put pas
nous donner de secours, à cause d'un
Camp dont les Ennemis s'étoient emparés.
La situation en étoit si avantageuse, qu'en
faisant tête à l'Armée qui auroit voulu secourir Namur, il couvroit entièrement
l'Armée assiégeante. Ce Général n'ayant
donc pû agir de ce côté-là, fut bombarder

la Ville de Bruxelles, dont il brûla tout un quartier. Les Habitans l'ont fait rebâtir depuis dans un nouveau goût, & il fert préfentement d'ornement à la Ville.

Nous perdîmes cependant beaucoup de monde à défendre la Ville & le Château de Namur. Le Roy parut très-fatisfait de notre réfiftance, & il récompenfa plufieurs de nos Officiers. Notre Colonel fut fait Maréchal de Camp, & vendit fon Régiment au Marquis Defcorailles, Capitaine au même Régiment; j'avançai auffi, & fus fait Lieutenant.

Je raporterai ici une plaifanterie d'un de nos Capitaines de Dragons, qui ne laiffa pas de nous divertir, quoiqu'on n'ait pas trop envie de rire quand on eft affiégé. C'étoit le fieur de Vigouroux, natif de Rhodez, Capitale de Rouergue, connu enfuite de toute l'Armée par fes maniéres originales. Vigouroux, qui pendant fa vie ne s'étoit pas rencontré dans des occafions fort dangereufes, trouvoit fi beau & fi extraordinaire d'avoir été commandé pour une des forties que nous avions faites fur les Ennemis, qu'il en raportoit des faits de valeur miraculeux, dont il fe difoit l'auteur. Dans le vrai, il ne s'y étoit rien paffé qui méritât

D ij

beaucoup d'attention ; mais il trouvoit si
surprenant que son courage eût soutenu
une telle épreuve , qu'il s'imagina que
rien n'étoit égal à sa bravoure. Il rompoit
la tête à tout le monde du récit de ses actions dans cette sortie ; & il en avoit inven-
té des circonstances , qu'il crut véritables
à force de les avoir répétées. En toute occasion il plaçoit ses hauts faits , & en fatiguoit
jusqu'à M. de Boufflers même. Un jour il
lui demanda avec instance de le mettre en
lieu où il pût de nouveau signaler sa valeur ,
étant au desespoir, disoit-il , que l'occasion
de sortir sur cette canaille ne se présentât
plus. Le Maréchal , lassé de ses discours ,
lui répondit en présence de la compagnie
où il exerçoit ses gasconades : Eh bien , M.
de Vigouroux , vous aurez satisfaction ; il
se présente une occasion bien à propos ;
la bréche est déja faite au Fort Guillaume ;
les Ennemis , selon toute aparence , ne tar-
deront pas à monter à l'assaut ; je vous en
fais Gouverneur , allez en prendre possession ; si cette canaille ose se présenter , re-
poussez-la moi comme il faut , & faites-lui
sentir la pesanteur de votre bras : au reste
je doute que nos ennemis veüillent en courir les risques , s'ils aprennent que vous de-

vez le défendre. Allez, courez chercher
des Lauriers en dépit des jaloux, je vous
donne la préférence : tout doit céder à votre bravoure. Le pauvre Vigoureux, dont
l'intention n'étoit que de se faire passer
pour brave, & qui n'avoit point envie d'ê-
tre pris au mot, fut très-surpris de la réponse de M. de Boufflers. Il demeura interdit,
& les répliques Gascones lui manquant,
toute la compagnie se prit à rire. Il se remit pourtant après avoir rêvé, & croyant
avoir trouvé une défaite qui le tireroit d'affaire, il dit à M. de Boufflers : Monseigneur, ce n'est pas là où il faut mettre Vigoureux ; je n'aime pas à être resserré entre
quatre murailles ; l'ardeur que j'aurois à
courir sur cette canaille, & à me porter
de la droite à la gauche, seroit trop à l'é-
troit, & j'étoufferois de rage dans un si
petit endroit ; mais lâchez la bride à ma
valeur en pleine campagne, & vous verrez
ce que Vigouroux sçait faire. A ce mot :
lâchez la bride à ma valeur, toute la compagnie fit un si grand éclat de rire, que Vigouroux ne put pas y tenir ; il se retira sans
dire mot. Cette fanfaronade ne tomba
point à terre, dans un moment elle fut ré-
panduë dans toute la Garnison, & Vigou-

roux eut bientôt le chagrin d'entendre
les Soldats crier les uns les autres par raille-
rie : lâchez la bride à ma valeur dans la
plaine.

Le même homme étant en quartier l'hiver suivant, dans la petite Ville de Thuin
en Flandre, avoit pris quelques Marchan-
difes chez une Veuve, qui étoit fort inquiéte au fujet du payement ; elle aprit
un jour que Vigouroux étoit prêt à partir
pour aller à Aix la Chapelle, fe faire traiter de quelque maladie fecrette qu'il avoit
attrapée en bonne fortune ; elle courut chez
moi, avec fon compte à la main, & me
pria de lui affurer fon payement. Je lui dis
que Vigouroux avoit déja pris de l'argent
d'avance fur fes apointemens, que d'ailleurs il falloit que ce compte fût accepté &
figné pour que je puffe l'acquitter quand il
lui feroit dû, fans quoi je ne pouvois rien
faire. Cette femme craignant de perdre fa
dette, me pria inftamment d'aller avec elle
pour faire accepter fon mémoire ; j'y allai
par charité, & nous le trouvâmes, qui précifément montoit en chaife pour partir.
Notre préfence lui déplut extrêmement ;
il n'avoit point le tems d'examiner le compte, & la Marchande le preffoit de le

figner. Vigouroux, fatigué de fes importunités, fe fit aporter une écritoire, &
écrivit au bas de ce compte : Si je meurs,
je le paffe, fi je vis, à revoir ; figné, De
Vigouroux : enfuite il remit le compte à la
Marchande, en criant au Poftillon de
fouetter, & difparut en un moment. Quand
j'eûs lû la réponfe au pied de ce compte,
je trouvai la chofe fi plaifante, que je ne
pûs m'empêcher de le dire aux Officiers
de la Garnifon, qui ne manquérent point
d'ajouter ce nouveau quolibet à celui de
lâchez la bride à ma valeur ; & ces quolibets courûrent tellement dans l'Armée, la
Campagne fuivante, que chacun cherchoit
à connoître Vigouroux. Paffons à des chofes plus intéreffantes.

Il ne fe fit point d'autres Conquêtes en
Flandre de la part des Ennemis pendant
cette Campagne, & encore moins de la
nôtre ; mais il y eut de nouvelles tentatives
fur nos Places Maritimes. Il parut une
Flotte de foixante-dix Vaiffeaux de Ligne,
qui vint moüiller devant la Ville de Breft,
& bombarder le Fort qui défend cette Place ; les Ennemis y jettérent pendant deux
jours plus de quinze mille Bombes, dont
la plûpart tomba fur la Ville, fans y

D iiij

brûler cependant plus de dix ou douze maifons ; enfuite ils fe retirérent avec un peu de précipitation , à caufe de quelques avis qu'ils eurent.

Les Efpagnols eurent auffi deffein de nous reprendre Caftelfolit en Catalogne ; ils l'avoient déja bloqué ; mais M. de Vendôme , qui s'avança pour les combattre , les obligea de fe retirer. Ils firent un peu mieux en Italie , où ils reprirent la Ville de Cazal , que M. de Crenant leur remit le 13. d'Avril.

La Campagne de 1696 , fe paffa fans qu'il y eût rien de confidérable de part ni d'autre. On commença à parler des Négociations de la Paix , & M. de Catinat conclut au commencement de Juillet une Tréve d'un mois avec le Duc de Savoye. Pendant cette Tréve on convint des Articles du Mariage de feu M. le Duc de Bourgogne & de la Princeffe de Savoye ; enfuite la Paix entre la France & la Savoye fut publiée au commencement de Septembre , & le 7. Octobre la Princeffe partit de Turin pour fe rendre à Verfailles.

Les Anglois & les Hollandois ne fûrent pas contens de voir le Duc de Savoye abandonner leurs intérêts ; ils n'étoient plus en état de rien entreprendre en Flandre, parceque notre Armée s'y étoit renforcée des Troupes dont nous n'avions plus befoin en Piémont. Cependant ils tentérent encore de ravager quelques Places de nos Côtes, & pour cet effet ils firent aprocher leur Flotte de Calais, le 13. d'Avril. Dans ce tems-là il y avoit dans le Port plus de cent Vaiffeaux Marchands, fur lefquels ils jettérent beaucoup de Bombes; mais il n'y en eut que trois ou quatre de brûlés, & environ cinquante maifons de la Ville qui eurent le même fort. La Flotte des Ennemis étoit formidable; elle étoit compofée de cent quarante Vaiffeaux, qui tenoient toutes nos Côtes en allarmes; cependant elle fe divifa le 15. de Juillet, près d'Yroife; cinquante Vaiffeaux prirent la route de la Rochelle; ils jettérent fur cette Ville plus de quatre mille Bombes, qui firent beaucoup de ravage, mais qui ne cauférent aucun dommage à la Citadelle. Ils ne demeurérent que deux jours devant ce Port; puis prenant la route des Sables d'Olone, ils jettérent encore fur cette Place plus de deux mille Bombes qui n'eurent pas un grand effet. La France fut un peu vengée de toutes ces entreprifes, par le Chevalier

D v

Bart. Cet Officier ayant eû avis, au com̃ mencement du mois de Juin, que les Hollandois envoyoient une Flotte de quatre-vingt-dix Vaiſſeaux Marchands, dans la Mer Baltique, eſcortée par cinq Vaiſſeaux de Guerre, ſe mit auſſitôt en Mer avec une Eſcadre de dix bons Vaiſſeaux, & les joignit près de Leſtralſond. Il attaqua d'abord les cinq Vaiſſeaux de Guerre, vint à l'abordage, & les emporta ſans beaucoup de réſiſtance ; enſuite il courut ſur les Navires Marchands qui tâchoient à ſe ſauver, & en enleva la moitié, dont il brûla une partie, après en avoir enlevé les Effets, & conduiſit le reſte, le 8. de Juin, au Port de Dunkerque. Voilà tout ce qui ſe paſſa de plus conſidérable pendant cette Campagne.

Notre Régiment étoit alors en Alzace, diſtribué en différentes Places. Je me trouvai dans Philiſbourg, où nous avions quatre Compagnies. Le Service ne nous fatiguoit pas beaucoup ; depuis la Paix du Duc de Savoye on ne parloit que de la Paix générale, ce qui ne nous faiſoit pas de plaiſir. Cependant nous eûmes une petite Guerre, qui fut cauſée par des Eſcadrons de Troupes Impériales, qui vinrent ſe préſenter dans une petite Plaine au-delà des

Marais qui joignent les Remparts de la
Ville. On ne peut aller à cette Plaine que
par le moyen d'une Chauſſée, défenduë
par deux bonnes Redoutes à Machicoli,
& par un chemin couvert paliſſadé. M.
Desbordes, Maréchal de Camp des Armées du Roy, Gouverneur de la Place,
ayant avis que quelques Eſcadrons de Cavalerie des Ennemis paroiſſoient, ne voulut pas qu'il fût dit qu'on s'aprochoit impu-
nément de notre Place; il poſta dans les
chemins couverts des Redoutes, un Détachement d'Infanterie que les Ennemis ne
pouvoient apercevoir, & à la tête de nos
quatre Compagnies de Dragons il fut ſe
préſenter dans la Plaine pour les reconnoître. Il y avoit au-delà de la Plaine un grand
Bois, par où les ennemis avoient débouché; & ſans trop ſçavoir leurs intentions,
nous commençâmes à faire le coup de fuſil
avec eux; enfin peu à peu on s'échauffa, &
l'affaire devint ſérieuſe. Cependant nous
n'étions pas aſſez forts pour ſoutenir le
combat, & comme nous nous y étions trop
engagés, nous fûmes contraints de regagner nos Redoutes avec beaucoup de précipitation. Les Ennemis nous voyant plier
ſe mirent à nous pourſuivre, ſans faire at-

tention à nos Redoutes , & l'ardeur ses
ayant fait trop avancer, notre Infanterie fit
sur eux une décharge si à propos , qu'elle
en renversa une partie, & le reste se mit à
prendre la fuite à son tour. Nos Dragons
reprenant le dessus , les poursuivirent jusques assez près des Bois , où nous fîmes
quelques prisonniers, & nous nous retirâ-
mes paisiblement. Les Ennemis mortifiés
de cet échec, songérent à avoir leur revan-
che ; il s'écoula cependant assez de tems
sans qu'on les vît paroître. Ils ne doutoient
point que d'abord qu'ils se montreroient
nous ne sortissions sur eux comme la premiére fois; c'est pourquoi ils ne voulûrent
rien précipiter, afin de nous mieux attirer
dans l'embuscade qu'ils nous préparoient.
Enfin ils revinrent, & nous fûmes avertis
qu'ils paroissoient ; ils affectoient de s'aprocher de plus près pour mieux nous exciter
à sortir sur eux , & ils n'eurent pas beaucoup de peine. Aussitôt que M. Desbordes
eut apris qu'ils paroissoient, nos Compagnies de Dragons furent commandées ; on
fit à l'égard de l'Infanterie la même disposition qu'on avoit fait la premiére fois, &
nous parûmes dans la Plaine. Les Ennemis,
pour mieux nous engager, ne firent paroî-

ще que deux petits Efcadrons , mais ils
avoient d'autres Troupes cachées dans l'é-
paiffeur du Bois où ils vouloient nous attirer. Ces deux Efcadrons firent contenance,
& commencérent les premiers à engager le
combat , & après quelques coups tirés de
part & d'autre , ils perdirent exprès du terrein , & prirent la fuite. Ils comptoient que
notre ardeur nous porteroit à les fuivre à la
débandade , & que nous donnerions dans
leur embufcade ; mais heureufement nous
leur laiffâmes faire leur manége , fans vouloir nous éloigner de notre Infanterie ; &
enfin après plufieurs reprifes de cette efpéce , les Ennemis voyant qu'il n'y avoit pas
moyen de nous faire donner dans le pa-
neau , fe retirérent , ou du moins en firent
femblant. Nous demeurâmes encore quelque tems fur le Champ de Bataille , & ne
voyant plus perfonne , M. Defbordes nous
fit retirer : & s'amufa lui feul à reconnoître
certains endroits en cas de befoin. Cependant les Dragons & l'Infanterie défiloient
fur la Chauffée , & la curiofité l'ayant porté
un peu trop près des Bois , il en fortit tout
à coup des Huffards qui vinrent à toute bride fur lui le fabre à la main ; il fut affez heureux de les apercevoir avant qu'ils euffent

joint, & de prendre la fuite du côté de nos
redoutes : mais quoiqu'il fût bien monté, & qu'il se reposât sur la vitesse de son
cheval, il se trouva un Officier Hussard,
qui l'étant encore mieux que lui, lui auroit
fait sauter la tête, sans le secours d'une grande Chienne Danoise qui le suivoit partout.
Cette Chienne animée se jettoit à travers
les jambes du cheval de l'Officier, en
aboyant & en mordant, & par cet embarras elle l'empêcha de courir aussi vîte qu'il
auroit fait s'il avoit été libre; c'est ainsi qu'elle sauva la vie à M. Desbordes. Un pauvre
Valet de Chambre qui l'avoit suivi ne fut
pas si heureux ; on lui mit la tête à bas. M.
Desbordes nous joignit sur la Chaussée, &
cet accident le rendit plus circonspect.

Je faisois toujours le détail des Compagnies de Dragons que nous avions dans
Philisbourg ; cet Emploi m'attira une affaire avec un de nos Maréchaux de Logis, qui prétendoit être Gentilhomme,
quoiqu'il fût un garçon fort brutal & sans
éducation. Un jour que je donnois l'Ordre, lui voulant faire une petite remontrance sur quelque chose où il avoit manqué, il
prit en mauvaise part ce que je lui disois, &
me répondit très-impertinemment. Je lui

demandai s'il penſoit bien à ce qu'il diſoit ;
il me répondit qu'il étoit Gentilhomme ,
qu'il n'y avoit point de différence de lui à
un Officier , qu'il pouvoit meſurer ſon épée
avec la mienne , & que je n'avois qu'à le
prendre comme je voudrois ; en même
tems il porta la main ſur la garde de ſon
épée. Cette démonſtration , avec les termes
dont il ſe ſervit m'animérent tellement ,
que ſur le champ je mis l'épée à la main ,
& lui de même , & quoique les trois autres
Maréchaux de Logis fuſſent préſens , nous
eûmes le tems de nous alonger quelques
bottes ; enfin il reçut un coup d'épée dans
le côté droit. Cet affaire fit du bruit dans
le Régiment , à cauſe de la ſubordination ;
pluſieurs Officiers prétendirent qu'elle tireroit à conſéquence , & qu'il falloit mettre
le Maréchal de Logis au Conſeil de Guerre ; mais notre Colonel , par certaines con-
ſidérations , ſe contenta de le renvoyer chez
lui après qu'il fut guéri.

La Campagne de 1697, fut la derniére
de la Guerre. La Paix que la France venoit
de faire avec le Duc de Savoye , avoit procuré un grand ſoulagement au Royaume ;
l'entretien d'une Armée en Italie , les difficultés & les dépenſes qu'il falloit faire pour

y tranſporter les vivres & les autres muniſ-
tions; le nombre de Troupes qui périſſoit
tous les ans dans ce pays-là par les mala-
dies, avoient été l'embarras & la charge
la plus peſante de l'Etat. La France en
étoit dégagée, & ſe voyoit en état de ſoutenir la Guerre ſur les autres Frontiéres, &
d'entreprendre ſur le Pays ennemi; c'eſt ce
qui engagea les Alliés à entrer en négociation pour la Paix Générale. Le Roy nom-
ma Meſſieurs du Harlai & de Creci pour
ſes Plénipotentiaires; ils partirent de Ver-
ſailles au mois de Février, allérent à Delft,
& de-là à Riſvick, où étoit le lieu des Conférences. Cependant les Armées entrérent
en Campagne comme à l'ordinaire; celle
que nous avions en Flandre étoit très-
nombreuſe, & celle des Alliés, quoiqu'aſſez conſidérable, n'étoit pas en état de faire tête à la nôtre, qui ſembloit menacer la
Frontiére, en cas qu'ils ne vouluſſent pas
convenir des Articles de la Paix. On étoit
dans l'inaction de part & d'autre, en attendant la déciſion des Conférences de Riſvick. Mais la France voyant que les Ennemis faiſoient toujours quelques nouvelles
difficultés, crut que rien ne pouvoit mieux
contribuer à les déterminer, que de mettre

les forces en œuvre. Pour cet effet M. de Catinat qui commandoit l'Armée de Flandre, eut ordre de faire le Siége d'Ath, & M. le Duc de Vendôme celui de Barcelonne.

Nous ouvrîmes la Tranchée devant Ath le 20. de May, sans beaucoup de perte. Les Assiégés ne firent pas de résistance, & n'étant pas secourus, ils se rendirent le 5. Juin suivant.

Barcelonne se défendit mieux, & donna le tems au Viceroy de Catalogne de marcher avec l'Armée d'Espagne pour faire lever le Siége ; mais M. de Vendôme sortit des Circonvalations ; après avoir laissé un Détachement pour soutenir la Tranchée, & étant allé au-devant de lui, il le défit entiérement. La Ville, après cette bataille, n'espérant plus d'être secourue, battit la chamade, & capitula le 10. du mois de Juillet.

Cette derniére action contribua entiérement à la conclusion de la Paix Générale ; tous les obstacles furent levés, & l'Angleterre, la Hollande & l'Espagne en signérent les Articles le 20. de Septembre. L'Empereur qui trouva quelques difficultés, demanda un délai de six semaines pour

convenir de ſes Droits & de ceux de l'Empire, qui fûrent réglés & ſignés le 30. Octobre, & la guerre fut terminée ce jour-là,
au grand contentement des Peuples. Mais
les Officiers de nos Troupes fûrent pénétrés d'une vive douleur, lorſqu'ils aprirent
la grande Réforme à laquelle le Roy s'étoit
engagé par le Traité qui venoit d'être conclu. Pluſieurs qui avoient mangé leur patrimoine pour ſe ſoutenir dans le Service, &
ſe procurer de l'avancement, ſe voyoient
ſans reſſource, par le peu d'aparence qu'il
y avoit qu'on dût recommencer la Guerre.
Tous les moyens en étoient ôtés par la diſ-
poſition du Traité qu'on venoit de faire au
ſujet de la ſucceſſion du Royaume d'Eſpagne; c'étoit le ſeul ſujet qui pouvoit l'exciter de nouveau entre la France & les autres
Puiſſances de l'Europe. Le Prince Electoral de Baviére, Fils unique du premier
Mariage de l'Electeur avec l'Archiducheſ-
ſe, Princeſſe unique du premier Mariage
de l'Empereur Léopold avec l'Infante
Marguerite, ſœur de Charles II. Roy
d'Eſpagne, venoit d'être reconnu Succeſ-
ſeur de ce dernier. Charles II. étoit ſi valé-
tudinaire, qu'il ne pouvoit pas vivre long-
tems, & le Prince de Baviére paroiſſoit

d'une santé parfaite. Toutes ces précautions m'inquiétoient; je me voyois par là arrêté dans ma course, & tous mes soins, les risques & les hazards que j'avois couru pour m'acquérir de la réputation devenoient inutiles. Cependant nous conservions dans notre Régiment l'espoir de n'être pas entiérement réformés, & nous nous flations qu'au pis aller on en seroit quitte pour quelques Compagnies de la queuë, qu'on incorporeroit dans les autres. Il y avoit quarante-sept Régimens de Dragons sur pied; & comme ce Corps s'étoit attiré beaucoup de réputation dans les fréquentes occasions où il s'étoit trouvé à pied & à cheval, on espéroit que l'Etat y auroit égard. Nous croyons donc qu'on conserveroit au moins la moitié des Régimens, & que le nôtre qui étoit le vingt-deuxiéme ne seroit pas compris dans la Réforme; mais la politique de l'Etat, & les Articles de Risvick en avoient décidé autrement; le Roy ne conserva que les quatorze anciens, & enfin quoique notre tour d'incorporation n'arrivât pas d'abord, nous n'en fûmes pas plus exemts que ceux qui nous avoient précédés, & nous fûmes réformés & incorporés dans la Mestre de Camp Générale.

J'avois toujours entretenu une liaison fort étroite avec le Commis du Bureau des Guerres ; la mort de son parent n'avoit rien diminué de l'amitié qu'il avoit pour moi, & j'avois toujours eû soin de lui faire part des affaires qui s'étoient passées dans les lieux où j'étois, par des Relations les plus justes & les mieux détaillées qu'il m'avoit été possible. Cette attention l'avoit porté à m'offrir souvent ses services ; il avoit même été des premiers à m'aprendre la Réforme de notre Régiment, & à me témoigner le chagrin où il étoit de ne pouvoir agir en ma faveur ; mais je pris la chose différemment qu'il ne le pensoit. Je lui mandai que jamais l'occasion de me rendre service n'avoit été plus favorable, s'il avoit la bonté de s'employer pour moi, & qu'il n'en coûteroit rien au Roy ni à l'Etat. Je le supliois de vouloir bien employer son crédit auprès de M. de Barbezieux, pour lui faire valoir mon attachement & mes services, pour récompense desquels, voyant qu'il n'y avoit plus d'avancement à espérer, je ne demandois qu'un Brevet de Capitaine ré-formé, sans augmentation de paye ; afin de conserver mon ancienneté dans un Rang au-dessus de celui où j'étois. Je ne doutois

point que cette grace ne me fût accordée,
s'il avoit la bonté de la demander ; & j'a-
joûtai que s'il se présentoit quelque obstacle, plus il feroit d'éforts pour le surmonter, & plus je lui aurois d'obligation. Je fus
très-long-tems sans avoir de ses nouvelles,
& je ne sçavois qu'en penser ; je n'osois pas
me rendre importun, de crainte de rebuter
mon Protecteur, & j'avois presque perdu
tout espoir, quand je reçûs une de ses Lettres. Il me mandoit que les grandes affaires
qu'il avoit eû au Bureau, à cause des Ré-
formes, l'avoient empêché de m'écrire plutôt ; qu'il avoit fait quelques tentatives
pour ce que je lui avois demandé, & qu'il
ne pouvoit rien me dire de positif ; mais que
si mes affaires me permettoient de me rendre à Versailles, il feroit son possible pour
me rendre service.

Je n'hésitai pas un moment à partir après
avoir reçû cette lettre ; mais lorsque je fus
arrivé à Versailles, mon ami me dit que les
choses n'étoient pas si faciles qu'il l'avoit
cru ; que M. de Barbezieux étoit si accablé
d'affaires, & si importuné par les graces
qu'on lui demandoit, qu'il n'accordoit presque rien pour ne point tirer à conséquence.
Cependant il ajoûta qu'il ne tiendroit pas à

lui que je fuſſe content ; qu'il feroit de fon
mieux, & qu'il étoit bien aiſe que je fuſſe
ſur les lieux, pour être témoin de ſes éforts
& de ſa bonne volonté. Je le priai de ne
point ſe rebuter, & lui dis que le Roy & le
Miniſtre étoient les maîtres d'accorder des
graces, ſans que cela tirât à conſéquence ;
qu'ils n'avoient à rendre compte qu'à Dieu
ſeul, & que s'il m'accordoit ſa protection,
j'avois tout lieu d'eſpérer ; il me l'accorda
en effet, & fit ſi bien qu'il me fit entrer un
jour dans un apartement où l'on ne plaçoit
que des perſonnes favoriſées ; M. de Barbezieux devoit y paſſer ſeul. Ce Miniſtre eut
la bonté de s'arrêter, & après m'avoir
écouté, & pris mon Placet, il continua
ſon chemin en me diſant : nous verrons.
Cette réponſe m'affligea extrêmement, &
je crus dès ce moment qu'il n'y avoit plus
rien à eſpérer. J'allai trouver mon ami,
qui me demanda ſi M. de Barbezieux m'a-
voit écouté paiſiblement ; je lui dis qu'oüi,
mais qu'il n'avoit pas paru content de ma
demande ; puiſqu'il ne m'avoit donné pour
toute réponſe qu'un : nous verrons. Il me
dit qu'il ne falloit pas m'affliger, & que cela iroit peut-être mieux que je ne penſois ;
il avoit bien raiſon, car en moins de huit

jours mon Brevet de Capitaine fut expédié,
ce qui me consola de tous les chagrins que
m'avoient causés la Réforme.

N'ayant plus rien à desirer jusques-là, je
résolus de passer quelque tems à Paris,
pour me dédommager de toutes les inquiétudes que j'avois eû jusqu'alors. Je descen-
dis dans une fameuse Auberge de la ruë
Traversine, où logeoient beaucoup de
personnes de considération; je n'eus pas de
peine à me faire une société; chacun des
Messieurs de l'Auberge m'offrit de me mener en compagnie; mais il n'y en avoit pas
une où on ne jouât, & je craignois les revers de fortune; il falloit cependant accepter la partie, ou rester seul; je me vis donc
obligé de faire comme les autres, sans pourtant m'abandonner à tous venans. Je fus
assez heureux pour gagner dès le commencement; & mes profits m'aidérent à soutenir les mauvais hazards où se trouvent exposés ceux qui font le métier de Joueur
sans le bien connoître.

Il y avoit dans ce quartier une très-riche
Veuve sans enfans; on l'apelloit la Comtesse de * * *. Cette Dame avoit beaucoup
d'esprit, & vivoit très-noblement; mais
comme elle n'aimoit pas le Jeu, sa société

n'étoit pas fort étenduë. Quoiqu'elle ne fût plus dans la premiére jeuneſſe, elle n'en étoit pas moins propre à donner de l'amour; elle étoit belle, bien faite; & les agrémens de ſes mœurs & de ſon eſprit auroient fait le bonheur de la perſonne qui ſe ſeroit attachée à elle. Au reſte il ne paroiſſoit rien chez elle que de fort tranquille.

Je lui avois été préſenté par une perſonne de conſidération des plus prudentes, qui m'avoit annoncé pour un jeune homme ſage, qui n'aimoit pas le Jeu; c'étoit juſtement de pareils caractéres que la Comteſſe aimoit à avoir dans ſa ſociété. J'y fus reçû avec une véritable démonſtration de joye, & l'accuëil gracieux qu'on me fit me détacha inſenſiblement de ces gens intéreſſés, qui vous tyranniſent pour vous faire joüer, afin de profiter du revenant-bon des Cartes, ou de ſatisfaire la paſſion qu'ils ont eux-mêmes pour le jeu. Cette Dame m'en fit une peinture ſi vive, que je bornai uniquement ma compagnie à la ſienne, & j'y trouvai une ſolide ſatisfaction. Je joignis à mes amuſemens ceux d'aprendre la Muſique & à joüer des Inſtrumens; & dans cette douce occupation je joüiſſois d'un parfait contentement. Mon aſſiduité chez la

Comteſſe

Comtesse, l'accoutuma tellement à moi &
moi à elle, que par habitude je croyois être
de sa famille; & comme elle avoit toujours
quelques couverts à sa table pour ses amis,
je mangeois plus souvent chez elle qu'à
mon Auberge. Un jour je lui dis en badi-
nant que mon Hôte lui avoit bien de l'o-
bligation de ce qu'elle me nourrissoit, qu'il
ne me manquoit plus qu'un Apartement
dans son Hôtel, pour n'avoir plus besoin
d'Auberge; il ne tiendra qu'à vous, me dit-
elle d'un air gracieux, j'en ai un de vaquant,
& vous me ferez tout le plaisir du monde
de l'occuper. Si je vous prenois au mot,
Madame, lui répondis-je, je vous met-
trois peut-être dans le cas de regretter les
offres obligeantes que vous me faites. Non,
me dit-elle, la cérémonie n'y a nulle part,
je vous le dis comme je le pense, & vous ne
sçauriez me marquer plus de considération,
qu'en acceptant l'offre que je vous fais. Je
lui répliquai que je l'acceptois avec bien du
plaisir, mais que je craignois que mes desirs n'allassent plus loin. Ne craignez rien,
me dit-elle en souriant, vous m'avez paru
toujours très-discret, continuez de l'être
autant que je le souhaite, & cela ne gâtera
point vos affaires. Cette réponse équivo-

que me fit foupçonner ce que je n'avois ofé
penfer jufques-là, & comme les jeunes gens
fe flatent volontiers, je crus qu'il y avoit
chez elle quelque chofe de plus que de l'a-
mitié pour moi. Cependant les belles maniéres de cette Dame me tenoient tellement dans le refpect, que je n'ofai lui rien
témoigner; & j'obéis en prenant chez elle
un Apartement.

Je trouvai dans ma nouvelle fituation
toutes les douceurs imaginables; les bontés
de la Comteffe étoient telles pour moi,
qu'elle s'attacha avec foin à me donner une
nouvelle éducation. Ce n'eft pas qu'on ne
fe forme beaucoup dans les Troupes, fur-
tout dans un ancien Régiment; mais il refte
toujours je ne fçai quoi de groffier, & quelquefois de trop dégourdi, qui ne convient
pas chez le Sexe délicat. Perfonne n'étoit
plus en état de me corriger que cette Dame;
la fupériorité de fon efprit, la douceur de
fes mœurs, fa naiffance, fes maniéres po-
lies, tout étoit chez elle au-deffus d'une
éducation ordinaire. Elle déméloit avec
une facile pénétration les diférens caractéres des perfonnes qu'elle fréquentoit, &
fçavoit fe prêter à leur génie. Elle avoit la
bonté de me faire apercevoir de tout ce qui

pouvoit choquer la parfaite éducation, &
de m'aprendre à éviter les caractéres dangereux & féduifans qui peuvent nous éloigner de la perfection. Sa complaifance ne
fe bornoit pas là, elle vouloit me former à
cet ufage poli, qui nous détachant de l'a-
mour propre, de l'opiniâtreté & de la mé-
difance, nous aprend à nous fervir de l'efprit d'une maniére convenable aux perfonnes avec lefquelles nous nous trouvons.
Enfin elle me difoit de fi belles chofes, &
ménageoit fi bien la maniére de me les inf-
pirer, que je trouvois un agrément infini
dans fes converfations.

Il y avoit déja long-tems que je goûtois
chez ma charmante Hôteffe une parfaite
tranquillité, quand elle fut troublée par un
accident imprévû. Il y avoit dans le nombre des Dames qui formoient notre fociété
une jeune Marquife, dont le mari étoit fort
âgé & fort dégoûtant, mais qui en récompenfe lui avoit fait fa fortune. Peu recon-
noiffante, elle trouvoit le moyen de l'éloigner une bonne partie de l'année. Son Hôtel étoit auprès de celui de la Comteffe, &
le voifinage les ayant renduës familiéres,
la Marquife venoit fouvent paffer les après
foupés avec la Comteffe. J'étois dans l'ufa-

ge de lui donner le bras lorsqu'elle se retiroit, & de la quitter à sa porte, sans beaucoup de cérémonie. Un soir que je l'accompagnois, comme à l'ordinaire, il me vint en pensée qu'elle trouvoit peut-être mauvais de ce que je ne lui offrois pas de la conduire jusques dans son Apartement, ce qui m'engagea à lui en faire la proposition quand nous fûmes arrivés à sa porte. Elle fit mine d'être surprise, & me demanda si je n'avois pas quelque dessein caché sous ce compliment ; car jusqu'à présent, me dit-elle, cette envie ne vous a point prise, il faut bien que vous ayez quelque intention. Je vous le permets cependant, continua-t'elle, mais à condition que vous serez sage, parce que mes femmes de chambre n'entreront point dans mon Apartement, par discrétion, tant que vous y serez, & si je ne comptois pas sur la vôtre, je ne vous y laisserois pas monter. Il ne falloit point d'Interpréte pour ce langage, & comme rien ne flate tant un jeune homme que la bonne fortune, j'oubliai dans ce moment ce que je devois à ma véritable amie, & sans examiner de quelle maniére je pourrois conduire deux intrigues à la fois, je me livrai tout entier aux flateuses idées d'avoir sçû inspi-

rer des mouvemens de tendreſſe à cette
Dame. Quand nous fûmes dans ſon Apartement, je fis mon poſſible pour lui prouver qu'elle ne s'étoit pas trompée dans ſon
choix ; mais comme elle avoit du manége,
elle ſçut arrêter mes emportemens, après
les avoir conduits au point qu'elle s'étoit
propoſée. Enfin elle eut l'adreſſe de faire
naître en moi une paſſion qui m'inſpira toutes les proteſtations qu'elle pouvoit deſirer ;
je lui en fis même plus qu'elle n'en pouvoit
ſouhaiter, dans l'eſpérance de la déterminer à me rendre heureux ; enfin quand elle
vit que les choſes pouvoient aller trop loin,
elle eut la précaution de me faire remarquer, avec un air inquiet, que ſes domeſtiques étoient dans l'antichambre, d'où ils
pouvoient tout entendre, qu'ils ſeroient
aſſez mauvais pour entrer ſubitement, &
qu'il ne faudroit qu'un ſeul moment d'imprudence pour la perdre entiérement, que
ſi j'avois de la conſidération pour elle, je
ne devois pas l'expoſer à ce danger ; & que
quand même elle oublieroit ſon devoir
pour écouter ma paſſion, ce n'étoit ni le
lieu ni le tems qu'il falloit prendre pour la
ſatisfaire. Elle me dit encore qu'il y en avoit
déja trop de fait pour la première fois,

E iij

qu'elle me prioit de me modérer & de me
retirer, de peur que ses gens n'eussent déja
quelque soupçon, & à l'instant elle tira un
cordon pour les faire entrer.

Je fûs contraint de me retirer dans le
plus fort de mes emportemens, & je quittai
ma nouvelle maîtresse, plein du feu qu'elle
venoit d'allumer. Quand le calme revint à
mes esprits, je fûs frapé d'un je ne sçai quoi
de mauvais présage. J'avois regret de tròm-
per la Comtesse qui le méritoit si peu, je
prenois même de moment à autre les plus
fermes résolutions en sa faveur; mais quand
le charme de toucher bientôt au moment
d'une nouvelle conquête me saisissoit, je
m'oubliois entiérement, & je n'étois plus
capable de réflexions. Tout me paroissoit
facile à conduire dans ces deux intrigues,
parce qu'elles flatoient ma passion; je ne
voyois que plaisirs préparés, & quand par
intervalle la raison revenoit, je ne voyois
plus qu'obstacles & embarras insurmontables; enfin j'étois à me combattre moi-même sans aucun relâche, & sans pouvoir
trouver un point fixe à mes résolutions.

La jeune Marquise qui ne donnoit guére aux réflexions, étoit dans cet âge où
l'on croit qu'une femme qui a passé trente-

cinq ans ne doit plus avoir que de la bienféance pour les hommes. Elle regardoit la
Comteffe fur ce pied-là, & n'avoit jamais
penfé qu'il dût y avoir autre chofe entre
nous. Son caractére étourdi découvroit ce
qui lui faifoit plaifir, elle étoit fi contente
de m'avoir fait naître de l'amour, que le
lendemain, étant allée chez la Comteffe,
fon plus grand empreffement fut de lui faire
confidence de tout ce que je reffentois pour
elle, & de lui exagérer les termes & les ex-
preffions dont je m'étois fervi pour lui exprimer. La Comteffe qui ne m'avoit jamais
foupçonné, fut d'une extrême furprife :
mais comme elle fçavoit fe poffeder, elle
engagea la converfation de maniére à tirer
de la Marquife tout ce qu'elle voulut fçavoir. Elle fut donc pleinement inftruite de
ce qui s'étoit paffé, & faifoit femblant d'y
prendre plaifir. Cependant il fe paffoit dans
fon ame des mouvemens extraordinaires.
Elle ne pouvoit concevoir comment je pouvois cacher des fentimens perfides fous un
air retenu & de bonne foi; elle étoit livrée
à fes réflexions quand je revins de l'Opéra.
Je ne trouvai aucun changement dans fes
maniéres, elle en ufa avec moi comme fi
elle avoit ignoré ma conduite, & la Mar-

quife, comme à fon ordinaire, vint paffer
l'après foupé chez elle. J'avoue que j'attendois ce moment avec plaifir, & encore plus
celui de la conduire chez elle. J'efpérois
qu'elle me donneroit une audience complette, & enfin que mes vœux feroient comblés. Je croyois auffi que cette Dame obferveroit du ménagement en compagnie,
qu'elle ne donneroit rien à connoître de ce
que nous reffentions l'un pour l'autre; mais
je la connoiffois mal; cette étourdie voulut faire voir à la Comteffe la vérité de ce
qu'elle lui avoit raconté; elle me parloit &
agiffoit avec moi comme une maitreffe
avec fon amant. Cette maniére fi contraire
à ce que je m'étois propofé me furprit infiniment, & me mit dans un embarras d'où
je ne pouvois fortir. La Comteffe d'un autre côté, malgré toute fa prudence, ne put
conferver une phyfionomie égale, elle laiffa
infenfiblement voir ce qu'elle reffentoit intérieurement; la Marquife s'en aperçut, &
commença à nous foupçonner. Alors la parole lui manqua, & nous devînmes tous
trois fi interdits, que nous reftâmes immobiles. Enfin il fallut s'en aller; la Marquife
fe leva, & je m'avançai pour lui donner la
main. La Comteffe troublée, prit elle-mê-

me les flambeaux pour nous éclairer, fans
attendre les laquais de l'antichambre ; cette
démarche fe fit à la muette ; mais quand
nous fûmes dans la ruë, la Marquife fe la-
mentant, me dit qu'elle étoit bien malheureufe de n'avoir pas connu plutôt ce qu'elle
venoit de découvrir, & tout de fuite elle
me raconta la confidence qu'elle avoit faite
à la Comteffe, & le défefpoir où elle étoit,
de ce qu'il n'y avoit plus de reméde.

Tout troublé que j'étois, j'effayai de la
défabufer, & de lui faire entendre qu'elle
avoit cru s'appercevoir de ce qui n'étoit pas ;
qu'elle ne devoit point s'en raporter aux
aparences, & que la Comteffe n'avoit jamais penfé fur mon compte comme elle le
croyoit. Mais mon difcours étoit prononcé
d'une voix fi entrecoupée, qu'il ne falloit
que cela feul pour lui faire comprendre la
vérité ; auffi ne fut-elle plus embaraffée du
parti qu'elle avoit à prendre.

Je la quittai à fa porte, tout interdit, fans
lui offrir de la conduire dans fon Apartement ; je crois bien que quand je lui en aurois fait la propofition, elle ne l'auroit pas
acceptée. Nos ardeurs fe trouvoient affou-
pies par cette trifte avanture : & de mon côté je ne fongeois plus qu'aux moyens de me

justifier auprès de la Comtesse ; j'étois même de si bonne foi que je condamnois mon
procédé comme indigne d'un honnête
homme. Mais toute occasion m'en fut ôtée ;
j'apris à mon retour qu'elle s'étoit renfer-
mée dans son Apartement , avec ordre de
ne laisser entrer personne , & depuis ce jour
là elle ne se trouva plus seule avec moi. Ces
précautions me mettoient au désespoir ;
j'aurois souhaité de tout mon cœur pouvoir
faire ma paix, mais les moyens m'en étoient
ôtés.

La Comtesse qui avoit de l'expérience ,
ne voulut point entrer en éclaircissement,
pour ne point rapeller une affaire qui avoit
surpris sa prudence. Avec un air de bien-
séance , mêlé d'un peu d'indifférence , elle
conservoit pour moi les mêmes maniéres
qu'elle avoit pour le reste de sa société.
Elle ne me faisoit ni reproches ni caresses, &
continua jusqu'à ce qu'elle fût bien sûre ,
& de mon chagrin , & du peu de mouvement que je m'étois donné pour revoir la
Marquise , qui depuis cette avanture ne revint plus chez sa voisine. Enfin voyant que
toutes mes démarches & mes attentions ne
tendoient qu'à rentrer en grace, elle commença à me traiter avec moins de rigueur,

& peu à peu elle me fournit l'occasion d'ê-
tre avec elle dans la même faveur où j'a-
vois été auparavant , sans qu'il ait jamais
été question de la Marquise , ni de reproches. Je trouvai cette maniére de se venger
& de faire grace , si noble, & si au-dessus
du commun , que je m'attachai de plus en
plus à cette Dame , & j'évitai avec soin
toutes les occasions qui auroient pû lui donner le moindre soupçon sur ma conduite.

Je passai deux ans en cette heureuse situation. Je ne quittois ma chere Comtesse que
pour aller passer en revûe au Régiment, &
je m'en revenois tout de suite ; mais mon
bonheur eut sa fin trop-tôt ; j'eûs le malheur
de la perdre dans le tems même que j'étois
absent. Elle se sentoit déja incommodée
quand je fus obligé de partir ; & la fiévre
l'ayant prise avec des redoublemens, elle
mourut le neuviéme jour. Cette perte me
pénétra de la plus vive douleur.

Pendant mon séjour à Paris , la Comtesse m'avoit procuré de très-belles con-
noissances. J'avois entr'autres celle du Marquis de Ricous, avec qui j'étois étroitement lié ; c'étoit un très-honnête homme,
plein d'esprit & de mérite. Il avoit des intrigues & de la protection à la Cour , & il

E vj

ménageoit l'occaſion d'être Ambaſſadeur ;
ou Envoyé dans quelque Cour étrangére.
Il ſçut ſi bien faire que le Roy lui confia ſes
intérêts, & l'envoya à Munich, négocier
l'Alliance qui fut faite entre l'Electeur de
Baviére & la France, où il réuſſit ſelon les
intentions de Sa Majeſté. C'eſt ce qui lui
donna occaſion de m'attirer dans ce Pays-
là, comme je l'expliquerai dans la ſuite.

Après la perte de mon aimable Comteſſe,
je ne ſongeai qu'à ſuivre ma réforme. Mon
Régiment étoit en quartier à Arras, où je
réſolus de paſſer mes jours dans la retraite.
Cette Ville y étoit tout-à-fait propre, on
n'y connoît ni plaiſir ni ſociété ; & excepté
deux ou trois maiſons aſſez médiocres,
tout le reſte étoit impraticable aux Officiers
de la Garniſon. Je vis dans cette Ville une
Cérémonie qui a quelque raport à l'Idolâ-
trie des anciens Romains ; c'eſt le Culte
qu'on rend à une groſſe Chandelle de Cire,
enchaſſée dans un fourreau d'argent. Les
Peuples viennent tous les ans la prier &
l'adorer pendant huit jours, ſans que l'E-
vêque, ni le Clergé puiſſent en réformer
l'abus ; peut-être auſſi qu'on ne s'y opoſe
pas ſérieuſement, dans la crainte de quelque ſoulevement. L'Octave de la Fête

Dieu, eſt le tems annuel de la Solennité,
& le Dimanche dans l'Octave ſur-tout, la
Sainte Chandelle eſt portée en Proceſſion.
Voici ce qu'en dit l'hiſtoire du Pays.
Deux Joueurs de Violon, avoient épouſé
les deux ſœurs; ils étoient tellement ennemis, à cauſe de quelques affaires d'intérêt,
que perſonne ne pouvoit les mettre d'accord. La Ste. Vierge s'intéreſſant à la querelle de ces illuſtres Perſonnages, leur apa-
rut un jour dans l'Egliſe Cathédrale, où
ils étoient à faire leurs priéres. Ce fut ſur
l'Autel d'une Chapelle qui lui eſt dédiée;
elle avoit en main une groſſe Chandelle,
& après leur avoir recommandé de ſe ré-
concilier, elle diſparut, & la Chandelle
reſta ſur l'Autel. A l'inſtant les deux beaux-
freres s'embraſſérent avec tendreſſe; ils prîrent cette Chandelle, & la portérent au
Mayeur de la Ville, à qui ils racontérent
ce qui venoit d'arriver. Par une inſpiration
Divine, tous les Peuples accourûrent, en
criant Miracle; & dès ce moment on regarda cette Sainte Chandelle, comme la
Protectrice de la Ville. On lui fit bâtir une
Chapelle auprès de la grande Place, & on
la revêtit d'un fourreau d'argent. Depuis ce
tems-là la Chandelle eſt expoſée pendant

l'Octave de la Fête-Dieu, à la vûe des Peuples, qui viennent de dix & douze lieuës
la prier avec ferveur, en répétant souvent
ces mots : *Notte Bonne Dame Sainte Candelle, priez pour nous.* Il y a une Confrérie
de la Sainte Chandelle, avec un Directeur
qu'on renouvelle tous les ans. Celui qui est
nommé à cette Dignité, se croit si honoré,
que les frais qu'il fait pour la soutenir, mon-
tent à près de 1500 liv. ce qui est une grosse somme pour les Confréres ; car le plus
opulent d'entr'eux est tout au plus un médiocre Bourgeois. Le Dimanche de l'Octave on fait la Procession de la Sainte Chandelle, avec le même apareil & la même
vénération que celle du Saint Sacrement.
On tapisse les ruës où elle doit passer ; on y
jette de la Jonchée, & on lui dresse des
Reposoirs pour les Stations. La Sainte
Chandelle paroît sous un Poële magnifique,
& tous les Confréres qui l'accompagnent
font distingués par une longue verge blanche qu'ils ont à la main. Il s'en faut bien
que les Ecclésiastiques soient mêlés en cette
Cérémonie ; au contraire ils la désaprou-
vent. Ce font les Joueurs de Violon qui en
font comme les maîtres, à cause de l'origine du Miracle. Un d'entr'eux se met sous

le Poële qui eſt porté par quatre hommes
du même Métier ; là , dans une vénérable
conténance , il tient la Chandelle couchée
dans ſes mains , & tout le Peuple ſuit avec
beaucoup de dévotion. Il s'arrête à chaque
Station , avec le même ordre qu'on obſer-
ve pour le Saint Sacrement , & continuë
juſques dans la Cathédrale , où la Confrérie a droit d'entrer. Alors le reſpectable
Ménétrier a beſoin de ſon adreſſe ; il lui eſt
permis de repoſer la Sainte Chandelle ſur le
Maître Autel , mais il ne faut pas qu'elle y
touche. Si cela arrivoit , il ne ſeroit plus
maître de la reprendre , & elle apartien-
droit au Chapitre , qui certainement abo-
liroit la Cérémonie. Pour éviter cet accident , il a ſoin de la tenir dans ſes mains
qu'il apuye doucement ſur l'Autel. En ſortant de l'Egliſe on continue la Proceſſion ,
& on revient à la Chapelle , à la porte de
laquelle on attend que les Peuples ſoient
aſſemblés. Enſuite un Confrére , après une
génuflexion , alume la Sainte Chandelle
avec une bougie , & le Candéliferaire ,
l'élevant , en donne la Bénédiction , & l'é-
teint à l'inſtant. Pendant la Bénédiction ,
le Peuple dévot ſe proſterne profondément ,
& ſe donne de grands *Meâ culpâ* , en pro-

nonçant d'une voix lamentable : *Notte Bonne Dame Sainte Candelle, priez pour nous,* ou *ayez pitié de nous* ; puis il baise humblement le pavé. Voilà de quelle maniére j'ai vû faire cette Cérémonie ; je ne ſçai pas ſi on la continue. Quand on parloit de la Sainte Chandelle aux gens d'Arras, ils avoient ſoin d'en détailler les Miracles ; ils racontoient des malades guéris, des boiteux redreſſés, & tout cela par la ſeule foi qu'ils avoient eu en elle. Ils ajoûtoient qu'elle duroit depuis plus de cinq cens ans, & qu'elle avoit produit plus de mille Chandelles, ſans avoir diminué d'une once. A l'égard de ces derniers Miracles, il n'eſt pas difficile de les comprendre. Lorſqu'on alume la Sainte Chandelle, la Cire qui coule de la bougie dont on ſe ſert, fournit plus de matiére qu'elle n'en ſçauroit conſumer pendant l'inſtant qu'elle demeure alumée ; & quant aux Chandelles qu'elle produit, elles proviennent des morceaux de Cire qu'on y fait toucher, & qui, ſelon le Peuple, ne font plus qu'un tout avec la Cire de la Sainte Chandelle.

Il y avoit dans la Garniſon un Officier de mes amis qui faiſoit ſon poſſible pour m'engager à faire le voyage de Province

avec lui; il chériſſoit ſon Pays, parce qu'il
y poſſédoit du bien; mais il n'en étoit pas
de même de moi. J'avois perdu ma mere
la premiére année que j'entrai dans les Cadets, & je ſçavois que depuis ſa mort, les
affaires de ma famille n'étoient pas en meilleur état. D'ailleurs je n'y avois pas jóüi
d'aſſez de douceurs pendant mes premiéres
années, pour ſouhaiter d'y retourner. Cependant ſes ſollicitations, & le peu d'amuſe-
ment qu'il y avoit dans Arras, me déterminérent à partir avec lui.

Je revins donc au Pays, où je ne trouvai
guére plus d'amuſemens que dans la Garniſon que je quitois. Je n'y aurois pas fait
un long ſéjour, ſans un accident fâcheux
qui m'arriva dans le tems que j'y penſois le
moins, & qui me jetta dans un enchaînement d'embarras, dont je ne pouvois me
tirer, faute d'expérience.

Ce fut un Procès Criminel que je me
trouvai engagé de pourſuivre au Parlement
de Bordeaux, par les avis de pluſieurs perſonnes. Je n'en prévoyois ni la longueur ni
les conſéquences; après tout il eſt l'origine
de mon mariage dans cette Ville, où je
n'aurois peut-être jamais eû occaſion d'aller
ſans cette affaire. En voici le ſujet. Le pere

d'un jeune homme de ma connoiſſance ;
avoit un voiſin opulent & inquiet , qui
avoit acheté une créance ſur lui , & qui le
déſoloit en Procès. Le jeune homme, qui
avoit des ſentimens d'honneur, ne ſouffroit
qu'avec impatience les mouvemens que la
partie adverſe de ſon pere ſe donnoit pour
lui ravir ſon patrimoine ; il avoit menacé
ce perſécuteur, qui de ſon côté avoit deux
fils, l'un Avocat & l'autre Médecin. Les
deux familles étoient ſur le qui-vive , & ne
marchoient plus de part & d'autre qu'avec
des armes. Un jour le jeune homme, revenant de Périgueux, où étoit le Procès,
rencontra dans un chemin aſſez ſerré ſon
Créancier, accompagné du Médecin ſon
fils. Auſſitôt qu'ils s'aperçûrent, ils commencérent par mettre le piſtolet à la main ;
la partie n'étoit pourtant pas égale ; le pere
& le fils vouloient profiter de l'avantage du
nombre; en effet ils s'écartérent autant qu'ils
pûrent l'un de l'autre , afin d'attaquer le
jeune homme en face & en flanc ; mais il
ne leur en donna pas le tems , il s'avança
promptement ſur le Médecin, lui lâcha un
coup de piſtolet , & le coucha roide par
terre. Ce coup ayant intimidé le pere , il ſe
ſauva à toutes jambes. On juge bien qu'a-

près une affaire femblable, le jeune homme fut obligé de chercher un afyle contre
les pourfuites qu'on alloit faire ; il eut recours à moi, & je lui donnai fecrettement
des Lettres de recommandation, fur lefquelles il partit. Quelque précautions que
j'euffe pris pour cacher ce que j'avois fait
en fa faveur, fes Parties adverfes en eûrent
quelque vent, & me regardant dès-lors
comme leur ennemi, ils réfolûrent de s'en
venger, s'ils en trouvoient l'occafion. Ils
étoient riches & alliés à des perfonnes de
condition, ce qui augmentoit leur orgüeil,
& les rendoit plus entreprenans. Pour moi
qui ne me doutois de rien, je ne pris aucunes précautions ; je me promenois affez
fouvent, feul & fans épée, dans le canton où nous demeurions. Ce fut là où quelque tems après la mort du Médecin, je
rencontrai le pere, fon fils l'Avocat & un
neveu, qui feul avoit une épée. Comme ils
s'aprochérent affez près de moi, je m'arrêtai pour leur laiffer le paffage libre, & je
remarquai que le fils fe tournant de mon
côté, fit démonftration de fe jetter fur moi,
ce que j'évitai. Alors il eut recours aux paroles injurieufes, & je jugeai bien que notre féparation ne fe feroit pas à l'amiable,

Je crus devoir les prévenir en me jettant fur
l'épée du neveu, que je tirai hors du fourreau; mais je n'en fûs pas le maître pour cela, il prit la lame à deux mains, & la ferra
fi bien, que je le traînai par terre affez loin,
fans pouvoir lui faire lâcher prife. A peine
eus-je tiré fon épée, que fes deux camarades prirent la fuite, & regagnérent leur
maifon; mais cependant ayant repris courage, le fils revint fur fes pas avec un fufil à
la main. Je le remarquai tout occupé que
j'étois à fecoüer mon homme, qui crioît
au fecours de toutes fes forces, & je connus le danger où je me trouvois expofé. Il
n'y avoit pas moyen de l'éviter qu'en prenant la fuite, & j'aimois mieux courir les
rifques de périr, que de me réfoudre à prendre ce parti. Cependant je m'avifai de laiffer lever celui que je tenois par terre, & de
me couvrir de lui. Je faifois fi bien qu'en le
fecouant je le tournois toujours du côté du
danger, & j'empêchois par cette manœuvre que l'Avocat pût m'ajufter. A la fin
pourtant j'aurois pû en être la dupe; mais
plufieurs perfonnes étant arrivées heureufement, on s'aprocha de nous; le fufil tira
en l'air fans faire de mal à perfonne, & l'é-
pée qui étoit en difpute nous fut ôtée, &

enfuite dépofée au Greffe de la Jurifdiction.
Mes Adverfaires alors allérent fe barricader chez eux ; ils craignirent que je n'allaffe
les attaquer avec ceux qui étoient venus au
fecours ; mais bien loin de me donner des
avis fi violens, au contraire, les plus apa-
rens d'entr'eux me ramenérent chez moi,
crainte de quelque événement fâcheux, &
firent fi bien que je portai ma plainte devant le Juge des Lieux ; par-là ils coupé-
rent chemin à toutes les voyes de fait. Ils
me perfuadérent que je ne pouvois tirer de
ces gens-là une fatisfaction honorable ; qu'il
s'agiffoit de les châtier, & qu'il n'y avoit
point d'autre moyen pour y parvenir, que
celui des informations. Je fignai donc ma
plainte ; c'étoit le premier papier timbré où
j'écrivois mon nom ; les Témoins fûrent
oüis le même jour, le Décret de prife de
corps rendu, & une troupe d'Archers les
prit tous trois & les mit en prifon. Jamais
paffion n'a été mieux fervie que la mienne ;
ces commencemens me confirmérent dans
l'idée avantageufe que je m'étois faite de la
Juftice ; mais le lendemain de la capture, ils
obtinrent leur élargiffement fous caution,
ils apellérent du Décret au Parlement de
Bordeaux, & prirent le Juge du Lieu à
partie.

Me voilà donc engagé dans un Procès,
& je n'y entendois rien: heureusement je
trouvai à Bordeaux des gens charitables
qui m'instruisirent en leur payant mon
aprentissage. Ma Cause étoit la meilleure
du monde : & Messieurs de la Tournelle en
fûrent tellement persuadés, qu'ils m'aju-
gérent des dépens, dommages & intérêts
contre mes Parties. Il est vrai que le tout
ensemble bien calculé ne montoit pas au
tiers des débourfés que j'avois fait ; mais
mon Procès étoit terminé, à ce que je
croyois, & je me promettois bien de n'y
plus retourner. J'attendois déja mon payement, quand mes Adversaires, plus au fait
de la Chicane que moi, consignérent la
somme qui m'étoit ajugée ; & en même
tems empêchérent qu'elle me fût délivrée,
par une opposition qu'ils firent, sous prétexte de quelques dépens par défaut non
liquidés, & par ce nouvel incident, je me
vis aussi embaraffé qu'auparavant. J'eus recours à mon conseil, qui me persuada, encore que mon affaire étoit excellente, &
que je les ferois bien repentir de leur procédé, qu'il falloit leur envoyer des Archers,
les faire emprisonner , ou du moins faire
enlever leurs Meubles, si on ne pouvoit pas

les prendre, & brifer les portes s'ils refu-
foient de les ouvrir. Comme cette expédition avoit quelque raport à celles de la guerre, que j'aimois paffionément, je fûs ravi
que mes Parties m'euffent donné occafion
de l'exercer fur eux ; & fans prévoir les fuites du confeil violent que je fuivois, je fis
partir auffitôt une troupe d'Archers, qui
trouvant leurs portes fermées, les briférent
& enlevérent tous les Meubles. Mais loin
de fortir d'affaire par là, je me vis engagé
dans un nouveau Procès ; & il fallut revenir
à Bordeaux défendre la caffation de la Sai-
fie mobiliaire que mes Parties pourfui-
voient contre moi ; c'eft alors que je regret-
tai bien fincérement d'avoir quitté Mars
pour fuivre Saint Yves ; il n'étoit plus
tems : il falloit me défendre. On continuoit
cependant à me prouver par beaux raifon-
nemens que ma Caufe étoit bonne, & que
j'en aurois bientôt iffue ; quoiqu'au vrai,
après tous les frais & les démarches que
j'avois faits, je ne fuffe pas plus avancé
que le premier jour. Les Procès ont cela
d'engageant, tout en paroît facile dans le
commencement, foit dans l'efprit des Parties, ou dans celui de leurs confeils ; mais
ils ne font jamais fi douteux que quand on

les a remués de tous côtés. A force de les incidenter, la confusion qu'on y porte en déguise tellement l'objet, que souvent les meilleurs, après bien des frais, des peines & des soins, se perdent comme les plus mauvais. La suite de cette affaire m'auroit encore retenu long-tems à Bordeaux, sans le renouvellement de la Guerre. Le Roy fit négocier une Alliance avec l'Electeur de Baviére, afin d'engager ce Prince à prendre les armes en faveur du Duc d'Anjou, qui étoit apellé au Trône d'Espagne par le Testament de Charles II. mort sans enfans. Le Marquis de Ricous avoit été envoyé à Munich pour cette Négociation, & les services qu'il me rendit donnérent lieu à l'abandon que je fis de mon Procès, que je livrai à la discrétion de mes Parties, sans prendre aucune précaution contre ce qui pourroit en arriver. Je quittai donc Bordeaux pour me rendre à Munich, comme je l'expliquerai, après avoir raporté les Motifs de la Guerre.

SUJET

SUJET

De la Guerre de la France & de l'Espagne contre les Alliés.

LE sujet de cette Guerre, qui a tant coûté de sang à la Chrétienté, vient de ce que le Prince Electoral de Baviére, reconnu à la Paix de Risvick pour légitime Successeur à la Couronne d'Espagne, mourut le 6. Février 1699. vingt-un mois avant Charles II. Les Puissances, qui pour le bien de la Paix, avoient résolu de faire valoir les Droits de ce Prince, ayant vû leurs mesures déconcertées par sa mort, en prirent de nouvelles pour prévenir la Guerre, en concluant un Traité de Partage, où la France cédoit à l'Empereur, pour l'Archiduc, la partie la plus considérable de la Monarchie d'Espagne. C'étoit le seul moyen d'entretenir la paix dans l'Europe, & elle y auroit été affermie pour long-tems, si Sa Majesté Impériale avoit accepté le Traité; mais ce Prince qui se regardoit comme le Chef de la Maison d'Autriche,

Tome I.   F

à qui, felon lui, le Royaume d'Efpagne,
après la mort du Prince Electoral, devoit
apartenir de Droit, préféra des efpérances
incertaines à la gloire de contribuer à l'af-
fermiffement de la Paix. Il prétendit que
Louis XIV. ayant renoncé à la Succeffion
de ce Royaume, lorfqu'il époufa Marie-
Thérefe, fœur de Charles II. fes Defcendans ne pouvoient y prétendre, & qu'il devoit revenir à la branche de la Maifon
d'Autriche, d'où fortoit le Roy d'Efpagne,
s'il mouroit fans enfans; c'eft fur ce fondement qu'il refufa de figner le Traité.

Charles II. au contraire prétendit que
fon Teftament devoit faire Loi, & que fa
volonté feule étoit la régle de celle des uns
& des autres. Sa mort arriva le premier
Novembre 1700. & la Couronne d'Efpagne paffa fur la tête du Duc d'Anjou, qui
partit de Verfailles pour fe rendre à Ma-
drid, au grand contentement de la Nation
Efpagnole.

Tous les Peuples qui compofoient cette
Monarchie, fe foumirent à Philippe V.
qui n'employa aucune violence dans les
vaftes Etats qu'elle contient, pour fe faire
reconnoître. Les Etrangers fuivirent les
Efpagnols; ils le reconnûrent prefque tous

pour Roy d'Espagne : & l'Angleterre & la Hollande, après avoir délibéré quelque tems, se déterminérent à le reconnoître aussi.

Depuis la Paix de Risvick, le Duc de Baviére étoit Gouverneur des Pays-Bas Espagnols, qui sous Charles-Quint fûrent érigés en Cercle de l'Empire, nommé le Cercle de Bourgogne. En cette qualité ce Prince obéit aux Ordres du nouveau Roy d'Espagne, de qui les Pays-Bas dépendoient, & fit entrer dans toutes les Places de son Gouvernement des Troupes de France, à la Place des Garnisons Hollandoises qui les occupoient. Tout concouroit au maintien de Philippe V. on regardoit le Testament du feu Roy d'Espagne, pour ainsi dire, comme l'ouvrage du Ciel. Ce Prince s'y étoit déterminé de lui-même, & il avoit été confirmé dans sa résolution par le Pape Innocent XII. qu'il avoit consulté plusieurs mois avant sa mort. Mais l'Empereur ne le regarda point comme un ordre de la Providence auquel il devoit se soumettre ; il ne s'épouvanta point des suites & des liaisons qu'il falloit prendre, ni du sang Chrétien qui alloit être répandu pour sa querelle. Il refusa de reconnoître

Philippe V. & se détermina à le détrôner.
Et comme il n'étoit pas assez puissant pour
en venir à bout tout seul, il mit en œuvre
tous les moyens qu'il put imaginer pour
attirer les autres Puissances dans son parti.
Voilà quel fut le sujet de la Guerre.

Le Roy d'Angleterre Guillaume III.
avoit reçû de l'Empereur des services essen-
tiels, lorsqu'il n'étoit que Prince d'Orange;
& il lui devoit en quelque façon le Trône
où il étoit élevé : aussi en étoit-il très-recon-
noissant. Ce fut sur lui que Sa Majesté Impériale compta le plus pour parvenir à ses
fins. Il avoit un génie propre à concerter
les moyens les plus sûrs pour placer l'Archiduc sur le Trône d'Espagne. Son crédit
dans ses Etats & en Hollande, les liaisons
étroites qu'il avoit toujours entretenuës
avec les Princes Protestans d'Allemagne,
ne laissoient point douter qu'il ne vînt à
bout de déterminer toutes les Puissances en
faveur de l'Empereur ; en effet, le Traité
conclu le 7. de Septembre 1701. qui portoit qu'ils feroient tous leurs éforts pour
détrôner Philippe V. n'auroit jamais eû
lieu sans le secours de ce Prince.

Cependant il avoit reconnu Philippe V.
lui-même, & l'avoit fait reconnoître par

les Etats Généraux ; mais il s'agiſſoit de rendre ſervice à l'Empereur , & de ſe venger de la Maiſon de France qui l'avoit traverſé dans ſes deſſeins ſur l'Angleterre. Il compta donc pour rien de manquer à ſa parole , & il engagea les Hollandois à en faire autant.

MOTIFS

Qui engagérent l'Electeur de Baviére à faire Alliance avec la France & l'Espagne.

LEs Puissances liguées contre la France employérent les promesses & les menaces, pour obliger tout le Corps Germanique à prendre le parti de l'Empereur ; je veux dire qu'elles firent tous leurs éforts pour y parvenir, auprès des Electeurs, des Princes Souverains & des autres Cercles qui forment l'Empire d'Allemagne. Cependant la Guerre qu'on leur proposoit étoit contraire aux intérêts de l'Empire, qui devoit plutôt souhaiter que la Couronne d'Espagne tombât sur la tête d'un Prince de France, que sur celle d'un Prince de la Maison d'Autriche ; car ils avoient à redouter la Puissance de l'Empereur, qui apuyée d'un Roy d'Espagne, devoit faire trembler le Corps Germanique. Ils ne pouvoient donc avec prudence entrer dans une

Guerre qui n'avoit pour but que l'agrandif-
fement de la Maifon d'Autriche.

L'Electeur de Baviére étoit alors dans
fon Gouvernement à Bruxelles ; il prévoyoit les malheurs dont l'Allemagne étoit
menacée ; mais il ne pouvoit, ni ne fe mettoit en devoir de les prévenir. Il connoif-
foit l'humeur inquiéte des uns & la foibleffe
des autres, & il en craignoit les fuites avec
raifon. Cependant il étoit follicité tous les
jours par les premiéres Dignités de l'Empire de revenir dans fes Etats. On le regardoit comme un Prince capable d'être à la
tête de ceux qui s'opofoient aux voyes violentes dont le Corps Germanique étoit menacé par la Cour de Vienne, foutenuë de
l'Angleterre & de la Hollande. Enfin il
écouta leurs follicitations, & fe rendit à
Munich fa Capitale.

A peine fut-il arrivé dans fes Etats, que
les Cercles de Souabe & de Franconie lui
propoférent un Traité d'affociation, qu'ils
avoient déja figné entr'eux, pour fe défendre d'entrer dans une guerre étrangére. Ils
le prefférent d'armer conjointement, pour
réfifter aux Puiffances qui voudroient les
forcer à fe ranger au nombre des Alliés
contre la France. Leurs Troupes devoient

F iiij

donner de la confiance aux Princes qui auroient intention de maintenir la tranquilité
dans l'Empire : & chaque jour l'Electeur
recevoit des principaux Cercles des affurances de fidélité au Traité qu'ils follici-
toient. L'Electeur de Mayence, Directeur
des deux Cercles du bas Rhin & de Franconie, en avoit déja figné un à Hailbron ;
c'eft ce qui engagea l'Electeur de Baviére à
n'épargner ni foins ni dépenfe pour avoir
un Corps de Troupes prêt à fecourir ceux
de fes Alliés qu'on oferoit attaquer, & fuffifant pour mettre fon Pays à l'abri des in-
vafions.

Pendant ces Négociations, l'Armée de
l'Empereur étoit defcenduë en Italie, & les
fervices fecrets qu'elle y reçut, achevérent
de déterminer l'Angleterre & la Hollande,
à commencer la Guerre contre la France &
l'Efpagne. Le Prince Eugéne furprit un Détachement des Troupes de France, compofé de quinze cens hommes, qu'il défit entiérement le 9. Juillet 1701. le Marquis du
Cambout, Brigadier des Armées du Roy,
& le Chevalier d'Albert, fils du Duc de
Chevreufe, fûrent tués. Il y eut enfuite une
rebellion à Naples, en faveur de l'Archiduc, mais elle fut apaifée par le Viceroy.

On ne pouvoit plus douter que l'Empereur ne fût déterminé à employer la violence contre ceux qui n'épouseroient pas sa querelle, puisque les Anglois & les Hollandois, ses Alliés, s'étoient rendus maîtres, par ses ordres, de plusieurs Places de l'Electeur de Cologne, des Ducs de Brunswick & de Volfenbutel; quoique les uns & les autres n'eussent fait autre chose que de prendre les mesures nécessaires pour demeurer neutres. Pendant ce tems-là d'autres Princes se laissèrent aller à des maniéres moins violentes; ils vendirent leurs Troupes à l'Empereur & aux Hollandois. Alors les Cercles de Souabe & de Franconie qui avoient paru si résolus, commencérent à s'intimider, & la Cour de Vienne qui souhaitoit ardemment leurs déclarations en sa faveur, n'épargna ni soins ni récompenses pour obtenir leurs secours, à quoi elle réussit. Enfin après leur déclaration, la Diette de Ratisbonne s'expliqua selon les intentions de l'Empereur; & le résultat des trois Colléges de l'Empire, fut de déclarer conjointement avec Sa Majesté Impériale & ses Alliés, la Guerre à la France, pour détrôner le Roy d'Espagne.

Ce fut alors que la destinée de l'Electeur

de Baviére, qui n'avoit pas intention de prendre part à cette Guerre, ne fut plus incertaine. Il étoit environné d'Ennemis puiſſans, & ſes amis intimidés l'abandonnoient tous les jours. On avoit parlé de lui dans le Réſultat de Ratiſbonne, & l'Empereur avoit eû ſoin d'y faire ordonner qu'il ſeroit obligé de joindre ſes forces à celles de l'Empire, pour détrôner le Roy d'Eſpagne.

Cet Article le mettoit dans la néceſſité de prendre un parti. Il ne lui reſtoit que le choix d'être Allié de l'Empereur, pour faire la Guerre au Duc d'Anjou, fils d'une ſœur qu'il avoit toujours tendrement aimée, ou de ſe joindre au Roy de France, pour maintenir ce cher Neveu ſur le Trône d'Eſpagne, qui lui étoit légitimement acquis.

Les choſes étoient en cet état, quand M. de Ricous, que le Roy avoit envoyé auprès de l'Electeur de Baviére, acheva de déterminer ce Prince. Il ſe déclara en faveur de la France, & promit d'employer ſes forces pour ſoutenir Philippe V. ſur le Trône d'Eſpagne. Voilà quels fûrent les motifs de la Guerre, & les raiſons qui engagérent l'Electeur à faire Alliance avec le Roy, par un Traité secret, que je vais raporter en substance.

On convint par ce Traité que l'Electeur en embrassant le parti de la France & de l'Espagne, ne seroit point le premier à déclarer la Guerre à l'Empereur, & qu'il ne feroit aucun Acte d'Hostilité contre ses Troupes, ni contre les Places qui lui apartenoient ; mais que sous prétexte de soutenir la neutralité à laquelle les Cercles de Souabe & de Franconie l'avoient engagé, il s'empareroit des principales Places de la Souabe, & déclareroit qu'il n'avoit d'autres intentions que de mettre son Pays à couvert des invasions, dont il étoit menacé par le Résultat de Ratisbonne. Qu'il se plaindroit des Cercles de Souabe & de Franconie qui l'exposoient aux violences de la Cour de Vienne, en abandonnant la neutralité où ils l'avoient eux-mêmes engagé. Que cependant il leur proposeroit des engagemens s'ils vouloient révoquer leur Traité avec l'Empereur, & s'en tenir à leurs premiéres conventions. Qu'il leur remontreroit que le seul moyen de maintenir la tranquilité dans leurs Provinces, étoit de se tenir étroitement liés avec lui ; & qu'il leur promettroit d'employer ses Troupes

F vj

& son pouvoir pour la défense commune.
Que si les Cercles ne vouloient pas accepter ses propositions, l'Electeur prendroit prétexte de leur refus, & s'empareroit de leurs Places, afin d'aprocher de l'Alzace, & d'établir des Magasins pour la subsistance de l'Armée de France. Que la principale Ville à laquelle on devoit s'attacher, étoit Hulm, parce qu'elle est le boulevard & la défense de tout le Cercle de Souabe. Qu'étant maître de cette Place Anséatique, on auroit la liberté de s'emparer de tout le reste de la Province, jusqu'aux Montagnes noires qui séparent l'Alzace d'avec l'Empire, & que par là on auroit tous les Magasins, les Munitions nécessaires & les commodités de procurer la jonction de l'Armée de France avec celle de l'Electeur de Baviére. Que cette Place étant une des plus fortes de l'Empire, l'événement d'un Siége seroit incertain, à cause des secours qu'elle pourroit recevoir. Qu'en cette considération il falloit profiter du tems, & la surprendre par quelque stratagême. Qu'après la Prise de cette Ville, les autres n'étant plus que d'une médiocre résistance, l'Electeur auroit le tems de s'en rendre le maître, avant que l'Empereur eût celui de ramasser

un. Corps de Troupes pour lui faire tête.
Qu'étant maître de la Souabe il avanceroit
avec son Armée jusqu'aux Montagnes noires, pour faciliter le secours, que le Roy
feroit son possible de lui envoyer. Que si
par quelque événement contraire l'Armée
de France ne pouvoit pas pénétrer lorsque
l'Electeur se présenteroit, & qu'il fallût remettre l'expédition à un autre tems, &
prendre de nouvelles mesures, ce Prince
continueroit ses Conquêtes sur les Cercles
seulement, sans exactions envers les Peuples, & toujours sous le prétexte spécieux
de conserver ses Etats des invasions, & soutenir la neutralité. Qu'en cas que l'Empereur commençât le premier la Guerre par
des hostilités contre les Bavarois, l'Electeur qui seroit déja pourvû de plusieurs Places hors de ses Etats, défendroit & attaqueroit sans aucun ménagement les Terres
& Fiefs d'Autriche & de l'Empire ; qu'il
imposeroit des quartiers d'hyver & des subsides dans les Pays conquis ; & qu'indépendamment de ce qu'il pourroit en retirer, la
France lui feroit toujours les remises des
sommes convenuës pour l'entretien du
Corps de Troupes considérable qu'il avoit
mis sur pied. Que pour ôter à l'Empereur

les moyens d'accabler l'Electeur par quelque nombreuse Armée, avant la jonction
de celle de France, le Roy obſerveroit de
jetter ſes principales forces ſur la Frontiére
d'Allemagne, pour y faire diverſion ; qu'au
ſurplus tous les moyens néceſſaires pour
pénétrer & donner promptement du ſecours à l'Electeur ſeroient pris. Qu'enfin
on travailleroit aux intérêts communs, en
faiſant dans l'Empire des Conquêtes, qui
ſeroient partagées par portions convenables au Roy & à l'Electeur. Que ſi toutes
ces précautions priſes, Dieu vouloit diſpo-
ſer autrement des choſes, & que les Armes
de l'Empire vinſſent à envahir les Etats de
Baviére, la France & l'Eſpagne s'engageoient de donner pour dédommagement
à l'Electeur le Cercle de Bourgogne, ou
Pays-Bas Eſpagnols, en toute Souveraineté, de même & pareillement qu'il poſſédoit ſes Etats de Baviére. Ce Traité étant
conclu & ratifié par le Roy, on ne ſongea
plus qu'à l'exécuter le plus ſecrettement
qu'il fût poſſible.

Ce fut l'ouvrage du Marquis de Ricous ;
il ſçut ſe conduire avec tant de capacité &
de ménagement dans les différentes circonſtances qui tendoient à l'objet de ſa né-

gociation, qu'il fut également aimé & pro-
tégé de la Baviére & de la France. L'Electeur l'obligea d'accepter un Brevet de Lieutenant Général de ſes Armées : & ce Prince
eut toujours beaucoup de confiance en ſes
conſeils. La France alors n'avoit jamais vû
tant d'heureuſes diſpoſitions en ſa faveur,
pour faire la Guerre à ſes Ennemis ; non-
ſeulement elle devoit compter ſoutenir
Philippe V. ſur le Trône d'Eſpagne, mais
encore il ſembloit que l'opiniâtreté de la
Maiſon d'Autriche lui fourniſſoit l'occaſion favorable de faire de nouvelles Conquêtes. Car que ne devoit-on pas attendre
après la Guerre concluë par la Paix de Riſvick ? Tout l'Univers avoit été témoin de
la puiſſance de la France. Cette Monarchie ſeule avoit combattu contre preſque
toute l'Europe liguée contre elle, & en
avoit été victorieuſe. Je dis contre l'Europe preſque entiére, puiſque tout le Corps
Germanique, l'Angleterre, la Hollande,
l'Eſpagne, le Portugal & la Savoye avoient
joint toutes leurs forces contre Louis XIV.
ſeul, & que ce Prince les avoit vaincus
dans toutes les occaſions. La France ſe
trouvoit dans une ſituation bien avanta-
geuſe ; elle venoit de joindre à ſes forces

celles d'Eſpagne, du Portugal, de la Savoye, de la Baviére & de Cologne, qui
avoient fait un Traité particulier en ſa faveur. Quelles eſpérances pour Philippe V.
& pour l'agrandiſſement du Roy! M. de
Ricous m'a dit après notre retour en France, que l'Article du Traité, qui accordoit
à l'Electeur les Pays-Bas Eſpagnols, en
cas que ſon Pays lui fût enlevé, avoit plutôt été pour la forme, que dans la crainte
réelle de quelque événement fâcheux. Et
véritablement, à juger des choſes ſur les
aparences, on devoit voir en peu de tems
les Etats de Baviére puiſſans & recomman-
dables.

L'Electeur mit bientôt ſes Troupes en
état d'exécuter le Traité qu'il venoit de
conclure; & M. de Ricous attentif à tout
ce qui pouvoit les rendre plus nombreuſes,
trouva l'occaſion de créer un Régiment de
François au milieu de la Baviére.

Après la Paix de Riſvick, le Roy fit
une ſi grande réforme dans ſes Troupes,
que quantité de Soldats congédiés ſortirent
de France pour aller dans les autres Royau-
mes, où la Guerre n'étoit pas éteinte. Les
uns prirent parti chez l'Electeur de Brande-
bourg, d'autres dans les Troupes de l'Em-

pereur, que le Turc avoit attaqué ; ces malheureux, que la néceffité avoit obligé de quitter leur Pays, n'eûrent pas plûtôt apris qu'il y avoit en Baviére un Ambaffadeur du Roy, qui donnoit des Paffeports pour retourner en France par la Suiffe, que l'ardeur de revoir leur Patrie, & de retrouver du Service, les fit arriver en nombre à Munich. M. de Ricous craignant de rifquer le fort de ces gens-là dans la route qu'ils avoient à faire, imagina les moyens de les retenir en Baviére. Il propofa à l'Electeur d'en créer un Régiment pour le Roy, avec augmentation de paye, afin d'engager les Deferteurs à venir au plus vîte y prendre parti. Et comme il n'étoit pas encore tems d'éclater ; il ajoûtoit que ce Régiment feroit apellé la Garde Etrangére du Prince, ainfi que les Suiffes font la Garde Etrangére du Roy de France. Que pour fauver les aparences il falloit le former comme les Gardes Bavaroifes, de trois Bataillons, dont le premier feroit de Grenadiers ; que les Compagnies feroient au moins de cent Hommes, & qu'il feroit le Service, comme apartenant à l'Electeur, jufqu'à ce que l'occafion de le remettre au Roy fe prefentât. L'Electeur ayant trouvé

le projet utile à l'intérêt commun, y con-
fentit fans héfiter ; on écrivit en Cour, &
le Roy donna fon agrément.

Ce fut alors que M. de Ricous fongea
à moi. Le Roy lui avoit laiffé la liberté
de choifir les Officiers de ce Régiment, &
de les faire bréveter au nom & au Sceau
de l'Electeur ; bien entendu qu'ils devoient
premiérement être préfentés au Prince
pour avoir fon agrément. Avec ce pouvoir
il forma le plan de fe réferver ce Régiment,
& de lui faire porter fon nom ; mais il n'en
dit rien à perfonne, & il voulut en attendre l'établiffement complet, afin qu'on ne
pût pas le foupçonner de travailler plutôt
à fes affaires dans fes projets, qu'aux affaires de fon Prince. Il fe contenta de me
propofer à l'Electeur pour en être Lieutenant-Colonel, & le commander en chef
jufqu'à ce que les trois Bataillons fuffent
remplis. Alors, dit-il, on jettera les yeux
fur quelqu'un pour le faire Colonel, n'é-
tant pas trop fûr qu'on puiffe avoir fitôt les
deux mille hommes qu'il faut pour le rendre complet. Il ajoûta que ces fortes de
Régimens ne réuffiffoient pas toujours, à
caufe de la grande difficulté qu'il y avoit à
contenir des Déferteurs. Qu'il avoit vû un

femblable Régiment levé en France pour
M. de Teſſé, donner un embarras infini à
ceux qui le commandoient, par les meur-
tres, les vols, les brigandages & le peu de
ſubordination qu'il y avoit : que n'en pouvant venir à bout, on avoit été contraint
de le caſſer peu de tems après qu'il eut été
formé. Que comme il pouvoit en être de
même de celui-là, il étoit de la prudence
d'épargner les frais qu'entraînoient la création d'un Etat-Major, juſqu'à ce qu'on eût
vû de quelle maniére il ſe comporteroit.
Qu'en attendant il falloit lui donner un
Chef capable de le contenir ; & il eut la
bonté d'aſſurer l'Electeur qu'il ne connoiſ-
ſoit perſonne qui pût mieux en venir à bout
que moi. Et pour ne rien faire paroître de
prémédité, il pria Son Alteſſe de me réſer-
ver dans ſes Troupes une Compagnie de
Dragons, que j'occuperois à mon arrivée,
juſqu'à ce qu'il eût aſſez de Déſerteurs
pour former un Bataillon.

Le Marquis de Ricous ayant pour moi
la parole de l'Electeur, me manda que l'a-
mitié qu'il m'avoit toujours conſervée depuis qu'il m'avoit connu, l'engageoit à profiter d'une occaſion qui ſe préſentoit de me
rendre ſervice. Qu'il falloit que je m'en ra-

portaſſe à ſa bonne foi, ſans lui demander
de plus grands éclairciſſemens ſur l'affaire
dont il s'agiſſoit, ne pouvant la confier au
papier; qu'il étoit queſtion de me mettre
en chemin pour l'aller joindre à Munich.
Que ſi je voulois entreprendre ce voyage
ſans étendre plus loin mes réflexions, je
n'aurois pas lieu d'être fâché de mon ſort,
& qu'il me le conſeilloit. Qu'en ce cas il
falloit prendre la route de Soleure en Suiſſe;
que là je trouverois le Marquis de Puiſieux,
Ambaſſadeur du Roy, qui me remettroit
un Paſſeport de l'Electeur de Baviére,
pour me faciliter l'entrée de l'Allemagne;
qu'outre ce Paſſeport, le Marquis de Puiſieux étoit prié de chercher les moyens les
plus aſſurés pour me faire paſſer, & que je
lui étois recommandé avec toutes les précautions imaginables.

Cette Lettre me donna une joye infinie;
cependant il me reſtoit je ne ſçai quoi qui
tenoit mes ſens ſuſpendus. La ſortie du
Royaume combattoit ma ſatisfaction; c'eſt
ce qui m'engagea à dire à M. de Ricous,
dans la réponſe que je lui fis, que je m'en
raportois entiérement à ſon amitié; mais
que s'il étoit poſſible de me laiſſer entrevoir
quel étoit le ſervice qu'il avoit la bonté de

me rendre en Baviére, il me feroit un fenfible plaifir. Que fi cependant cela ne fe
pouvoit pas, j'étois prêt à faire tout ce
qu'il fouhaitoit, & que j'allois en attendant
préparer mes affaires, de maniére qu'il n'y
auroit pas un moment d'intervalle de fa lettre reçûë à mon départ. En effet ayant reçû de lui une feconde lettre, qui toute en-
gageante qu'elle étoit, ne m'inftruifoit pas
plus que la premiére, je partis fur mes chevaux, avec un feul doméftique, qui fçavoit
un peu la Langue Allemande, parce qu'il
n'y a ni poftes ni voitures dans la traverfe
qu'il faut faire pour gagner Soleure.

CAMPAGNE

De mil sept cent deux.

JE partis de Bordeaux au commencement de Juillet de l'année 1702. j'a-
bandonnai Procès & Procédures, sans ordre ni précautions ; je ne regardois ce qui
pouvoit en arriver que comme un très-petit
objet, auquel je ne devois plus faire attention. Mes Parties ne manquérent pas d'a-
vancer dans leurs écritures, que mon abfence étoit une évafion hors du Royaume,
que mes actions m'avoient attirée ; & ils
réuffirent fi bien, qu'ils obtinrent à leur
tour des dépens confidérables contre moi.
Quoique je ne fuffe condamné que par défaut, cependant après un délai prefcrit par
l'Ordonnance, ils n'en eûrent pas moins
contre moi une Contrainte par Corps, qui
penfa me caufer un affront très-fenfible à
mon retour de Baviére à Bordeaux, comme je l'expliquerai en fon lieu.

La route de Bordeaux à Soleure eft un
chemin de traverfe très-peu fréquenté,

dans lequel, fans un grand hazard, on ne trouve perfonne qui puiffe foulager un voyageur du moindre ennui ; aufli fis-je tout feul plus de cent quarante lieuës. La premiére perfonne que je rencontrai fut le Lieutenant de Maréchauffée de la Franche-Comté, avec qui je foupai dans une petite Ville nommée Bellegarde, fituée fur la Riviére de Saone. Nous parlâmes de mon voyage & de la route que je devois tenir pour me rendre promtement ; il me dit que la plus belle & la plus courte, étoit celle de Salins, à l'extrémité de la Franche-Comté, & que je devois éviter Bafle, où j'avois réfolu de paffer. Je me déterminai à fuivre fon confeil : & le lendemain, après avoir fait trois lieuës enfemble, il me mit dans mon chemin, en me fouhaitant un bon voyage. Je n'avois garde de me défier d'une perfonne fi obligeante ; mais comme fon Emploi étoit de veiller à l'exécution des Ordres du Roy, & qu'il croyoit avoir démêlé en moi que j'étois un Religionaire qui me fauvois en Suiffe, il fe hâta d'arriver à Salins, par une route différente de celle que je tenois. Il avertit le Lieutenant de Roy de la Citadelle, de m'arrêter l'affurant que dans la converfation qu'il avoit

euë avec moi, il m'avoit tourné de tant de
façons, qu'à la fin il avoit découvert que je
fortois du Royaume, à caufe de la Reli-
gion. Auffitôt on me fit l'honneur d'attendre mon arrivée dans la Ville, avec attention & impatience; & le lendemain, étant
à la fin de mon dîner, un Emiffaire arriva
à mon Auberge, dans le deffein d'entrer en
converfation avec moi, & de s'affurer encore plus pofitivement de mes intentions;
ce Monfieur m'abordant avec douceur, me
dit qu'il venoit heureufement d'aprendre
que j'allois à Soleure; qu'il avoit un frere
Secretaire d'Ambaffade dans la même Ville, & qu'il me prioit d'agréer qu'il char-
geât mon Laquais d'un petit paquet pour
lui rendre. Les complimens dont il affai-
fonna fa priére, m'engagérent à l'affurer
que je rendrois fon paquet moi-même, que
je le priois de me l'aporter: & infenfiblement nous entrâmes en converfation. Comme je ne répondois qu'avec réferve fur
quelques queftions qu'il me fit, & qu'il
étoit prévenu, il ne douta point de ce que
le Lieutenant de Prévôt avoit penfé de
moi, & en me quittant il alla dire au Lieutenant de Roy qu'il n'y avoit pas de tems à
perdre pour m'arrêter, parce que j'allois
partir.

partir. Peu de tems après, je vis entrer dans ma chambre dix ou douze Officiers, que je crus venir encore me charger de commiffions pour Soleure ; mais le plus aparent prenant un air févére & d'importance, me demanda qui j'étois, & pourquoi je fortois du Royaume ; à cette demande toute la troupe m'entoura pour écouter ma réponfe. Je me mis à fourire, & fans m'émouvoir je lui répondis que je ne le connoiffois pas affez pour lui faire confidence du fujet de mon voyage. Ma réponfe lui déplut, & en affectant un air plus fier, il me dit que je ferois bien de lui déclarer de bonne grace, fans quoi j'aurois peut-être lieu de m'en repentir. Depuis quand, Monfieur, lui répliquai-je, la France a-t-elle déclaré la guerre aux Suiffes, pour m'obliger de vous rendre compte de ce qui me mene en leur Pays ; & que vous importe qui je fois, pourvû que je n'attente rien fur votre Citadelle ? le peu de féjour que j'ai à faire en cette Ville ne doit vous laiffer aucun foupçon, car mon intention eft de partir dans un moment & de pourfuivre ma route. Tout doucement, Monfieur, me dit-il, vous ne partirez pas fi promptement, s'il vous plaît ; vous m'avez l'air de faire ici

un plus long féjour que vous ne penfez.
Nous fçavons déja qui vous étes, & le fujet qui vous engage à fortir du Royaume ;
& fi vous vous opiniâtrez à cacher votre intention , vous ne devez efpérer aucune
indulgence ; je vous ferai fouiller pour vous
convaincre, & nous verrons alors fi les
rieurs feront de votre côté. Cette menace
me fit rire encore plus malicieufement que
je n'avois fait. Je lui dis que fi j'avois à me
repentir de quelque chofe ce feroit de lui
avoir demandé grace ; parce que je ne le
croyois pas un homme d'une affez grande
conféquence pour être en état de m'en faire. La fermeté avec laquelle je parlois auroit dû le tirer d'erreur ; mais il étoit tellement prévenu, que fans réflexion il fe fit
aporter mon Porte-Manteau, qui étoit déja chargé, & on le fouilla jufqu'à la derniére piéce ; n'ayant rien trouvé qui pût les fatisfaire, ils vinrent à moi pour en faire de
même. Il eft dommage , Meffieurs , leur
dis-je alors, que vous ne foyez pas des
Commis de porte, car vous fçavez à merveille la maniére dont il faut s'y prendre
pour occuper leurs Emplois. Vous pourriez bien, Monfieur, ne pas toujours plaifanter, me dit le Chef de la Troupe ; &

nous allons voir fi nous pourrons vous faire
changer de ton: allons, qu'on fouille Monfieur; tout doucement lui répondis-je d'un
air férieux; de quelle part prétendez-vous
me faire foüiller ? Je ne reconnois que l'ordre du Roy; eh bien je l'ordonne de la part
de Sa Majefté & de fes Edits. A cet ordre
on fe jetta fur les poches de ma vefte, &
on en tira plufieurs lettres, entr'autres une
de M. de Ricous, qui fut la premiére qu'on
ouvrit. Alors toute la Troupe fe redreffa avec un murmure qui dénotoit l'impatience où elle étoit d'entendre la lecture de
cette lettre. On devoit, felon eux, y trouver les preuves de leurs foupçons; mais ils
ne fûrent pas fatisfaits. La feule infcription
de la lettre commença à les interdire; ils en
firent cependant la lecture entiére, & ayant
vû les termes complaifans & gracieux d'un
Ambaffadeur du Roy qui m'adreffoit à Soleure, à un autre Ambaffadeur qu'ils con-
noiffoient, ils changérent de contenance,
& paffant d'une extrémité à l'autre, ils devinrent rempans jufqu'à la baffeffe. Ils me
firent des excufes en des termes fi humbles,
qu'ils m'infpirérent pour eux un mépris
parfait. Ils accuférent le Lieutenant du
Prévôt & fon Emiffaire de les avoir trom-

pés. Pour moi je ne fongeai qu'à monter à cheval ; ils me fouhaitérent un bon voyage, & moi une meilleure fortune.

Je continuai ma route jufqu'à Soleure, fans autre rencontre. Je me rendis auffi-tôt chez le Marquis de Puifieux, qui ne voulut pas permettre que je priffe un autre logement que fon Hôtel ; il m'attendoit fur l'avis que lui avoit donné M. de Ricous, qui lui avoit envoyé pour moi un Paffeport de Capitaine de Dragons des Troupes de l'Electeur, figné de la main du Prince, fur lequel je devois paffer la Frontiére d'Allemagne. Il le prioit de l'examiner, & d'y joindre ce qu'il croiroit nécef-faire, s'il n'étoit pas fuffifant ; enfin de prendre toutes les précautions pour me faire arriver avec fûreté. L'Empire commençoit à prendre quelque ombrage de la neutralité de l'Electeur, & fi par hazard j'avois été arrêté, ç'auroit peut-être été pour long-tems ; c'eft ce que vouloit éviter M. de Ricous, par confidération particuliére pour moi. Une recommandation de fa part étoit d'un affez grand poids pour que le Marquis de Puifieux donnât fes foins à ce qu'on lui demandoit ; mais la crainte de ne pas prendre des mefures affez juftes le mettoit dans

l'embarras, & lui faifoit imaginer des ex-
pédiens qu'il croyoit tantôt bons & tantôt
mauvais. M. de Ricous, en envoyant le
Paffeport avoit ajouté de prendre encore
d'autres précautions ; ces précautions qu'il
demandoit caufoient nos foupçons fur la
validité du Paffeport ; & dans l'incertitude,
nous confultions tous les jours fur ce que
nous ferions, & plus nous confultions,
plus il fe préfentoit d'obftacles à nos deffeins. Il y avoit déja près de quinze jours
que j'étois à Soleure, & je n'étois pas plus
avancé que le premier jour ; fi j'avois fçû la
Langue Allemande, mon embarras n'auroit pas été fi grand ; j'aurois trouvé moyen
de me traveftir & de paffer, mais je n'en
fçavois pas un mot, & ce que mon valet en
fçavoit, n'étoit pas fuffifant pour rifquer
une métamorphofe qui m'auroit rendu encore plus criminel, fi j'avois été pris. Je ne
fçavois plus qu'imaginer, lorfque Madame de Tibergeaut, fœur du Marquis de
Puifieux, nous tira d'affaire. C'étoit une
Dame de mérite & de beaucoup d'efprit,
qui étoit à Soleure avec fa famille, pour tenir compagnie à fon frere qui étoit dans un
âge avancé.

Comme l'Empereur avoit auffi un Am-

baffadeur en Suiffe, qui faifoit fa réfidence
dans la Ville de Baden, où je devois paffer,
nous convînmes que j'irois lui dire que j'é-
tois un Gentil-homme du Prince d'Auver-
gne (qui depuis trois mois étoit forti de
France par un mécontentement) que ce
Prince avant de partir m'avoit envoyé dans
fes Terres en Périgord, pour tirer de fes
Fermiers les fommes qui lui étoient dues,
& lui en faire les remifes par Venife. Que
m'ayant ordonné de l'aller joindre enfuite,
pour plus grande fûreté il m'avoit envoyé
un Paffeport de l'Electeur de Baviére, qu'il
avoit obtenu à la follicitation de la Princeffe Maxe fa tante ; & que dans la crainte
que ce Paffeport ne fût pas fuffifant, je le
fupliois de vouloir mettre fon Vû deffus,
ou de m'en donner un des fiens, à la confidération du Prince. Que fi cet Ambaffadeur me refufoit l'un & l'autre, comme il
pourroit bien arriver par antipathie pour la
Nation Françoife, je lui demanderois fur
le champ la permiffion d'en faire venir un
de l'Empereur à fon adreffe, & de féjour-
ner à Baden pour l'attendre ; afin de lui perfuader par cette feconde demande, que je
ne continuois pas ma route, & de lui ôter
par'là l'envie d'écrire fur la Frontiére pour

me faire arrêter; que cependant je partirois
fecrettement , & gagnerois l'Allemagne,
avant qu'il fe fût aperçû de mon évafion.

Cet expédient aprouvé, je partis de Soleure, auffi regretté de toute la famille du
Marquis de Puifieux, que fi j'avois eû le
bonheur de lui apartenir. J'arrivai à Baden
le troifiéme jour, fur les dix heures du matin; je m'arrêtai à la premiére Auberge que
je trouvai en arrivant, & après avoir diné
j'ordonnai à mon valet de conduire mes
chevaux hors de la Ville , & de m'attendre
fur la route que nous devions tenir. J'allai
auffitôt me préfenter chez le Baron de
Trofchmandorf, comme un homme qui
ne faifoit qu'arriver; je fis très-refpectueufe-
ment à cet Ambaffadeur les propofitions
convenues ; mais je ne trouvai en lui que
groffiéreté. A peine me dit-il, d'un air brutal , qu'il ne mettoit pas fon feing fur les
Paffeports d'autrui , & qu'il en donnoit encore moins à une Nation Etrangére. Je le
priai de me permettre d'en faire venir un de
Sa Majefté Impériale à fon adreffe, & lui
dis que je refterois à Baden jufqu'à ce qu'il
fût arrivé ; à cela point de réponfe: il me
laiffa fortir de chez lui d'un air tout à fait
méprifant.

Je ne perdis pas un moment ; j'allai joindre mes chevaux, bien réfolu de ne point
les épargner, & de les crever s'il le falloit.
Après avoir marché le refte du jour, fans
m'arrêter, la nuit me furprit dans un lieu
affez defert, où je ne vis qu'une maifon
feule & une mauvaife grange à côté. Je fis
demander à une vieille femme, que le
bruit des chevaux avoit attiré à la fenêtre,
fi je ne trouverois pas bientôt quelque
Bourg ou Village où pouvoir loger ; elle
me répondit que j'avois plus de deux lieues
à faire avant de rencontrer aucun Village,
& qu'elle offroit de nous donner le couvert
fi nous voulions. Mes chevaux n'en pouvoient plus, la nuit m'alloit furprendre ;
enfin la néceffité me contraignit de m'arrêter dans ce miférable lieu, qui avoit plutôt
l'air d'une retraite de voleurs que d'une hô-
tellerie. J'avois beau jetter les yeux de tous
côtés ; plus j'en examinois la fituation, plus
je trouvois le gîte affreux. Il étoit dans un
enfoncement, couvert d'un Bois fort épais,
qui ne me pronoftiquoit rien de bon, & il
n'y avoit pas moyen de choifir. Enfin je fis
mettre mes chevaux dans la grange, où
heureufement il fe trouva du fourage ;
quant à moi, j'eûs des œufs durs, avec

d'affez mauvais pain & de la petite bierre ;
ce fut mon fouper, & il fut bientôt fait :
j'étois fi fatigué, que je ne demandois que
du repos. Mon hôteffe me montra enfuite
un galetas, garni de quatre couchettes fans
rideaux, fur l'une defquelles je me couchai,
& mon valet fur une autre, avec la précaution de tenïr mon épée & mes piftolets auprès de moi : & je ne fûs pas long-tems fans
m'endormir. J'étois dans le plus fort de
mon fommeil, quand je fûs éveillé en furfaut, par un grand bruit que l'on faifoit au-
deffous de mon galetas. C'étoit une confufion de voix glapiffantes & entrecoupées
de cris aigus & une rumeur diabolique,
& tout cela mêlé d'un langage où malheureufement je ne comprenois rien. Je m'i-
maginai bientôt que j'étois dans une caver-
ne de voleurs ; l'affreufe fituation de l'hô-
tellerie, au milieu d'un Bois, où il n'avoit
paru qu'une feule femme d'abord ; tant de
monde que j'entendois alors hurler des you,
you ; tout me difoit que j'étois au milieu
d'une troupe de bandits, qui après avoir
dévalifé les Paffans fur les grands chemins
pendant le jour, fe retiroient la nuit dans ce
mauvais lieu pour partager leur butin, &
qu'ils me regardoient déja comme une

proye affurée. On ne fait pas de bon fang
quand on eft livré à de pareilles réflexions,
& je n'avois garde de me rendormir ; cependant je ne jugeai pas à propos de réveiller mon valet ; il dormoit fi profondément,
que j'aurois craint de le mettre hors d'état
de voyager le lendemain fi je l'avois tiré du
fommeil. Je me faifis toujours de mes piſto-
lets & de mon épée, & prêtai attentivement l'oreille à tout le carillon. Pendant
que j'étois fi attentif, j'entendis des gens qui
fe gliffoient à la porte du galetas, pour en
chercher le loquet, & qui l'ayant ouverte
tout doucement, marchoient nuds pieds
du côté de mon lit, comme s'ils avoient eû
deffein de me furprendre. Je criai qui va
là, en mettant le piſtolet à la main ; mais on
ne me répondit point. Je les entendis qui
gagnoient une autre couchette auprès de la
mienne, en parlant tout bas, & un inſtant
après tout fut en filence dans mon galetas.
Il n'en étoit pas de même de la chambre
qui étoit au deffous ; les cris, les hurlemens
& les you, you, continuoient toujours, &
j'avois lieu de croire que ceux qui étoient
entrés avec tant de myſtére, avoient deffein de s'affurer de la porte, & de l'ouvrir
à leurs camarades pour me dévalifer. Tou-

tes ces penfées me tenoient fi alerte, que je
n'avois point envie de dormir. Enfin ces
voix fe difperférent peu à peu ; le grand tin-
tamarre fit place au filence, & dans le
tems que le jour commença à poindre, le
fommeil me faifit tellement, que je n'entendis pas mon valet qui fe leva pour aller
aprêter les chevaux. Après que tout fut en
état dans l'écurie, il s'en revint à la chambre pour m'éveiller & prendre le Porte-
Manteau ; mais comme il ne fçavoit pas la
maniére d'ouvrir la porte qu'il avoit fermée
en fortant, & qu'il s'impatientoit de voir
paffer le tems de nous mettre en chemin, il
heurta fi brufquement, que me réveillant
en furfaut, rempli de ce que j'avois entendu pendant la nuit, je me jettai fur mes piftolets. Un mouvement qui fe fit dans la
couchette qui étoit auprès de la mienne,
acheva de m'ouvrir les yeux ; mais quelle
fut ma furprife, quand au lieu de bandits
que je croyois trouver, j'aperçûs deux jeunes filles d'environ dix-huit à vingt ans, les
plus charmantes que j'euffe vûes. Elles
étoient toutes nues, & fuivant la coutume
du Pays, elles avoient mis leurs chemifes
derriére le chevet de leur lit. Une des deux
fe leva, & cherchant nonchalamment de

quoi fe couvrir, elle alla ouvrir la porte à
mon valet, qui prit le Porte-Manteau, &
me dit que toutes chofes feroient prêtes
pour partir quand je voudrois. Cette jeune
fille occupoit auffi agréablement mes regards, que la crainte qu'elle m'avoit caufé
m'avoit fatigué pendant la nuit; elle fortit
bientôt de la chambre, & laiffa fa camarade endormie fur fon lit, en état de pure nature. C'étoit une petite perfonne, potelée
& plus blanche que l'albâtre, dont l'afpect
ne me donnòit point envie de partir. Je n'o-
fois cependant l'aprocher, crainte de l'é-
veiller, & de m'attirer une querelle dans
une Langue où je n'entendois rien. Je ne
fçai pas trop cependant ce que j'aurois fait,
fi mon valet, qui s'impatientoit, ne fût pas
venu me dire qu'il étoit déja tard, & que
nos chevaux étoient prêts. Je quittai donc
cet objet charmant, qui occupa ma penfée
affez long-tems. Je me voulois mal d'avoir
chaffé ces deux jolies perfonnes, lorfque
pendant la nuit elles s'étoient aprochées de
mon lit; & je ne pouvois accorder leurs démarches avec le carillon que j'avois entendu. J'en demandai la caufe à l'hôteffe, qui
me dit qu'on avoit fini ce jour là de couper
fes grains; que la coutume étoit de régaler

les Moiſſonneurs, & qu'elle leur avoit donné une petite fête, où ils s'étoient parfaitement divertis.

Je me mis en chemin pour réparer le tems perdu, & je fis tant de diligence, que deux jours après j'arrivai dans un gros Bourg, qu'on appelle Rochart, ſitué ſur les bords du Lac de Conſtance; ce Lac eſt d'environ quinze lieues de longueur, ſur ſix de l'argeur; il fait la ſéparation de la Suiſſe avec l'Allemagne. Le Rhin prend ſa ſource au-deſſus, du côté du Midi, dans les Montagnes des Griſons, & vient paſſer dans le milieu, ſans y mêler ſes eaux. Ce fleuve a ſi peu de profondeur, avant de s'y jetter, qu'on le paſſe très-facilement à cheval en tout tems. Rochart eſt vers la partie ſupérieure du Lac, & n'eſt pas la route ordinaire; mais le hazard m'avoit fait prendre ce chemin, au lieu de celui de Conſtance, qui eſt ſitué à la partie inférieure; c'eſt la route ordinaire & la plus courte. Cette méprise me fut heureuſe, parce que ce chemin n'étant preſque pas fréquenté, on ne s'attachoit pas avec tant de ſoin à examiner les voyageurs qui entroient en Allemagne de ce côté là, que ceux qui alloient par la grande route. L'hôte chez qui je mis pied à

terre étoit de Genéve, & parloit François;
ce qui me fit plaifir; parce que je pouvois
m'informer par moi-même de tout ce qu'il
falloit fçavoir pour paffer la Frontiére. Je
me difois Lorrain, depuis avoir quitté
mon Ambaffadeur à Baden; c'étoit par
avis de Madame de Tibergeaut, qui m'a-
voit dit que cette Nation étoit parfaitement
bien reçûe en Allemagne; & mon hôte qui
me crut, fembla avoir conçû de l'amitié
pour moi. Il me dit que j'avois deux chemins à prendre pour entrer dans l'Empire;
que l'un me conduifoit au Lac qu'il faudroit traverfer, pour foulager mes chevaux,
dans une bonne barque qu'il me feroit donner, qui me conduiroit dans la Ville de
Lindau, vis-à-vis de Rochart; que cependant il ne me confeilloit pas de le fuivre, à caufe du Gouverneur, qui depuis la
déclaration de la Guerre contre la France,
examinoit avec tant de défiance ceux qui
entroient dans fa Ville, que quoique je fuffe Lorrain, il pourroit arriver quelque difficulté, à caufe de la Langue que je ne fçavois pas. Que pour plus grande fûreté, je
ferois mieux de prendre un autre chemin,
qui remontoit le long du Lac, jufqu'à trois
lieues au-deffus de Rochart, où je trou-

verois l'embouchure du Rhin. Vous paſſe-
rez ce fleuve à gué, me dit-il, ſans nul
danger, & vous pourrez vous repoſer à cinq
lieuës d'ici, dans un Bourg apellé Rineck,
qui apartient encore aux Suiſſes; de-là vous
n'aurez plus que deux lieuës pour arriver
dans la Ville de Breguens, qui eſt la premiére de l'Empire ſur cette route. Je n'ai
pas entendu dire qu'il y eût encore de Garniſon, ni qu'on fît de difficulté à laiſſer paſſer les voyageurs; parce que c'eſt un chemin de traverſe, qui n'aboutit à aucun lieu
conſidérable. Auſſitôt que vous aurez paſſé
la Ville, continua-t-il, vous ſerez dans le
plat Pays de Souabe, où perſonne ne vous
demandera qui vous êtes; il eſt vrai que
vous alongez votre chemin de quatre à cinq
lieuës, mais vous ſerez hors d'inquiétude.
Je remerciai mon hôte du meilleur de mon
cœur, & je ſuivis ſes conſeils, qui pour n'ê-
tre pas ſans difficultés ne m'en fûrent pas
moins ſalutaires.

Je pris donc ma route par la Ville de
Breguens, & ſur les trois heures après midi
je traverſai cette Place ſans rencontrer preſque perſonne dans les ruës, & qui que ce
ſoit aux portes d'entrée & de ſortie. Je fûs
charmé de me trouver en pleine campagne

sans obstacles ; toutes les craintes dont j'avois été saisi depuis Soleure venoient de se dissiper , & je continuois ma route fort tranquilement , quand insensiblement le grand chemin me mena tout à fait sur le bord du Lac , auprès de plusieurs Rochers qui paroissoient avoir été coupés pour former un chemin entre le Lac & les Montagnes ; c'étoit celui que je devois tenir. J'avois déja fait une petite demi lieuë , & je le trouvois si serré , que je n'en pensois rien de bon. Ma crainte augmenta , lorsque j'aperçûs une grande arcade , en forme de porte cochere , qui barroit le chemin , depuis le Rocher jusqu'au Lac ; une barriére la précédoit , & j'aperçûs une Sentinelle sous l'arcade. A cet aspect ma joye se changea en de sinistres pressentimens ; je me presentai à la barriére , avec plus d'humilité que de fierté , & la Sentinelle , en criant un grand *Varado* , me fit signe de m'arrêter , & appella un Lieutenant qui commandoit un Corps-de-Garde à côté de la barriére. Cet Officier vint me questionner en Allemand , & comme je n'y comprenois rien , j'apellai mon valet d'un air assez inquiet , pour venir répondre ; alors m'entendant parler François , & comprenant l'embarras où j'étois, il apella le Caporal de sa Garde, pour nous servir d'Interpréte. Je lui dis que j'étois Lorrain; que je venois du Pays, & que j'avois un Passeport de Capitaine de Dragons, écrit en Latin, que je lui montrai. A ce mot de Lorrain, mon Caporal prit un air guay, & me dit qu'il l'étoit aussi; je lui témoignai aussitôt par des démonstrations d'amitié, la joye que j'avois de trouver en lui un homme de mon Pays, & je me mis à le questionner à mon tour. Le Lieutenant, à qui le Caporal dit que j'étois un de ses voisins, nous voyant donner des marques d'amitié & de connoissance, crut que nous étions camarades de longue main, & se retira dans son Corps-de-Garde, sans se mettre en peine de ce que je pouvois être; il dit seulement au Caporal, en nous quittant, de me faire conduire chez le Commandant. Je demandai où il falloit aller. C'est dans la Ville d'où vous sortez, me dit mon Lorrain : il faut retourner sur vos pas. Il arrive si peu d'Etrangers par la porte où vous êtes entré, qu'on n'a pas daigné seulement y mettre de Corps-de-Garde; s'il y en avoit eû, vous n'auriez pas la peine de faire deux fois un même chemin; vous auriez déja été présenté au Commandant. Je lui

proposai de m'éviter cette course, il me dit
qu'il n'étoit pas possible ; que l'Officier seroit puni s'il m'accordoit cette grace ; qu'au
reste, pour me faire plaisir, il seroit lui-
même mon conducteur, & me serviroit
d'interpréte. Cela mérite récompense,
mon Pays, lui dis-je ; je ne veux pas que
nous nous séparions sans que je vous aye
donné de quoi boire, & nous mettant en
marche je lui donnai un écu, & l'assurai
qu'il en auroit encore autant pour le retour.
Cette marque d'amitié le mit fortement
dans mes intérêts, & je le vis dans la disposition de faire tout ce qu'il pourroit pour
m'obliger. Chemin faisant je voulus sçavoir pourquoi on tenoit un Corps de Garde sur ce passage, & s'il y avoit long-tems
que ce Poste y étoit établi. Il y a très-peu
de tems, me dit-il ; c'est la Déclaration de
Guerre contre la France qui y donne lieu.
On a eû avis que nombre de Soldats François qui étoient dans les Troupes de l'Empereur désertoient, & que sous les Passeports d'un Ambassadeur qui est à Munich,
ils prenoient cette route qui n'étoit pas gardée, pour se sauver dans les Montagnes
des Grisons, & de là en France. C'est pour
leur couper chemin qu'on a envoyé quel-

ques Compagnies d'Infanterie, qui occu-
pent trois ou quatre paſſages, où l'on ne fait
quartier à pas un de ceux qu'on attrape ; car
cette Nation trompeuſe, continua-t-il, &
ſi haïe par tout, l'eſt tellement en Allemagne, que ſi malheureuſement vous étiez
François au lieu de Lorrain, malgré votre
Paſſeport, vous ſeriez arrêté, & vous cour-
riez riſque de croupir long-tems dans les
priſons de Breguens. Qui pourroit vous
deviner dans une Ville ſi éloignée des grandes routes & de tout Commerce ? mais
vous êtes Lorrain, c'eſt tout de même que
ſi vous étiez Allemand ; vous allez être expédié ſans mettre pied à terre. Je crains
pourtant, lui dis-je, que mon Paſſeport
étant en Latin, ne cauſe quelque difficulté ;
n'apréhendez rien, dit mon Caporal ; je
crois bien qu'il n'y entend goute, mais je
lui dirai que vous êtes un de mes voiſins,
& cela ſuffira. En effet, dès que nous fûmes
à la porte du Commandant, le Caporal prit
mon Paſſeport, & un inſtant après je le vis
revenir avec un air riant, qui me dit, allons, mon Pays, vous pouvez aller à préſent juſqu'au fond de l'Allemagne, ſi vous
voulez ; ce dernier compliment me remit
entiérement la tranquilité dans l'eſprit ; car

malgré les assurences qu'il m'avoit donné, mes sens furent toujours suspendus, jusqu'à ce que mon Passeport eût été accepté. Je m'en retournai avec mon camarade jusqu'à son Corps-de-Garde ; nous nous faisions réciproquement des protestations d'amitié fort tendres, & la plus agréable pour lui, fut le double de ce que je lui avois promis, dont je lui fis présent. Aussi m'indiqua-t-il tous les endroits par où je devois passer, pour aller à Munich, & me serra bien la main quand nous nous séparâmes.

J'arrivai à Munich le 15. d'Août ; j'y fus reçû par le Marquis de Ricous, avec toutes les marques d'un véritable ami. Il voulut, avant de me présenter à l'Electeur, m'informer du sujet pour lequel il m'avoit attiré dans le Pays ; les particularités dont il se servit pour m'en faire le détail, l'entraînérent dans celles des motifs de son Ambassade & de sa négociation, qu'il eut assez de bonté de me confier sans aucune répugnance. Ce fut dès-lors que j'apris les Articles particuliers du Traité fait entre le Roy & l'Electeur. Il me fit voir ensuite les difficultés que je pourrois avoir pour établir une bonne discipline dans le Régiment qu'on se proposoit de mettre sur pied ; cel-

les qu'on avoit trouvées en France dans celui qui avoit été levé par M. de Teſſé; il
ajouta qu'il ne doutoit point que je n'y
aportaſſe les remédes néceſſaires ſuivant le
tems & les lieux; qu'au reſte je ne devois
pas m'impatienter ſi la choſe n'étoit pas encore faite, parce qu'on ne devoit faire courir des billets dans l'Armée Impériale,
pour attirer les Déſerteurs François, que
quand l'Empereur auroit déclaré la Guerre
à l'Electeur. Qu'il étoit ſûr que les choſes
éclateroient ſitôt que nous aurions mis nos
projets en œuvre, quoiqu'on s'obſervât en
tout, pour ne pas donner d'éveil aux Ennemis par aucune manœuvre de la part de
l'Electeur. Que la Cour de Vienne, accou-
tumée d'agir avec violence, ne manqueroit
pas de courir ſur la Baviére, quand elle verroit l'Armée de l'Electeur dans le Cercle
de Souabe; qu'alors on feroit gliſſer des
billets pour inviter les François qui étoient
dans l'Empire à venir prendre parti dans le
nouveau Régiment, où ils auroient augmentation de paye. Qu'il nous falloit abſolument étudier toutes ces circonſtances
pour parvenir à nos deſſeins; parce que depuis que l'Empereur faiſoit garder les paſſages de Suiſſe & des Griſons, les Déſer-

teurs n'oſoient plus quitter, ne ſçachant pas où ſe retirer. Qu'au ſurplus il falloit garder un ſecret inviolable ; que pour couvrir le ſujet de mon voyage, j'avois une Compagnie de Dragons dans les Troupes de l'Electeur, qui portoit déja mon nom ; que je l'occuperois en attendant, comme ſi je n'avois d'autre deſtination que celle-là.

Après que M. de Ricous m'eut donné une ample inſtruction ſur tout ce qu'il jugea le plus néçeſſaire, il me préſenta à l'Electeur d'un air aſſez diſtingué, pour que ce Prince me reçût avec les maniéres gracieuſes qui lui étoient ſi naturelles; il eut la bonté de m'entretenir aſſez long-tems, & il parut ſatisfait de la maniére dont je pris la liberté de lui répondre. Je ne laiſſai point échaper l'occaſion de lui faire ma cour pendant le tems que je demeurai à Munich ; mais ce tems fut court ; il me fallut rendre au Régiment pour me faire reconnoître à la tête de ma Compagnie, & me mettre en état de marcher à la fameuſe entrepriſe que l'on fit ſur Hulm.

Cette entrepriſe fut un coup des plus hardis & des mieux concertés qu'on ait vû ; il falloit abſolument avoir cette Place pour parvenir à l'exécution du Traité. La voye

la plus convenable étoit de la furprendre,
par quelque ftratagême; parce qu'en formant le Siége d'une Ville auffi fortifiée que
l'étoit celle-là, on n'étoit pas fûr de réuffir.
Ce n'eft pas que l'Armée de l'Electeur ne
fût confidérable, mais elle ne l'étoit pas
affez pour inveftir une Place de cette importance, & pour fe conferver un Corps en
état de s'opofer aux fecours que l'Empire
n'auroit point manqué d'envoyer. Il auroit
même fallu ménager de loin les apareils im-
menfes qui font néceffaires à des entreprifes de cette conféquence, & qui dans la
circonftance préfente demandoient un travail réfléchi. L'Electeur n'auroit pû faire
fes préparatifs fi fecrétement, que la Cour
de Vienne attentive à toutes fes démarches, n'eût découvert fes deffeins, & ne
les eût prévenus. Au refte, en cas que l'entreprife échouât, il y avoit toujours pour
derniére reffource, la voye d'en faire le Siége dans les formes: on prit donc la moins
dangereufe en la furprenant. Le projet en
fut fait par le Sieur de Beckmant, Lieutenant Colonel aux Gárdes de l'Electeur,
homme très-entendu & de beaucoup de valeur, qui devoit commander le Parti. Tous
ceux qui le compofoient gardérent un fe-

cre⁕ inviolable, & ils préférérent la gloire
de l'expédition, quelque rifque qu'il y eût,
aux récompenfes qu'auroit donné l'Empire
à ceux qui l'auroient révélé. L'Electeur de
Baviére fut fervi à fouhait; mais il en coûta la vie au pauvre Beckmant. Un Habitant
l'avoit renverfé fous lui, lorfqu'un des nôtres voulant le fecourir, le bleffa lui-même
d'un coup de piftolet, dont il mourut quelque tems après.

La Ville d'Hulm n'étoit gardée que par
fes habitans, & cependant avec autant de
foin & d'exactitude qu'auroient pû faire
des Troupes réglées. Tous les Corps-de-
Garde de la Place d'Armes, & des Ouvrages avancés, étoient pourvûs d'un nombre
fuffifant de Fufiliers, divifés par Régimens
& par Compagnies, & tout y étoit obfervé
avec le même ordre & la même attention
qu'auroit pû faire la Garnifon la plus exacte. Hulm, comme on fçait, eft une Ville
Anféatique, qui ne dépend que d'elle-même; c'eft pourquoi la garde n'en étoit con-
fiée qu'aux habitans.

Beckmant avoit choifi dans les Troupes
de l'Electeur cent Officiers capables de le
feconder, dont la fidélité lui étoit connuë.
Ils fe traveftirent, les uns en Marchands de
Bœufs,

Bœufs, d'autres en Marchands de Grains ou de Biére ; ceux-ci en Marchands de Moutons, de Sel, de Chevaux, de Cochons, de Quinquaillerie ; ceux-là en Savoyards ; & chacun felon fon état prétendu, avoit des garçons & des valets. Ils entrérent dans la Ville par plufieurs portes, & logérent en différens endroits, dont ils étoient convenus : & pour armes ils avoient de petits piftolets & des poignards. Il étoit arrêté qu'en quelque endroit de la Ville qu'ils fe rencontraffent, ils ne feroient pas femblant de fe connoître, & qu'ils fe tiendroient prêts pour le 8. de Septembre, jour de Notre-Dame; c'étoit le jour fixé par l'Electeur, pour l'exécution de l'entreprife. Voici comme elle devoit être conduite. Dès le matin, tous devoient fe rendre par différentes ruës fur les Ponts & jufqu'à la derniére Barriére des Glacis de la Porte dont il falloit fe rendre maîtres : auffitôt que la derniére Barriére feroit ouverte, & les Clefs raportées au Corps-de-Garde de la Place d'Armes, ils devoient fe faifir des armes du Corps-de-Garde de la Porte, & égorger tous ceux qui feroient réfiftance. Dans ce tems-là devoient entrer cinquante autres Officiers traveftis en Payfans, portant à leurs bras des Poulets, des Œufs, des Herbes & autres denrées, lesquels devoient se joindre aux premiers. Pendant que ces cent-cinquante Officiers se rendroient maîtres de la Porte intérieure des Ponts & de la Barriére de sortie, trois Régimens de Dragons, embusqués pendant la nuit, le plus à portée qu'il seroit possible, devoient abandonner leurs chevaux au premier signal, entrer dans la Place, & occuper les deux Bastions qui flanquoient la Porte. Ils devoient faire de bons retranchemens pour s'y soutenir jusqu'à ce qu'un Corps d'Infanterie, qui étoit en marche, fût arrivé, pour achever de soumettre la Bourgeoisie, & remettre les Clefs de la Ville à l'Electeur.

Voilà pourquoi je partis de Munich, pour aller joindre le Régiment qu'on avoit destiné à cette expédition; il étoit en quartier sur la Frontiére de Souabe, à vingt-cinq lieuës communes de France d'Hulm; les deux autres Régimens de Dragons n'en étoient guéres moins éloignés. Cependant nous devions les uns & les autres faire la course dans une seule nuit, afin de nous trouver avant le jour près de la Porte, dont nos gens devoient se rendre maîtres. Il n'y avoit que les Commandans qui fçuffent le but qu'on fe propofoit, & les routes qu'on devoit tenir, crainte que quelque Déferteur n'en courût porter la nouvelle aux Habitans. On donna l'ordre le 7. de Septembre dans chaque Régiment, de fceller les chevaux à fix heures du foir, & de fe tenir prêts à marcher avec les armes, fans autre bagage qu'un peu d'avoine. Demi heure après on partit; nous prîmes différentes routes pour n'être pas arrêtés dans les défilés, & courûmes au grand trot toute la nuit. On avoit mis des Grenadiers en croupe derriére les Dragons : mais il fut impoffible de les porter jufqu'au rendez-vous. Nous fûmes affez heureux pour arriver auprès d'Hulm long-tems avant le jour; nous reconnûmes le terrein, & nous nous poftâmes à petit bruit dans un endroit affez commode. Il y avoit le long de la Riviére du Danube, qui paffe auprès des murs de la Place, la coupe d'une petite hauteur, faite à fouhait pour nous mettre à couvert; ce fut l'endroit que nous occupâmes un peu avant le point du jour.

Malgré toutes nos précautions, le jour nous auroit découvert aux Sentinelles des Remparts, fi nous n'avions été favorifés

H ij

d'un broüillard fort épais , qui s'éleva sur la Riviére, & qui augmenta avec le jour même. Les Bourgeois ne pouvoient pas ouvrir jufqu'à la derniére Barriére du Glacis , avant qu'il fît affez clair pour diftinguer les objets de la campagne ; & nos trois Régimens de Dragons occupoient trop de terrein pour être à couvert des Sentinelles pofées fur les Remparts. Enfin tous nos deffeins auroient échoués fans le fecours des broüillards qui régnent ordinairement fur le Danube en la faifon où nous étions ; car non-feulement nous avions à craindre les Sentinelles de la Place , mais encore nous pouvions être découverts par les Payfans qui venoient au marché ce jour-là, quoiqu'il fût Fête. Ces Peuples étant Luthériens ne diftinguent point ces jours-là d'avec les autres jours.

Le jour parut ; & les Bourgeois ayant ouvert jufqu'à la derniére Barriére , fans aucun foupçon , & fans s'apercevoir de rien, fûrent paifiblement pofer leurs armes au Corps-de-Garde , & raportérent les Clefs. Alors nos gens ne perdirent point de tems ; les uns fe jettérent fur les Bourgeois, & expédioient à coups de poignards & de piftolets ceux qui vouloient faire réfiftance;

les autres tenoient les Ponts & les Barriéres libres, pour en faciliter l'entrée à nos Dragons, à qui le fignal étoit donné ; c'étoit les coups de piftolets que l'on tira. A ce bruit nous abandonnâmes nos chevaux, & courûmes gagner les Ponts & les Portes ; cependant malgré nos précautions il s'en fallut bien peu que notre expédition n'avortât dans le tems même qu'elle étoit le mieux en train. Deux de nos Officiers traveftis entendirent heureufement un Bourgeois qui difoit à un autre, de courir promptement abattre la Herfe de la grande Porte ; ils le fuivirent & le tuérent, fans cela tout ce qu'on avoit fait n'auroit fervi de rien, & nous aurions été obligés de nous retirer plus promptement que nous n'aurions voulu ; car le paffage étant fermé, les Bourgeois en un inftant auroient été fous les armes, & l'Artillerie des Remparts n'auroit pas manqué de jouer contre nous. Nos Dragons étant entrés pendant que nos gens chamailloient encore avec les Bourgeois, dont le nombre commençoit à groffir, achevérent de nétoyer le Corps-de-Garde & les environs, & donnérent la chaffe à ceux qui vouloient venir au fecours. Ils s'emparérent bientôt des deux Baftions de la droite & de la gauche de la Porte, firent une coupure dans la ruë qui y aboutiſſoit, & ſans perdre de tems nous nous retranchâmes, afin de réſiſter aux éforts que pourroient faire les Bourgeois pour nous débuſquer & regagner la Porte que nous venions d'enlever.

Tout ſe fit avec tant de promptitude, que nous étions déja retranchés avant que les habitans fuſſent entiérement raſſemblés ; ils étoient tout étourdis de la ſurpriſe qui venoit de leur arriver, & couroient en confuſion, ſans ſçavoir où s'arrêter, ni quel ordre tenir. Cependant ils fermérent toutes les autres Portes ; & après avoir eû le tems de ſe remettre & d'obſerver les travaux que nous venions de faire, ils jugérent que nous n'avions pas de forces ſuffiſantes pour achever de nous rendre maîtres de la Ville, & voulant profiter de leurs avantages pour nous chaſſer, ils tendirent des chaînes, firent des barricades dans toutes les ruës qui aboutiſſoient à nos retranchemens, & y placérent quantité de piéces de Canon. Quand toutes leurs précautions fûrent priſes, & qu'ils eûrent mis l'intérieur de la Place en ſûreté, ils montérent dans les greniers des maiſons qui avoient vûë ſur

nous, & se mirent à nous fusiler à travers
des trous qu'ils firent dans les toits. Les
premiéres décharges nous tuérent du monde ; j'en eûs quelques-uns de ma Compagnie qui fûrent des malheureux, & il s'en
fallut bien peu que je ne fusse du nombre,
une balle perça le bord de mon chapeau,
& fut tuer un Dragon de ma Compagnie
derriére moi. Réduits à cette extrémité,
nous travaillâmes promptement à des épaulemens pour nous mettre à couvert ; & l'expérience que j'avois dans les Fortifications
nous fut d'une grande utilité. Malgré cela
cependant nos affaires prenoient un assez
mauvais train, & je ne sçai pas comment
nous nous en serions tirés, si le Comte de
Feldz, qui nous commandoit, Lieutenant-
Général des Armées, & Colonel d'un des
Régimens de Dragons, ne s'étoit avisé de
faire dire aux Bourgeois, que s'ils ne ces-
soient de tirer sur nous, il alloit faire mettre
le feu aux quatre coins de la Ville, & que
l'Electeur qui alloit arriver incessamment
avec une armée, les feroit tous passer au
fil de l'épée, sans excepter les femmes ni
les enfans. Ces menaces, que les éfets auroient suivi, quant au feu, leur donnérent
tant d'éfroi, qu'ils posérent les armes &

nous demandérent grace. Ils firent plus, ils
nous envoyérent des vivres dont nous
avions grand befoin, avec affurance qu'à
l'arrivée de fon Alteffe, les Clefs de la Ville
lui feroient préfentées avec autant de fou-
miffion que s'ils avoient été fes propres Sujets. Voilà en détail de quelle maniére nous
nous rendîmes maîtres de la premiére For-
tereffe du Cercle de Souabe, fi utile aux
projets du Roy & de l'Electeur ; elle mit le
Sceau au Traité fait entre ces deux Puiffances.

L'Electeur n'arriva devant Hulm, avec
fon Armée, que le troifiéme jour. Les Députés de la Ville allérent lui préfenter les
Clefs , & prétérent ferment de fidélité,
bien fâchés de voir leur Pays expofé aux
événemens de la Guerre, par leur légéreté.
Mais ils n'étoient plus les maîtres de changer de condition , ils ne pouvoient que
fuivre celle que la force leur impofoit. On
trouva dans la Ville un très-bel Arcenal,
pourvû de toutes fortes de Munitions de
Guerre, qui fûrent très-utiles à l'Electeur
pour continuer fes Conquêtes dans la Province, & faciliter-la jonction de l'Armée
de France avec la fienne. On eut foin cependant de faire défarmer la Bourgeoifie ;

& après avoir pourvû à la sûreté de la Place
par une bonne Garnison, & établi des Magasins de vivres, l'Electeur se mit en marche avec son Armée. Il restoit à s'emparer
des Places qui sont entre les Montagnes
noires & la Ville d'Hulm, afin d'avoir la
communication libre; c'est ce que nous fîmes par la prise des Villes de Lauvinguen,
d'Ilinguen, Munderkinguen, Riedhausen
& Pibrac; nous ne trouvâmes de résistance
qu'à la derniére; elle fit quelques petits
éforts pour soutenir le Siége, mais quelques volées de Canon la réduisirent au point
que l'Electeur souhaitoit.

Dans ces petites Conquêtes l'Electeur se
trouva embarassé, faute d'Ingénieurs; on
n'en avoit point prévû la nécessité. De tout
tems Son Altesse n'en avoit eû que peu à sa
solde, parce que dans les Guerres précédentes l'Empereur, les Hollandois & le
Roy d'Angleterre, avec qui l'Electeur
étoit allié, en avoient suffisamment, & les
Ministres de ses Etats étoient si peu au fait
du Génie, qu'ils ne prévîrent point le besoin qu'on pourroit en avoir. Ce n'est pas
qu'il n'y eût deux ou trois Officiers qui prirent la qualité d'Ingénieurs; mais ils avoient
si peu d'expérience, qu'à la réserve de quel-

H v

que plan qu'ils fçavoient feulement copier,
ils n'étoient propres à rien. M. de Ricous
qui voyoit le peu de fecours qu'on pouvoit
tirer de ces Meffieurs, & le preffant befoin
qu'on avoit d'Ingénieurs, me propofa à
l'Electeur, comme une perfonne fort expé-
rimentée. La néceffité où fe trouvoit alors
ce Prince, lui fit accepter la propofition
avec joye, & je fûs d'abord mandé & mis
en exercice, comme Chef de toutes les entreprifes. Ce Pofte me fournit l'avantage
d'avoir plufieurs conférences avec Son Alteffe; elles m'attirérent fes bontés, & il me
les a continuées tant qu'il a vécu.

La Prife de Pibrac me fit connoître le
peu de capacité des Ingénieurs nommés
pour fervir fous moi; je n'en pouvois tirer
de foulagement; mais comme les Siéges
que nous fimes n'étoient ni de grand détail,
ni de conféquence, cela ne me faifoit pas
grande peine. La réduction de cette Place,
nous aprochant d'affez près des Montagnes
noires, l'Electeur envoya fix Officiers de
confidération, par différentes routes, pour
informer de nos Conquêtes le Roy de
France, & celui d'Efpagne qui étoit à la
tête de l'Armée d'Italie, & avertir M. de
Villars, qui commandoit l'Armée d'Alza-

ce, de la marche que feroit l'Electeur pour le joindre, s'il en trouvoit les moyens. Ces Officiers connoiſſoient parfaitement les chemins ; ils ſçavoient l'uſage & le patois du Pays où ils devoient paſſer ; mais ils avoient de grandes difficultés à ſurmonter avant que d'arriver. Lorſque l'Electeur ſe fut emparé de la Ville d'Hulm, l'Empereur fit prendre d'exactes précautions pour qu'on ne laiſſât paſſer perſonne ſans des Paſſeports marqués d'une empreinte extraordinaire ; les lettres même venant de Baviére ou de l'Armée de l'Electeur, étoient arrêtées & ouvertes. Il falloit cependant donner avis à la France de nos diſpoſitions, & on ne pouvoit en confier le ſecret au papier. On fit donc partir les ſix Officiers ; ils firent de leur mieux pour déguiſer leurs commiſſions & leur état, & quatre fûrent aſſez heureux pour paſſer ſans accident ; mais les deux autres furent arrêtés ; l'un étoit le Comte Maxe Taufkirken, Chambellan de l'Electeur, & l'autre le Sieur de Locatelli, Lieutenant-Colonel des Cuiraſſiers, Italien de Nation. Le Comte fut arrêté à Breguens, par le même Commandant qui m'avoit laiſſé paſſer avec tant de facilité ſous la protection du Capo-

ral, & fut mis dans une étroite prison, où
il courut risque de perdre la vie. Si j'avois
été consulté sur la route qu'ils devoient
tenir, j'aurois pû donner des instructions
très-utiles. Locatelli fut arrêté sur la Frontiére du Canton de Basle, & il ne courut
pas moins de risque que le Comte Bavarois.

Il restoit encore à l'Electeur une Ville
considérable à assiéger, pour achever de
s'ouvrir la Souabe ; on l'apelloit Memmingen. Sitôt qu'on y eut apris la surprise
d'Hulm, les habitans se mirent en état de
se bien défendre. C'étoit une Ville Anséatique, qui n'avoit pour garde que ses Habitans, mais des habitans qui valoient du
moins autant que des Troupes réglées. Ils
veillérent sur leurs portes avec toute l'attention possible, & travaillérent aux répa-
rations des Ouvrages de la Place, & en
ajoûtérent de nouveaux dans les endroits
qu'ils crûrent les plus foibles & les plus exposés. L'Electeur ne jugeant pas à propos
d'attendre le retour de ses Envoyés, laissa
le Maréchal d'Arcko auprès de Pibrac,
avec un Détachement pour se conserver ce
Poste, & marcha avec le reste de son Armée pour faire le Siége de Memmingen. Je
fûs de cette entreprise en qualité d'Ingé-

nieur en Chef ; & comme cette Place méritoit plus d'attention que les derniéres que nous venions de prendre, j'avois befoin de m'inftruire à fond de fa fituation & des Ouvrages dont elle étoit revêtuë. L'Electeur, impatient, vouloit en brufquer l'attaque. Il craignoit, ainfi qu'il me fit l'honneur de me le dire, que fi nous demeurions trop long-temps à faire cette Conquéte, l'Empereur ne fe déterminât à envoyer au fecours un Corps de Troupes qui pourroit nous contraindre à lever le Siége ; cette apréhenfion exigeoit des foins particuliers pour ne rien faire qui pût retarder la prife de cette Place. La connoiffance des dehors étoit au moins néceffaire, & perfonne ne pouvoit m'en inftruire ; mais Son Alteffe imagina les moyens de les reconnoître.

Quoique les habitans de Memmingen euffent pris des précautions contre les furprifes, & fuffent réfolus de fe défendre en cas d'attaque ; l'Electeur fçavoit bien qu'ils ne tireroient point qu'ils n'euffent vû leur Ville affiégée dans les formes, crainte de donner prétexte d'irruption, & qu'on ne les accufât d'avoir commis les premiers des actes d'hoftilité. Sous ce prétexte l'on auroit été en droit de faire des exactions dans

leur Pays, fans aucuns ménagemens, c'est
ce qu'ils vouloient éviter. Il n'y avoit donc
aucun rifque de me traveftir, & d'aller dans
la Ville, comme fi j'avois voulu acheter
des provifions. Selon toute aparence on ne
devoit pas me laiffer entrer, parce qu'on
refufoit la porte à tous ceux qui n'étoient
pas habitans de la Ville; alors tournant au
tour de la Place, pour aller de porte en porte demander à faire mon emplette, je pouvois connoître le fort & le foible des dehors. Voilà ce que me propofa l'Electeur.
Monfeigneur, lui dis-je, Votre Alteffe a
très-bien imaginé, mais je ne fçai pas la
langue du pays ; cependant cela n'empê-
chera pas que vos ordres ne foient exécutés,
fi vous me donnez quelqu'un qui fçache
l'Allemand & le François : il demandera les
provifions, & je lui fervirai de valet. Vous
avez raifon, me dit l'Electeur, & fur le
champ il fit apeller le Baron de Manteyfel,
Lieutenant de fes Gardes du Corps, à qui
il fit part de ce que nous venions d'arrêter.
Nous nous préparâmes auffitôt ; je pris un
habit de domeftique, avec une beface, fur
le pomeau de la fcelle de mon cheval, &
fuivis Manteyfel, qui alla fe préfenter à la
premiére porte de la Ville, où le hazard

nous conduifit. Comme nous aprochions,
nous aperçûmes nombre de Bourgeois fur
les Remparts, qui fe préfentérent pour fçavoir ce que nous demandions. Manteyfel
les pria de vouloir nous laiffer entrer pour
acheter de la viande de boucherie, & quelques autres petites provifions; mais ils nous
criérent qu'ils n'ouvroient point leurs portes; que nous pouvions aller de l'autre côté
de la Ville, où nous trouverions une Barriére pour l'entrée & la fortie des Bourgeois, & qu'on nous donneroit là ce que
nous fouhaiterions. Que depuis que l'E-
lecteur de Baviére étoit campé dans le voifinage, ils fe tenoient fur leurs gardes, pour
ne pas lui donner occafion de faire chez eux
ce qu'il avoit fait à Hulm. Nous prîmes à
l'inftant le chemin de la Barriére; il falloit
pour s'y rendre tourner autour du Glacis
de la Place, & j'eûs le tems d'en faire un
examen fuffifant. Il étoit inutile d'aller plus
loin; cependant Manteyfel, voyant la do-
cilité des Bourgeois, voulut par curiofité
leur parler de plus près, pour tâcher d'a-
prendre quelque chofe de leurs intentions.
Il me conduifit à la Barriére, derriére laquelle étoit un Corps-de-Garde d'habitans,
qui nous répétérent qu'on n'entroit point

dans la Ville; & sur ce que Manteyfel leur dit qu'il avoit besoin de quelques provisions, ils se firent donner de l'argent, & envoyérent une personne faire son emplette. En attendant le retour du Messager, Manteyfeld se mit à causer avec eux, pendant que je restois à quelques pas derriére lui, comme par respect. Ces Bourgeois se mirent à le questionner à leur tour, pour voir s'ils ne pourroient rien découvrir des desseins de l'Electeur. Il répondit qu'il n'étoit pas de son Armée; qu'il étoit du Détachement de Pibrac, où les Vivres manquoient. Que l'Electeur seroit dans l'obligation de se retirer bientôt avec ses Troupes; qu'au reste il ne vouloit point de guerre avec eux, qu'il auroit seulement souhaité les porter à garder la neutralité, comme ils en étoient convenus. Oh! que nous n'avons garde de nous fier à cela, répondirent-ils; l'Electeur voudroit faire venir, à ce que l'on dit, ses chiens de François dans notre Pays; aussi ne fait-on grace à aucun de ceux qu'on peut attraper sur nos Frontiéres; & on fait fort bien, car il faudroit, s'il étoit possible, exterminer jusqu'au dernier de cette maudite Nation.

Pendant cette conversation, un jeune

homme qui avoit son fusil à la main, m'examinoit attentivement, & croyant voir en
moi un de ces chiens de François, pénétré
de rage contre notre Nation ; n'en avez-
vous pas un là avec vous, dit-il à Mantey-
sel ? C'est un François assurément, & il ne
sera pas dit que je n'en aurai pas tué aussi-
bien que les autres ; en même tems il fit un
mouvement pour me coucher en jouë.
Manteyfel lui cria aussitôt : eh, mon Dieu !
qu'allez-vous faire ? C'est un bon garçon
Italien, que je n'ai auprès de moi qu'en attendant une commodité pour l'envoyer à
Vienne, où il a un oncle au Service de
l'Empereur. Moi-même, tel que vous me
voyez, si je m'aperçois que bientôt l'Electeur ne soit pas ami de tout le Pays, je le
quitterai pour aller dans les Troupes Impériales, où j'ai tous mes parens, qui me
recevront à bras ouverts. D'ailleurs, il n'y
a personne qui haïsse tant les François que
moi ; jugez si j'en prendrois à mon service ;
ce garçon que vous voyez est tout de même ; il suffiroit de parler François devant
lui pour lui faire prendre la fuite. Voilà de
quelle maniére Manteyfel me sauva la vie,
qu'il avoit exposée pour satisfaire sa curiosité ; car le jeune homme avoit tellement

envie de me faire dégringoler de deſſus mon cheval, c'étoit ſes termes, qu'il falut toutes ces exagérations pour l'en empê-cher. Enfin les proviſions arrivérent, & rompirent un entretien qui auroit cauſé en moi des mouvemens extraordinaires, ſi j'a-vois entendu la Langue. Nous achevâmes de faire le tour de la Place en nous retirant, & j'eûs le tems de faire toutes les obſerva-tions que je voulus; Manteyfel enſuite me conta tout ce que je viens de dire, & me fit valoir l'obligation que je lui avois de ce qu'il m'avoit ſauvé la vie.

Cette Ville n'avoit d'autre maiſon hors de ſon enceinte, qu'un Moulin, ſitué ſur un gros ruiſſeau, que je jugeai nous être d'un grand ſecours, pour former une des principales attaques. Je rendis un compte fort exact de ma commiſſion à l'Electeur, & l'aſſurai que j'avois vû de ſi belles diſpo-ſitions pour faire des aproches, que j'eſpé-rois que dans peu de jours il ſeroit maître de la Place. Mon raport lui fit un ſenſible plaiſir, & il entra ſi avant dans toutes les circonſtances des obſervations que j'avois faites, que l'envie de voir les lieux par lui-même, le détermina à s'y tranſporter. Je pris cependant la liberté de lui repréſenter, qu'il ne devoit pas s'expofer à la difcrétion d'une troupe de Bourgeois, qui fe tenoient armés fur les Remparts ; que quoiqu'ils n'ofaffent tirer fur perfonne, cependant il y avoit à craindre qu'ils ne s'oubliaffent, en voyant aprocher de leurs murailles une troupe de gens à cheval. Eh bien, dit Son Alteffe, je ne menerai perfonne avec moi qu'un Page & Reyberck (ce dernier eft à préfent Miniftre de la Guerre.) Trouvez-vous feulement fur les cinq heures du foir à une petite porte du jardin de la maifon que j'occupe, je me déroberai à ma fuite ; en effet perfonne ne s'aperçut de notre marche. Nous voilà donc tous quatre en chemin, comme quatre particuliers, fans obferver de cérémonie, parce que le cas l'exigeoit ; & comme il faifoit du vent, l'Electeur, qui avoit mal aux yeux, s'étoit pourvû d'un demi mafque à lunettes, avec lequel il reconnoiffoit les endroits que je lui faifois obferver. La curiofité l'entraînant toujours en avant, nous nous trouvâmes fans nous en apercevoir à demi portée de fufil des Remparts. Notre maniére d'aller & venir, & nos démonftrations attirérent un grand nombre de Bourgeois, parmi lefquels il s'en trouva un fi mécontent de nous voir

examiner leur Place, que dans fon impatience il commença à jurer, & s'empor-
tant de plus en plus, il coucha l'Electeur en
jouë, en difant qu'il vouloit caffer le mafque fur le nez à ce Mardi-gras. Heureufement il fe trouva là un Avocat qui avoit du
crédit parmi eux, qui abaiffa le fufil, &
lui dit de prendre bien garde à ce qu'il alloit faire. Que les Bavarois ne demande-
roient pas mieux que d'avoir un prétexte
de ravager leur Ville & leurs campagnes;
mais le brutal s'opiniâtrant, coucha une
feconde fois l'Electeur en jouë, en difant
que ce mafque lui déplaifoit, & qu'il en
arriveroit ce qu'il pourroit. L'Avocat, attentif à fes mouvemens mit d'abord la main
fur le fufil, & fe fit feconder pour empêcher le coup. Ainfi il fauva la vie à l'Electeur, que fon ardeur avoit expofé; on en
frémit quand on aprit des Bourgeois même, après la réduction de la Ville, les rifques que Son Alteffe avoit couru en cette
occafion. Il eft fûr que la Guerre de Baviére auroit été terminée par ce feul coup
de fufil, fi l'Avocat n'avoit empêché de le
tirer.

Nous ouvrîmes la Tranchée la nuit fuivante, avec un grand nombre de Travail-

leurs, afin d'avancer promptement les travaux. J'avois besoin du secours de nos In-
genieurs, parce que les Travailleurs occupoient un si grand espace de terrein, qu'il
étoit impossible que je pusse y suffire tout
seul. J'avois cependant marqué & piqueté
tous les Angles où il falloit aboutir ; mais
dans l'exécution ils se trouvérent si peu au
fait, qu'ils en laissèrent à côté, & tirérent
deux lignes qui se trouvérent enfilées par le
flanc d'un Bastion. Les Assiégés y pointé-
rent deux piéces de Canon, qui des premiéres volées nous emportérent un Capitaine & dix Soldats. Le bruit que cet accident causoit dans la Tranchée, m'attira de
ce côté-là ; j'arrivai dans le tems que sept
hommes venoient encore d'être tués. J'é-
tois au désespoir que l'ignorance des Ingénieurs eût causé la mort de ces pauvres malheureux ; & je comptois bien leur dire leur
fait si je les avois trouvés, parce qu'il y en
avoit un qui sçavoit assez le François pour
me servir d'interpréte. Cependant je me
donnai bien des mouvemens pour faire retirer ceux qui étoient dans les boyaux en-
filés, & faire travailler au plus vîte à des
épaulemens, pour nous mettre à couvert ;
mais plus je me trémoussois, & moins on

alloit, perſonne n'entendoit mon langage.
A la fin un Enſeigne de l'Infanterie qui
étoit de Tranchée, nommé Kol, qui ſçavoit quelques mots de François, s'aprocha,
& fit exécuter avec ardeur tout ce que je
lui ordonnai. Son empreſſement lui valut
la Compagnie d'un nommé Royere qui venoit d'être tué ; je pris la liberté de la demander pour lui à l'Electeur, & elle lui fut
accordée. Après cette faute je n'oſai plus
me fier à ces Ingénieurs, & je fûs contraint
de conduire moi-même tous les travaux
juſqu'à la réduction de la Place. Ils me cau-
ſérent beaucoup de ſoins, de riſques & de
fatigue ; mais l'envie de me rendre utile,
me dédommageoit amplement des peines
& des riſques que je pouvois courir.

La Ville ſe rendit le ſixiéme jour de
Tranchée ouverte. Les Députés qui vinrent capituler & remettre les Clefs à Son
Alteſſe, s'informérent avec ſoin de la perſonne maſquée qui avoit reconnu la Place
la veille d'ouvrir la Tranchée, & comptérent à l'Electeur les riſques que cette perſonne avoit couru par la brutalité d'un de
leurs habitans, & la prudence de l'Avocat.
Il ſembloit que ces Députés trembloient de
frayeur, quand ils aprirent que c'étoit l'E-

lecteur même qui avoit couru ce danger.

On fit défarmer la Bourgeoifie, & après avoir établi bonne Garnifon dans la Place, l'Electeur reprit la route de Pibrac, pour y attendre des nouvelles de France, & fit avancer fon Armée plus près de la Frontiére, afin de faciliter la rentrée des Officiers que l'on avoit envoyés. Nous étions déja avancé dans la faifon, quand deux de ces Meffieurs trouvérent moyen de repaffer & de joindre notre Armée; ils raportérent à l'Electeur que M. de Villars ne pouvoit abfolument forcer, ni même attaquer les lignes des Ennemis, pour fe faire paffage, à caufe des précautions qu'ils avoient prifes après la Conquête d'Hulm; qu'il ne falloit pas attendre que la jonction pût fe faire, qu'on n'eût pris d'autres mefures; que la France feroit fes éforts à l'entrée de la Campagne prochaine, pour procurer à l'Electeur le fecours qu'il fouhaitoit; que la faïfon feroit plus convenable, & que Son Alteffe auroit lieu d'être contente. Bientôt la Campagne finit, l'Electeur fe retira à Munich, & chaque Régiment prit la route de fon quartier d'hyver.

Les Conquêtes que l'Electeur venoit de faire fur la fin d'une Campagne, & en fi

peu de tems, firent grand bruit en Allemagne & dans toute l'Europe. Tout le Corps
Germanique fut attentif à un début si
prompt & si vigoureux : & quelques éforts
que fît Son Alteſſe, pour perſuader que la
ſeule envie d'obſerver la neutralité en étoit
tout le motif, les Alliés n'en ſoupçonné-
rent pas moins les véritables intentions.
L'Empereur médita dès-lors les moyens
d'en tirer vengeance. Il comptoit, ſans dé-
garnir ſa Frontiére d'Alzace, ramaſſer un
Corps de Troupes aſſez conſidérable pour
faire irruption dans la Baviére, & ravager
le Pays. Les Alliés ſe ſentoient d'autant
plus piqués des Conquêtes de l'Electeur,
qu'elles traverſoient la joye qu'ils avoient
eû d'avoir commencé la Guerre par une
belle Campagne. Ils avoient pris la Ville de
Kayſervert, ſur le bas Rhin, que M. de
Bleinville-Colbert avoit défenduë, & qu'il
rendit par compoſition dans le mois de
Juin, après deux mois de Tranchée ouverte, & avoir fait périr aux Aſſiégeans
plus de dix mille hommes. Ils s'étoient rendu maîtres auſſi de celle de Landau, que
le Roy des Romains avoit tenuë aſſiégée
plus de trois mois ; M. de Melac, qui la
défendoit, la rendit par compoſition le 10.

de

de Septembre , & cette Place coûta aux
Ennemis près de douze mille hommes. Ils
prirent encore la Ville de Ruremonde &
la Citadelle de Liége ; mais les réjouiffan-
ces qu'ils firent pour ces Conquêtes fûrent
interrompuës par le Marquis de Villars ,
qui n'étoit encore que Lieutenant-Général.
Il remporta une belle Victoire , au mois
d'Octobre , fur le Prince de Bade , près de
la Riviére du Rhin , dans un endroit apellé
Fridelingue.   L'Armée Impériale ayant
voulu décamper , il l'attaqua , tua près de
trois mille hommes , & pourfuivit le refte
une lieuë au-delà du champ de bataille.
Pour récompenfe le Roy le fit Maréchal
de France.

Il fe paffa vers la fin du mois de Janvier
de cette Campagne des faits affez confidérables en Italie. Le Prince Eugéne , ayant
pratiqué des Intelligences dans la Ville de
Crémone , où étoit le Maréchal de Villeroy , avec environ huit mille hommes de
Garnifon , trouva moyen d'y introduire
plufieurs Grenadiers traveftis , qui fûrent
loger chez les Bourgeois qui tenoient le
parti de l'Empereur. Ce Prince vint enfuite
à la tête d'un gros Détachement, & à la faveur de ces Grenadiers , il fit entrer la nuit

plus de fix mille hommes , par un Aque-
duc qui étoit dans les murs de la Ville ,
fans que la Garnifon s'en aperçût. Ces
Troupes s'étant faifies d'un Pofte avantageux , & d'une porte prefque inconnuë , il
entra lui-même avec le refte du Détachement. Cependant il fut découvert avant le
jour ; on fut avertir le Maréchal de Villeroy , qui fauta promptement hors du lit , &
s'étant avancé pour reconnoître , il fut arrêté prifonnier. L'allarme caufa d'abord
beaucoup de confufion dans la Ville ; mais
le jour ayant paru , on diftingua la furprife
& le nombre des Ennemis. Alors Meffieurs de Revel & de Crenant , Lieutenans-
Généraux , ayant fait barricader plufieurs
ruës , attaquérent les Ennemis avec toute
la vigueur poffible ; le combat fe rendit très-
opiniâtre , & la Victoire fut balancée long-
tems , parce que chaque Corps combattoit
féparément en différens endroits. Cependant le Marquis de Praflin s'étant avifé de
courir à la Riviére du Pô , tira quinze cens
hommes d'une Redoute , avec lefquels il fit
rompre le Pont ; fans cela , le jeune Prince
de Vaudemont , qui s'avançoit avec un
Détachement de huit mille hommes , pour
joindre le Prince Eugéne , auroit eû le

tems de le paſſer, & de déterminer le combat en faveur des Ennemis, ce qui auroit
peut-être été ſuivi de la perte du Milanois.
Les moyens de joindre le Prince Eugéne
ayant été ôtés au Prince de Vaudemont,
les Ennemis qui étoient dans la Place,
après avoir ſoutenu près de douze heures
de combat, de poſte en poſte, fûrent enfin obligés d'abandonner la Ville, & de
laiſſer près de cinq mille hommes tués ou
faits priſonniers ; cette action fut très-vi-
goureuſe de part & d'autre, nos Troupes
s'y diſtinguérent beaucoup, ſurtout les Régimens Irlandois.

Le Duc de Vendôme fut envoyé pour
commander l'Armée d'Italie, à la place du
Maréchal de Villeroy, que les Impériaux
avoient enlevé. Ce Général arriva dix-huit
jours après l'action qui venoit de ſe paſſer à
Crémone, & fit lever le Blocus de Man-
touë, que les Impériaux avoient formé,
depuis que le Duc de Modéne leur avoit
livré la Fortereſſe de Berſello. Le Roy
d'Eſpagne arriva enſuite à Crémone, & ſe
mit à la tête de l'Armée au commencement de Juillet. Alors les Ennemis reſté-
rent ſur la défenſive, & n'occupoient plus
que des Camps avantageux. Malgré leurs

précautions , l'Armée du Roy les ayant joints près de Luzara , les attaqua le 15. d'Août avec tant de fuccès , qu'elle remporta fur eux une Victoire complette ; ils perdirent en cette affaire plus de fix mille hommes. La fuite de ce combat fut la prife de Guaftalla , qui fe rendit fous l'obéiffance du Roy d'Efpagne , le 7. de Septembre.

Je reviens à notre Armée de Souabe. La Campagne finie , & les quartiers d'hyver ayant été diftribués , chaque Régiment prit fa route particuliére. Je me trouvai alors le feul François dans un Régiment où les Officiers nous haïffoient par habitude. Ils étoient au défefpoir des entreprifes que l'Electeur venoit de faire dans leur propre pays ; s'il avoit été à leur choix , ils auroient beaucoup mieux aimé que Son Alteffe eût tourné fes armes contre la France, qu'ils regardoient comme un vrai pays ennemi , contre lequel ils avoient fervi toute leur vie , & contracté une haine irréconciliable. Plufieurs ne pûrent foutenir plus long-tems des intérêts fi opofés à leurs fentimens ; & les Comtes de Felds & de La Tour , Lieutenans-Généraux , avec quelqu'autres de confidération , quittérent le fervice de l'Electeur après la prife d'Hulm.

& prirent le parti de l'Empereur. Des Officiers de notre Régiment , ébranlés par
ceux-ci, étoient incertains du parti qu'ils
avoient à prendre, & j'étois pour eux un
fujet d'exécration, fans qu'il y eût contre
moi autre chofe que le péché originel de
ma Nation. Ils s'exercérent dans la marche
à me donner tous les chagrins qui dépendi-
rent d'eux. Le Major d'un Régiment dans
les Troupes de l'Electeur, a plus d'autorité que n'en ont les Majors des Troupes de
France, en ce qu'il conferve fa Compagnie, & qu'il eft la troifiéme perfonne du
Corps. Le nôtre, à caufe du détail, étoit
celui qui avoit le plus d'occafion de me
chercher querelle ; c'étoit un petit homme
fort brutal , entêté de fa capacité , & dont
la haine pour notre Nation étoit fi grande ,
qu'il fuffifoit qu'on prononçât un feul mot
François en fa préfence, pour lui faire
abandonner la plus belle compagnie. Il
cherchoit avec foin à me chagriner ; mais
comme je ne pouvois rien dire qui donnât
prife fur moi, ne fçachant pas la Langue,
il s'attacha à en trouver les moyens par des
voyes indirectes.

Je n'avois dans ma Compagnie que mon
feul Maréchal de Logis qui fçavoit un peu

I iij

parler François ; il me fervoit d'Interpréte,
parce que mon valet étoit mort d'une fiévre contagieufe avant de fortir de Munich,
& j'avois été dans la néceffité de me l'attacher. Ce fut fur lui que le Major voulut faire tomber ce qu'il ne pouvoit exercer contre moi. Pour cet effet, il avoit réguliérement foin d'envoyer chercher mon hôte,
avant le départ du Corps, pour le queftionner fur la conduite que mon Maréchal de
Logis & moi avions tenuë chez lui ; ce
n'eft pas que dans ce pays-là on ne foit dans
l'ufage d'exiger bien des chofes de fon hôte,
& lui-même le pratiquoit plus qu'un autre,
mais il n'avoit pas d'autres occafions de me
chercher querelle. Enfin il la trouva. Un de
mes hôtes, à force de queftions, lui avoüa
qu'il avoit donné quelques canettes de Biére au Maréchal de Logis, dont il ne vouloit cependant point de rétribution, lui en
ayant fait préfent de bon cœur. A cette déclaration le Major voulut que le pauvre Maréchal de Logis fût coupable ; & fur le
champ l'étant venu trouver au moment que
nous allions partir, il lui donna vingt coups
de canne en ma préfence, fans me dire un
feul mot. Je ne fçavois que penfer de cet
emportement ; je ne connoiffois point

affez la coutume de ces Troupes pour me déterminer à rien , & faute d'entendre la langue , je ne pouvois entrer en éclairciffement avec le Major , qui après fon expédition tourna le dos & s'en alla. Enfin je demandai au Maréchal de Logis , à qui la tête faignoit, quel crime il avoit commis, pour s'être attiré un fi rude châtiment : c'eft vous , Monfieur , me dit-il , qui me rendez coupable , parce que je m'attache à remplir mon devoir auprès de vous ; enfuite il me raconta la haine que ces Meffieurs avoient contre lui depuis qu'il me fervoit d'interprête , & les mauvais deffeins qu'ils avoient formé pour me caufer du chagrin. Il me dit que ne trouvant pas le prétexte d'exercer leur antipatie contre moi , ils s'en prenoient à lui, pour l'obliger à m'abandonner. Qu'il prévoyoit les malheurs où il alloit être expofé ; & il me pénétra tellement, qu'à mefure qu'il me parloit, je fentois croître dans mon ame le defir de me venger. Il n'y eut plus moyen d'y tenir; j'allai à l'inftant trouver le Majòr pour me battre contre lui ; il fut très-étonné du compliment que je lui fis, & il n'avoit pas compté fur une réfolution fi prompte. Il croyoit tenir de fa qualité de Major le droit de bâton-

ner mon Maréchal de Logis , fans m'en
dire les raifons ; & moi je voulois lui faire
connoître que je n'ignorois pas le fujet de
fa mauvaife humeur , & que je fçaurois la
réprimer.

Il fçavoit affez de François pour entendre mon compliment : car les Troupes de
l'Electeur avoient fervi long-tems dans les
Pays-Bas , & il n'y avoit point d'Officier
qui ne fçût un peu notre langue ; mais comme il ne la trouvoit pas à fon gré , il ne fit
pas femblant de l'entendre , & me répondit je ne fçai quoi en Allemand , croyant
m'embaraffer. Je lui dis qu'il n'étoit pas
queftion de faire le fourd ni de détourner la
matiére ; que s'il ne me donnoit pas fatisfaction , je lui rendrois les mêmes coups de
canne qu'il avoit donné à mon Maréchal
de Logis , & qu'il n'avoit qu'à choifir de
l'épée ou du piftolet , ou que j'allois le
charger. La réfolution dans laquelle je pa-
rus lui fit comprendre qu'il falloit abfolument fe battre ou être deshonoré ; & ne
voyant pas de moyens de s'en garantir , il
me dit qu'il alloit monter à cheval pour fe
battre à coups de piftolets , & qu'il me joindroit dans les champs à côté du Village.
J'allai dans le moment me préparer à le re-

cevoìr, & il me fit attendre affez long-tems.
Je commençois à douter de fon courage,
quand je le vis, d'un air fort troublé, mettre de loin le piſtolet à la main , & faifant
caracoler fon cheval, il ne ſçavoit s'il viendroit à moi, ou s'il fe tiendroit à l'écart.
La maniére dont il fe préfenta redoubla tellement ma colére, que dès que je lui vis
faire ce manége, je marchai droit à lui, &
ayant effuyé fon premier coup de piſtolet,
je lui tirai le mien, dont la balle lui perça
les chairs du teton droit, en gliſſant fur les
côtes, qui fùrent un peu fracaſſées. Il fe
renverfa fur le col de fon cheval, plutôt par
crainte que par danger, & je crûs véritablement qu'il étoit mort, à toutes les gri-
maces qu'il faifoit. Je le quittai pour aller
avertir qu'on vînt prendre foin de lui, & je
joignis ma Compagnie comme fi de rien
n'étoit. Pour lui il fe fit conduire dans la
Ville la plus prochaine pour faire guérir fa
playe, qui n'étoit pas fi grande que la mor-
tification qu'il avoit reçûë.

Il fallut, en attendant que le Major fe
faifoit traiter de fa bleſſure, que le premier
Capitaine occupât pour lui; comme nous
étions en marche on ne pouvoit pas fe paffer de quelqu'un qui fît fa fonction, parce

qu'il n'y a pas , comme en France, d'Ay-
de-Majors dans les Régimens. Il y a feulement un Adjudant, qui n'eſt pas Officier,
& ſon caractére n'eſt pas aſſez relevé pour
faire un commandement de lui-même : il
ne ſert qu'à porter les ordres des Supérieurs.
Celui qui exerça pour le Major , avoit du
moins autant d'averſion pour notre Nation , que le Major même ; cependant l'accident de ſon ami le tenoit un peu en reſpect , & il n'oſoit pas ſi ouvertement me
chercher querelle. Son bon naturel néanmoins l'emporta ſur ſa politique , & il em-
braſſa , ſans beaucoup de réflexion , la premiére occaſion qui ſe préſenta de me faire
de la peine.

J'avois un petit laquais , dont j'étois
aſſez content ; il commençoit à m'entendre , & me donnoit occaſion d'aprendre la
Langue Allemande ; on avoit fait remarquer à ce Capitaine l'attache que j'avois à
élever ce domeſtique à ma façon ; c'en fut
aſſez pour qu'il cherchât les moyens de le
débaucher. Il lui inſpira tant d'averſion
pour moi & pour ma Nation , qu'il lui fit
promettre de me quitter lorſque les Compagnies ſe ſépareroient pour aller dans leurs
quartiers. Leur projet étoit aſſez bien con-

certé ; mais l'impatience de l'un & de l'autre me le fit découvrir , & j'eûs le tems de me venger avant qu'ils l'eussent exécuté.

Lorsque nous fûmes sur le point de séparer les Compagnies , mon laquais , sans attendre que je fusse à cheval , crut que je ne m'apercevrois pas de son absence ; il alla trouver son nouveau Maître , qui le reçut à bras ouverts. Mais comme ces sortes de gens n'ont pas assez de politique pour cacher leurs desseins , il avoit lâché quelques paroles devant mes autres domestiques , qui leur avoient fait comprendre ses intentions. Quand je voulus monter à cheval , je m'aperçûs de je ne sçai quoi qui me fit comprendre qu'il y avoit quelque chose d'extraordinaire. Je demandai où étoit le petit laquais ; la réponse mystérieuse que l'on me fit me donna encore plus d'envie de sçavoir ce qu'il étoit devenu ; & mon Maréchal de Logis qui étoit toujours auprès de moi , faisant semblant d'être forcé de me répondre , me déclara tout le mystére. Il me dit qu'il avoit fait observer ce petit garçon , sans faire semblant de rien ; qu'il étoit actuellement prêt à partir avec le Capitaine-Major. Je courus chez lui à l'instant , & je le trouvai prêt à monter à che-

val avec mon laquais auprès de lui : aussitôt je pris le petit drôle au colet , & à
bons coups de foüet je le remenai à mon
logis , en disant au Capitaine que je le re-
joindrois bientôt pour lui apprendre à me
débaucher mes domestiques. En effet , je
montai à cheval , & courus chez mon
homme que je trouvai déja parti ; mais je
l'eûs bientôt joint. Aussitôt qu'il me vit , il
se jetta dans les champs le pistolet à la main;
cependant il ne faisoit guéres meilleure
contenance que son prédécesseur. Il se
pressa de me tirer son premier coup quand
il me vit à portée , & il étoit prêt de me tirer le second , quand je lui perçai le bras
droit du coup que je tirai à mon tour. Son
pistolet tomba par terre , & il eut si grande
peur que je voulusse l'achever de tuer , qu'il
me demanda la vie en bon François. Je lui
accordai , après lui avoir fait une sévére réprimande , & j'allai joindre ma Troupe.

Dans la distribution des quartiers où les
Compagnies devoient passer l'hyver , on
prit , avec une parfaite exactitude , le soin
de mettre la mienne dans le plus mauvais;
& pour mon logement , on me marqua spé-
cialement un petit Village , situé dans un
désert , au milieu d'un bois affreux. Il n'é-

toit habité que par cinq ou six misérables
Paysans, à qui on auroit fait la charité.
Pour surcroît d'incommodités, il falloit
faire une demi lieuë si je voulois entendre
la Messe. Outre cela j'étois sur la Frontiére
la plus éloignée de Munich, celle précisément où il y avoit le plus de danger en cas
de guerre avec l'Empereur; car de mon
quartier, pour entrer dans le Royaume de
Bohême, on ne comptoit que quatre lieuës:
c'est ce qui me priva d'aller à Munich faire
ma Cour. Je me vis donc réduit à passer
l'hyver dans cette misérable solitude, sans
aucun amusement qui pût dissiper les en-
nuis où j'étois exposé; je n'avois pour toute compagnie que mon Maréchal de Logis, & faisant de nécessité vertu, je résolus
avec son secours & celui d'une Grammaire
Allemande & Françoise, de profiter de ma
prison pour apprendre l'Allemand.

Je ne sçavois pas qu'à une lieuë de là il
y eût une petite Ville Luthérienne, qui
apartenoit en Souveraineté à un Comte du
Saint Empire; c'est le troisiéme Collége du
Corps Germanique. Ces Comtes ont les
mêmes droits de Souveraineté dans leur
district, que peuvent avoir les Electeurs
même; par conséquent la Ville étoit exem-

pte de loger d'autres Troupes que celles de
son Souverain, suposé qu'il eût le moyen
d'en entretenir. Mais comme la plûpart de
ces Princes ont plus d'honneurs que de ri-
chesses, celui-ci n'avoit pour tout Domai-
ne que cette petite Ville & quelques Villages aux environs : & il faisoit sa résiden-
ce dans un Château au-dessus de la Ville.

Le Comte étoit mort depuis un an, &
avoit laissé une belle & jeune Veuve, avec
un fils unique, âgé de huit ans, qu'elle faisoit élever à Vienne. Cette Dame qui vit
près de chez elle quatre-vingt Dragons dont
ma Compagnie étoit composée, craignit
avec raison que ses Sujets ne souffrissent du
voisinage, & sçachant qu'en pareilles occasions on ne sçauroit mieux faire que d'a-
voir le Capitaine pour soi, elle s'informa
de moi par une voye indirecte. Mon Maréchal de Logis, à qui on s'adressa, lui fit
un portrait dès plus avantageux, & il exagéra ma politesse, & le pouvoir que j'avois
à la Cour de l'Electeur. La Comtesse m'envoya aussitôt un Gentilhomme qui me
complimenta de sa part, comme si j'avois
été moi-même un Souverain, & le compliment fut suivi d'un présent magnifique
de gibier. Je remerciai le Gentilhomme,

& m'étant informé des endroits où habitoient les Sujets de la Comtesse, je la fis asfurer respectueusement de mes obéissances. Mon Maréchal de Logis, qui nous servoit d'Interpréte, ajoûtoit de lui-même tout ce qu'il trouvoit de plus convenable à prévenir le Gentilhomme en ma faveur. Il le faisoit apercevoir de la différence qu'il y avoit de mes maniéres à celles des Officiers de leur Nation, qui pour l'ordinaire ne font pas fort gracieux dans les quartiers d'hyver, dont ils tirent tout ce qu'ils peuvent. Il fut si content de sa députation, que lorsqu'il en rendit compte, il enchérit sur tout ce que mon Maréchal de Logis lui avoit dit de ma politesse; & on en fut tellement convaincu, que peu de jours après je le vis revenir, de la part de la Comtesse, pour me prier d'aller manger chez elle. Je répondis à ce Gentilhomme, que j'étois bien fâché de ne pas avoir cet honneur; que ne sçachant pas la Langue, je n'osois m'exposer; mais que j'espérois, par les soins que je me donnois pour l'aprendre, être bientôt en état d'aller rendre mes trèshumbles respects à Madame la Comtesse. Le Député me répondit que j'avois un Interpréte que je pouvois mener avec moi,

& que Madame me demandoit cette marque de confidération. Il n'y eut donc plus moyen de reculer, après une invitation fi obligeante ; cependant je ne voulus pas accepter le dîner, afin d'éviter un trop long embarras d'interprétations qui m'auroient ennuyé ; mais je l'affurai que l'après-midi j'aurois l'honneur de lui rendre mes devoirs. La Comteffe étoit ravie qu'un Etranger pût la voir dans toute fa fplendeur de Souveraine ; en effet, ayant été lui rendre ma vifite comme je l'avois promis, je fûs introduit à peu près comme un Ambaffadeur dans fa première audience. Plufieurs Gentilshommes, Dames d'Honneur, Valets de pied poftiches étoient placés par ordre ; un Introducteur me fit paffer par des fales & des antichambres, avant d'arriver à l'Apartement de Son Excellence. Je la trouvai dans un grand fauteüil de velours noir, placé fur une Eftrade couverte d'un tapis de même étoffe, avec un magnifique Dais au-deffus de fa tête. L'Introducteur me préfenta avec refpect, & lui fit une Harangue où je ne comprenois rien, qui me parut très-longue & très-ennuyeufe. Mon Interpréte étoit fort embaraffé ; les complimens qu'on faifoit étoient trop relevés pour

qu'il les pût traduire ; cependant on me fit
asseoir dans un fauteüil à côté de l'Estrade,
& tout le reste de la compagnie demeura
debout chacun dans la place qui lui avoit
été marquée. Les Dames d'Honneur
avoient leurs postes à droit & à gauche de
Son Excellence ; les Gentilhommes , ou
soi disant tels , bordoient les côtés de l'Estrade , & le reste faisoit suite comme une
garde en double haye. Au milieu de cette
respectueuse cérémonie , je remarquai que
la belle Souveraine avoit des yeux bien par-
lans , qu'elle sçavoit ménager à propos , &
qui n'étoient pas toujours en cérémonie ; je
me serois volontiers familiarisé avec eux ,
& j'y essayai en jouant aussi de la prunelle ,
comme si ç'avoit été par hazard ; mais il
falloit en demeureur là , faute de pouvoir
parler ensemble. Cette premiére visite se fit
dans tout l'ordre , & le cérémonial fut rempli ; on me fit promettre d'en rendre le lendemain une autre , qui devoit se passer à
table.

Je ne manquai pas à ma parole : il fût
question de se mettre à table peu de tems
après mon arrivée , car j'avois compassé
mon tems de maniére à ne languir que le
moins que je pourrois ; toutes les places

étoient marquées felon le rang & les qualités des Invités , comme dans les Elections
de l'Empire. Plufieurs Gentilshommes,
d'une quarrure fpacieufe , formoient une fi-
lencieufe affemblée ; j'eûs l'honneur d'être
affis à la droite de la Souveraine , & vis-à-
vis de nous étoit un efpéce de vuide, où un
Ecuyer tranchant découpoit les viandes
qu'on fervoit plat à plat. Lorfque chaque
plat étoit découpé , on en préfentoit un
morceau à la Comteffe, avec une profonde inclination , enfuite à moi , & puis à
tous les Conviés, chacun felon leur rang,
fuivant l'ufage reçû chez les Dames de Robe de certaines Provinces de France, dans
les repas qu'elles fe donnent entr'elles. On
ne finiffoit point d'aporter des plats , & je
crus en les voyant paroître les uns après les
autres pendant trois heures , que le magafin
d'où ils fortoient étoit intariffable. Voilà
pour les viandes , venons au vin. La maniére dont on buvoit n'étoit pas moins ennuyeufe pour moi que celle de manger; la
Comteffe fit diftribuer les fantés avec la
même diftinction; il falloit , en s'adreffant
à quelqu'un , faire une grande inclination,
& en ôtant le verre de la bouche , une feconde encore plus profonde que la premié-

re. Après avoir bû à la santé de ceux qui étoient à table, on aporta un grand verre de cristal, semblable à un Calice : il étoit plein de vin, & couvert d'une Couronne de même matiére, qui s'emboëtoit dedans. A l'aproche de ce verre respectable, la Comtesse se leva avec une contenance très-grave, & à ce moment tous les Conviés se levérent aussi ; alors l'empoignant, elle le tourna de mon côté, toujours avec gravité, & mon Interpréte me dit de découvrir le verre, & de garder la Couronne dans la main ; ensuite elle prononça majestueusément, qu'elle alloit boire à la santé de la Sacrée Personne de l'Empereur ; aussitôt toute la compagnie fit une profonde révérence, qui fut recommencée quand elle eut bû ou fait semblant de boire, & chacun se remit à sa place. Peu de tems après, le grand verre plein de vin me fut présenté ; on me dit de me lever, de mettre dessus la Couronne que je tenois à la main, & de me tourner du côté de celui qui étoit à la gauche de la Comtesse, qui prit la Couronne, comme j'avois fait, & cette santé fit la ronde dans le même ordre. Après la santé de l'Empereur, vint celle du Roy de France, & sans reproche, Sa Majesté m'avoit un

peu d'obligation ; car fans moi on l'auroit
laiffée-là. La fanté du Roy fut fuivie de celle
de l'Electeur, & enfuite les fantés de prefque toutes les Têtes couronnées de toute
l'Europe paffèrent par nos mains ; on ne vit
pendant la moitié du repas que des courbet-
tes continuelles. Je remarquai cependant
qu'à toutes les fantés, la Comteffe ne faifoit que préfenter le verre à la bouche, &
le rendoit prefque dans le même état qu'elle
le recevoit, & je jugeai à propos d'en faire
autant. Pour nos Nobles Allemands, ils auroient cru manquer de refpect aux Perfonnes facrées à la fanté defquelles ils avoient
l'honneur de boire, s'ils n'avoient pas vui-
dé le calice jufqu'à la derniére goute ; auffi
étoit-ce quelque chofe de beau à voir.
L'air dégagé avec lequel ces Meffieurs fortoient de table ; leur yvreffe taciturne ; leurs
attitudes grotefques , & leurs cérémonies
originales ; tout cela me divertiffoit infiniment. Je n'en faifois cependant rien paroître ; j'obfervois même de copier leurs airs
graves, pour m'attirer leurs bonnes graces ;
auffi difoient-ils entr'eux, à ce que mon Interpréte me raporta, qu'il étoit dommage
qu'un fi honnête homme comme moi fut
François ; que je n'avois point les maniéres

fanfaronnes de ma Nation ; qu'on me prendroit pour un Allemand fi j'en avois eû le
langage. Ce fut la premiére fois que je vis
s'enyvrer tant de monde refpectueufement
& en cérémonie.

Au milieu des fréquens Trinquemens,
j'avois remarqué les yeux de la belle Comteffe, & quelques fouris gracieux, aufquels
j'avois répondu par d'autres, au défefpoir
de ne pouvoir m'exprimer autrement ; il
me fembloit même qu'elle n'en auroit pas
été fâchée ; mais il n'y avoit pas moyen.
J'étois auprès d'elle au fortir de table,
quand il prit envie à mon Maréchal de Logis de me demander permiffion d'aller dîner
à fon tour. Que vous me chagrinez, lui
dis-je ; eh quoi, ne pouvez-vous au moins
pour aujourd'hui vous paffer de dîner ? Je
ne fçaurai plus quelle contenance tenir avec
ces yvrognes, fi vous m'abandonnez ; ils
ont la fureur de me parler fans ceffe depuis
qu'ils font faouls : allez-y donc, & ne vous
avifez pas, à notre imitation, de boire à la
fanté de toutes les Têtes couronnées de
l'Europe, & de me laiffer languir avec des
gens qui ne m'entendent point. *Cifet, Mon-*
cir, cifet, me répondit la Comteffe, qui
fçavoit quelques mots de François, qu'elle

n'avoit pas ofé hazarder d'abord , mais que
la gaieté du repas lui donna la hardieffe
de prononcer. Comment , Madame , lui
dis-je , vous fçavez parler François , & vous
me laiffez dans l'embarras d'un Intepré-
te pour vous offrir mes très-humbles ref-
pects : il y a un peu de malice chez vous ;
vous m'avez voulu punir de ce que j'étois
François ; mais fi vous me laiffez la liberté
de vous faire-voir combien ma Nation ché-
rit les Dames qui le méritent autant que
vous , j'efpére me dédommager de tout ce
que j'ai fouffert en ne nous parlant point.
Moi li parlir qu'un petit peu , Moncir , & li
fouloir point pinir fous , me répondit-elle.
Vous en fçavez beaucoup , Madame , con-
tinuai-je , & je me fens bien foulagé de n'a-
voir plus befoin d'Interpréte dans les converfations que j'aurai le bonheur d'avoir
avec vous. *Li contentir pas grandement bocoup*
fous de mon parliment ; car li parle que fous
n'entendre rien de ce que moi li dire à fou : Eh
bien , Madame , lui répliquai-je , vous m'a-
prendrez l'Allemand , & je vous aprendrai
le François. *Li fouloir de tout mon quer, Mon-*
cir; & fi fous li aprentre à moi pien parlir Fran-
xe, li faire in grant choyeufement pien plis que
dafantage. Tandis que nous avions cette

conversation, les Nobles Allemands, qui
nous entendoient parler une langue étrangére, s'éloignérent de nous par respect.
Mon Maréchal de Logis, qui étoit revenu
de dîner, craignant mon impatience, me
voyant en bon train avec la Comtesse, me
dit d'un air plus gai qu'à son ordinaire,
ah ! mon Capitaine, je vous vois en pays
de connoissance, & je comprends que vous
n'avez plus besoin de moi ; je m'en vais
boire à la santé de quelques Princes que
nous avions remise à une autre fois. Enfin je
continuai de faire tasticoter la Souveraine ;
& après plusieurs propos, nous convinmes
que dorefnavant je reviendrois chez elle
aussi souvent que je le voudrois, sans qu'il
fût question de cérémonies, & que vivant
à la maniére Françoise, qu'elle me paroiffoit avoir envie d'aprendre, nous banni-
rions toutes les façons qui peuvent gêner
dans la société : en effet, je l'accoutumai si
bien à recevoir mes devoirs sur ce pied-là,
& lui en fis tellement prendre l'habitude,
que dans peu je devins le maître de décider
en toutes les occasions. Il me suffisoit de dire que c'étoit la maniére de France, aussitôt cette Dame aplaudissoit, tant elle avoit
de goût pour ce qui se faisoit à la Françoise.

Les maris de ce pays-là n'auroient pas été
si dociles ; mais leurs femmes s'accommo-
dent volontiers des complaisances qu'on a
pour elles, & des caresses qu'on leur fait ;
parce qu'elles n'en reçoivent guéres ; les
hommes ne connoissent presque point les
charmes de Vénus ; ils se livrent à ceux de
Bachus., & lui adressent presque toutes
leurs offrandes. Enfin.il suffisoit que je pro-
posasse quelque loi, pour qu'elle fût obser-
vée par cette aimable Dame, de la même
maniére que je.l'avois prescrite. Il est vrai
aussi que mon.intention étant de lui donner
de grandes idées de nos maniéres, je m'at-
tachois à ne mettre en usage que celles qui
pouvoient conduire à mon but : c'est ainsi
que je trouvai le secret de métamorphoser
le quartier d'hyver le plus affreux, en un
séjour de félicité. La Comtesse se plut tellement à.nos façons dans les amusemens &
le plaisir., qu'elle ne pouvoit plus suporter
les grossiéretés & l'yvrognerie de ses Cam-
pagnards. Tout l'hyver se passa en différentes parties ; je mis la jeunesse en train de
donner des Bals & faire des Mascarades,
pour contribuer aux plaisirs de leur Souveraine ; & ses Peuples me regardant comme
un homme avec lequel elle partageoit son
autorité,

autorité, marchoient en nombre dans les chaſſes que nous faſſions, & les rendoient plus commodes '& plus agréables. Tout étoit en joye dans la Ville; les amours y régnoient avec empire, & quelques quartiers d'hyver de la nature de celui-là, auroient regagné à Vénus bien des cœurs que Bachus lui avoit enlevé depuis pluſieurs Siécles. Enfin notre félicité auroit été parfaite, ſi les Troupes de l'Empereur n'étoient venues l'interrompre de la maniére que je vais le dire.

L'Empereur qui ne s'étoit pas vû aſſez de Troupes pour s'opoſer aux Conquêtes de l'Electeur, avoit attendu du tems, les moyens de s'en venger; & pour le rendre odieux à tout le Corps Germanique, il eut ſoin d'aſſembler une Diéte à Ratiſbonne, où toutes les démarches de ce Prince fûrent expoſées avec les circonſtances les plus agravantes, & qui pouvoient le plus aliéner les eſprits. Il ſortit de cette Aſſemblée un nouveau réſultat des trois Colléges, qui portoit, que ſans avoir égard aux prétentions de l'Electeur de Baviére, il retireroit inceſſamment & ſans délai les Troupes qu'il avoit dans Hulm, Memmingen & autres Places dont il s'étoit emparé

hors de ſes Etats, & qu'il joindroit ſes for‑
ces à celles de l'Empire, pour faire la guer‑
re à la France & à l'Eſpagne, afin de dé‑
trôner le Duc d'Anjou. Que faute de le fai‑
re, il ſeroit déclaré rebelle aux Décrets de
l'Empire, & qu'en cette qualité on lui fe‑
roit la guerre comme à l'ennemi de la Pa‑
trie.

Quelque ſecrettes que fuſſent les pré‑
cautions de la Cour de Vienne, pour atta‑
quer l'Electeur, il n'ignoroit pas ce qui ſe
paſſoit. Il avoit eû des avis ſecrets de tous
les préparatifs qu'on faiſoit contre lui; il
ſçavoit même quels étoient les Généraux
qui devoient lui faire la guerre, les Villes
& les endroits par où l'on devoit entrer dans
ſon Pays, & il auroit pû faire avorter leurs
deſſeins, en attaquant le premier; mais il
voulut attendre les hoſtilités de la part de
l'Empereur. Cependant pour ne pas expo‑
ſer ſes Sujets à de violentes exactions, ſans
ſe mettre en état de les défendre, il fit
marcher des Troupes dans la baſſe Baviére,
aux environs d'une petite Ville qu'on apel‑
le Scharting, où il ſçavoit qu'un Corps
conſidérable d'Impériaux s'aſſembloit. Ce
fut pourquoi nous ſortîmes de nos quar‑
tiers vers la fin du mois de Février 1703.

J'étois avec la Comteſſe lorſqu'on m'aporta l'Ordre , écrit en Allemand ; mon Maréchal de Logis qui me le rendit , m'aprit de
quoi il s'agiſſoit, ſans qu'elle pût l'entendre ;
mais ſon air myſtérieux fit naître des ſoupçons. Elle voulut abſolument être informée de ce qu'il contenoit, & elle fit paroître tant d'empreſſement pour le voir, que
je fûs contraint de lui remettre en main.
Cette aimable Dame ayant vû l'ordre de
notre ſéparation , en fut tellement pénétrée, qu'elle devint comme immobile , &
le papier lui tomba des mains. Je reſſentis
comme elle une très-vive douleur ; cependant je cherchai tous les moyens de lui donner de la conſolation. Je lui repréſentai
qu'il n'étoit pas poſſible que des Troupes
puſſent tenir la Campagne dans une ſaiſon
où le froid ſe faiſoit encore ſentir ſi vivement ; qu'il ne s'agiſſoit tout au plus que de
quelque courſe, & qu'enſuite on rentreroit
dans les mêmes quartiers ; que quand même nous reſterions cantonnés du côté de
Scharting , pour attendre la belle ſaiſon, je
ſerois toujours à portée de lui rendre mes
devoirs , & qu'il ne falloit pas nous faire des
monſtres d'un ſi petit objet. Mais elle avoit
des preſſentimens plus juſtes de ce qui de-
K ij

voit arriver ; la crainte lui faifoit imaginer
une entiére féparation ; & pénétrée de ces
idées , les pleurs & les regrêts fûrent toute
fa reffource. Son cher François lui tenoit
extrêmement au cœur ; elle ne pouvoit
s'empêcher de le dire à chaque inftant , pendant que je reftai auprès d'elle : mille proteftations réciproques fûrent mêlées parmi
les foupirs & les fanglots de la Comteffe ;
enfin ne fçachant plus que dire pour exprimer nos douleurs :

Climéne & moi nous nous regardâmes ;
Nous ne nous dîmes rien ; que n'avions nous pas dit ?
Mais d'un air doux , languiffant , interdit ,
Nous nous prîmes la main & nous nous féparâmes.

CAMPAGNE

De mil sept cent trois.

LA Cour de Vienne qui vouloit surprendre & ravager le Pays de l'Electeur de Baviére, pendant que ses Troupes
étoient distribuées dans les quartiers, envoya un Corps de vingt mille hommes sous
les ordres du Général Schlick, qui dès la
fin du mois de Février entra dans la partie inférieure de Baviére qui confine l'Autriche, & commit de très-violentes exactions sur les peuples ; alors l'Electeur n'eut
plus de ménagement ; les actes d'hostilités
des Troupes de l'Empereur étoient trop
cruels pour que ce Prince ne se mît pas en
état de les repousser. Il fit avancer à cet effet
un Corps de Troupes considérable par différentes routes ; elles surprirent le Général
Schlick dans le tems qu'il s'y attendoit le
moins, & le défirent entiérement.

Cette action se passa le 3. Mars, près
d'un Village qu'on apelle Heyzempirne,
où la neige étoit encore bien épaisse.

K iij

Schlick avoit son Corps d'Armée campé
dans une plaine joignant ce Village, & pour
plus grande sûreté, il faisoit occuper, par
un gros Détachement d'Infanterie & de
Cavalerie, un autre Village, qui étoit à
une lieue devant lui, sur le chemin de la
Baviére. Ce Détachement lui servoit d'a-
vant garde, & dans cette situation, il étoit
comme impossible qu'il pût être surpris;
parce qu'il falloit, avant de venir à lui, attaquer ce poste & le forcer; ce qui ne pouvoit se faire, selon toute aparence, sans
qu'il en eût des nouvelles; mais le sort en
décida autrement. Avant d'aller attaquer
Schlick, l'Electeur jugea à propos de retirer la Garnison d'un des Châteaux qui
composent les Fortifications de Passau, sur
le Danube; ce Château étoit exposé aux
insultes des Garnisons Impériales qui occupoient deux autres Forteresses voisines
de Passau, qui est une Ville divisée en deux
Souverainetés, dont l'une apartient à l'Empereur, & l'autre à l'Electeur. Et comme il
étoit à craindre qu'elle ne fût attaquée,
pour faciliter sa retraite, on fit avancer vers
cette Place trois de nos Compagnies de
Dragons, desquelles étoit la mienne. Ce
fut pour nos Messieurs une occasion d'exer-

cer leur haine contre moi ; en effet , fans
m'avertir de la précifion de l'ordre qu'ils
avoient, ils commencérent à me pofter
avec ma Compagnie trois jours avant que
la Garnifon fortît de Paffau, au milieu d'un
bois de fapin, rempli de neige. Là expofé
à un froid très-violent, fans vivres, fans
fourages, ni aucunes précautions prifes
pour en avoir, il étoit naturel de croire que
nous n'étions dans notre pofte que pour
quelques heures ; mais le tems qui s'écoula
fans avoir de contr'ordre, ayant excité en
nous une faim preffante, je détachai des
Dragons pour aller découvrir quelques
Villages d'où ils puffent raporter des vivres
& du fourage. Après avoir demeuré long-
tems à courir, ils ne me raportérent que
très-peu de mauvais pain noir, qu'il fallut
épargner avec foin, & fi peu de fourage,
que dans la diftribution qu'il en fallut faire,
la ration de chaque cheval ne monta qu'à
cinq ou fix livres par jour. Pour les deux
autres Compagnies qui devoient être commandées avec la mienne, elles demeurérent tranquiles dans des Villages affez éloignés, & ne s'aprochérent de Paffau que le
jour que notre Garnifon en fortit. Enfin il
fallut que toute ma Compagnie , qui apar-

tenoit à leur Maître, & nullement à moi,
fût la victime de leur mauvaise volonté.

Ce fut le quatriéme jour que j'étois dans
ce bois, que la Garnison de Passau sortit.
Les Impériaux ne s'en aperçûrent que
quand elle fut éloignée de la Ville, & voulant s'avancer pour l'attaquer, nos Dragons parûrent, & les contraignirent de se
retirer, après quelques coups tirés de part
& d'autre sans beaucoup de mal. Nous es-
cortâmes cette Garnison pendant trois
lieuës ; ensuite nous nous rendîmes vers
Scharting, où nous joignîmes le Régiment.
Il devoit s'assembler le lendemain avec toute l'Armée, dans une plaine au-dessus de
cette Ville, & on comptoit marcher tout
de suite aux Ennemis, qui n'étoient qu'à
quatre lieuës de-là. La quatriéme nuit ne
me fut pas plus favorable que les trois précédentes ; on trouva de nouveaux prétextes
pour me poster de façon qu'il me fallut demeurer en bataille presque toute la nuit,
sans débrider & sans pouvoir faire de feu ;
toute ma ressource contre la violence du
froid, étoit de battre des pieds & des mains
pour me réchauffer.

Le lendemain, au point du jour, l'Armée s'étant formée & mise en Colonne,

On ne manqua pas de marcher à l'Ennemi,
afin de ne lui pas donner le tems d'avoir
avis de notre aproche. Douze Escadrons de
Dragons formérent l'avant-garde ; après
eux venoit tout le Corps d'Infanterie, soute-
nue par quarante Escadrons de Cavalerie ,
qui fermoient le tout. Quand notre Armée
aprocha du Village , qui servoit d'avant-
garde aux Ennemis, le tems se couvrit tout
d'un coup , & la neige tomba si épaisse,
que les Sentinelles ne pûrent distinguer que
la tête de nos Dragons. Ils crûrent que ce
n'étoit qu'un Détachement qui venoit à la
découverte, & le Commandant formant
bientôt le dessein de le surprendre, cacha
son Infanterie, une partie dans un Cimetiére renfermé de murailles, qui bordoit
l'unique ruë qui coupoit le Village de long
en long, & l'autre partie dans les maisons,
afin de nous mettre entre deux feux. Quant
à sa Cavalerie, il la fit promptement monter à cheval, & la plaça en dehors du Village, vis-à-vis l'embouchure de la ruë, afin
d'arrêter les Dragons qui voudroient se sauver après que l'Infanterie les auroit attaqués ; & dans cette disposition, il attendit
tranquillement que le sort nous conduisît
dans son embuscade, pour nous expédier

K v

avant que le Général Schlick en eût aucune nouvelle. Nous n'avions garde de nous méfier d'un Village tout ouvert, qui se trouvoit sur notre route, & où il ne se présentoit ni poste ni sentinelle avancée; nous y entrâmes donc, & nos Dragons ayant enfilé la ruë sans précaution, les Ennemis qui nous virent marcher de si bonne foi, croyoient déja leur proye assurée. Ils attendirent que toute la Troupe fût avancée du côté de leur Cavalerie, avant de faire leur décharge, & de nous mettre entre deux feux; mais heureusement ils en avoient trop laissé défiler pour bien ajuster leurs coups; cela n'empêcha cependant pas qu'ils ne nous tuassent beaucoup de monde, & que la surprise qu'ils nous causérent ne nous mît en desordre, car nous ne nous attendions pas à trouver personne dans ce Village, & nous ne nous étions aucunement précautionnés. Cependant nous précipitâmes le pas pour gagner la sortie du Village, où nous trouvâmes leur Cavalerie, qui augmenta notre surprise; nous prîmes notre parti; on fit mettre au plus vîte pied à terre aux Dragons, qui se jettant à droit & à gauche dans les maisons & dans les issues du Village, se mirent à couvert

& en état de défense. J'étois du nombre de ceux qui avoient donné dans l'embuscade , & je fûs assez heureux d'en échaper aux dépens de douze Dragons de ma Compagnie qui y fûrent tués ; Duchâtel qui commandoit notre avant-garde, fut tué aussi, & fort blâmé après sa mort , de s'être jetté dans un Village sans l'avoir fait reconnoître. Jusques-là le Commandant avoit parfaitement bien réussi, & il jouissoit d'une pleine Victoire; mais la durée n'en fut pas longue ; l'alarme ayant fait avancer notre Armée avec précipitation , l'Electeur fit investir le Village de tous côtés, par les deux Colonnes dont elle étoit composée , & la Cavalerie ennemie se trouva envelopée. Ensuite ayant fait entrer un gros d'Infanterie par les issues, tous ces pauvres malheureux fûrent passés au fil de l'épée. Ce prélude de la Bataille générale , qui arriva peu après , anima nos Bavarois d'une telle fureur , qu'ils ne demandoient qu'à joindre l'Ennemi pour le combattre. Schlick cependant avoit apris le desordre qui venoit d'arriver dans ce Village , & sans sçavoir le nombre des Troupes que nous pouvions avoir, il mit son Armée en Bataille un peu précipitament. Nous le trou-

K vj

vâmes poſté devant le Village d'Heyzempirne ; & comme la plaine étoit fort découverte , on s'aperçut d'abord de l'étendue
de ſon Armée & de ſes diſpoſitions. L'E-
lecteur fit bientôt les ſiennes , & les Armées
commencérent à ſe canoner de part & d'autre , en prenant leurs avantages. A peine la
nôtre fût-elle rangée , que l'Electeur la fit
mettre en mouvement au petit pas , bien
ſerrée , en obſervant qu'elle marchât également ; & lorſqu'elle fut aſſez avancée , nos
deux aîles de Cavalerie ſe détachérent au
grand trot , pendant que notre Infanterie
doubla le pas pour tomber plus impétueu-
ſement ſur l'Ennemi ſans tirer , réſervant
ſon feu pour quand elle en ſeroit tout à
fait près. Ce premier choc fut extrêmement vif ; il ſembloit que l'acharnement
entre gens d'une même Nation étoit encore plus grand qu'entre des étrangers. L'o-
piniâtreté fut telle , que la Victoire fut aſſez
long-tems balancée de Cavalerie à Cavalerie ; car on peut dire que les Cuiraſſiers de
l'Empereur ſont ce qu'il y a de meilleur
dans toutes ſes Troupes ; mais notre Infanterie ne trouva pas la même réſiſtance :
après avoir eſſuyé le premier feu des Ennemis , elle culbuta , bayonnette au bout du

fufil, tout ce qui fe trouva devant elle, &
mit en déroute l'Infanterie qui lui étoit
opofée. Bientôt leur Cavalerie fut obligée
de plier, & tout prit la fuite ; Schlick fe
fauva avec les débris de fon Armée, après
avoir laiffé plus de cinq mille morts fur la
place, & abandonné toute fon Artillerie,
les Caiffons, quantité de Pontons de cui-
vre, d'Ancres & de Cordages dont il avoit
fait provifion pour paffer les Riviéres de
Baviére, où il comptoit pénétrer, ravager
le Pays, & faire repentir l'Electeur de fa
défobéiffance à la Cour de Vienne. J'é-
prouvai dans cette action un petit grillage
de fer bien trempé, que les Officiers de
Cavalerie, non cuiraffés, mettoient dans
la forme de leur chapeau ; il me garantit de
deux grands coups de fabre qui me fûrent
portés fur la tête dans la mêlée, & j'en fûs
quitte pour quelques petites contufions.
J'eûs, pour ma portion de cette journée,
l'honneur d'avoir effuyé deux grandes Batailles, auffi périlleufes l'une que l'autre ;
& pour couronner l'œuvre, je fûs encore
commandé cette cinquiéme nuit pour garder fur le champ de bataille l'Artillerie &
les autres bagages que les Ennemis y avoient
laiffés, qui ne pûrent être déplacés que le

lendemain au soir, faute d'équipages pour
les conduire. Néanmoins quoique la neige
fût fort épaisse, je n'endurai pas tant de
froid que les quatre nuits précédentes, parce que les Ennemis dans leur dérouté,
ayant mis le feu au Village, nous eûmes de
quoi nous chauffer amplement. L'Artillerie ayant été transportée le lendemain assez
tard, j'eûs ordre d'aller prendre mon quartier dans un petit Village à huit grandes
lieuës du champ de bataille, & je passai encore cette sixiéme nuit dans la fatigue d'une
très-rude marche. J'arrivai ensuite dans le
méchant Village qui m'étoit marqué, &
je n'y trouvai d'autre soulagement que celui d'avoir le couvert dans un Pays si éloigné, que je fûs dans l'impossibilité de revoir ma Souveraine.

Après cette expédition, il convenoit aux
affaires de l'Electeur de se rendre maître du
Pont & de la Ville de Ratisbonne. Cette
Ville Anséatique est presque enclavée dans
ses Etats ; le Fauxbourg même, nommé
Beyricheoffen, lui apartient en propriété.
Il n'y avoit que peu de jours que j'étois
dans mon Village, quand j'eûs ordre de
me mettre en marche & de joindre le Corps
de nos Troupes qui alla investir Ratisbon-

né, pour prévenir l'Empereur qui vouloit
s'en emparer. J'eûs la direction du Siége
de cette Place, qui n'étoit gardée que par
ſes Habitans; les égards que l'Electeur eut
pour tous les Députés qui compoſoient la
Diéte qui y étoit aſſemblée, me gênoient
extrêmement. Cependant après avoir pris le
Fauxbourg, je fis dreſſer une Batterie pour
ruïner une traverſe qu'on avoit faite ſur le
Pont; & comme il eſt de pierre, crainte
que les Boulets échapés n'allaſſent cauſer
de la frayeur, & endommager les maiſons
de quelques Députés, je la fis poſer ſi en
biaiſant, que mon attaque n'auroit pas
réuſſi. J'en fis faire une ſeconde de l'autre
côté du Danube, avec la même circonſ-
pection; & les Bourgeois qui ne ſçavoient
pas les précautions que nous prenions à la
conſidération de la Diéte, fûrent tellement
éfrayés de ſe voir canoner par une Armée
qui tenoit leur Ville inveſtie, qu'ils vinrent
rendre les Clefs à l'Electeur, les premiers
jours de notre attaque, & reçûrent Garniſon Bavaroiſe. L'Electeur fit obſerver un ſi
bon ordre, que rien ne troubla la liberté
des délibérations; il fit même tout ſon poſſible pour obtenir de la Cour de Vienne un
Acte de neutralité, qui ne fût ſujet ni aux

exceptions ni aux équivoques, afin de retirer fes Troupes d'une Place qui devoit être regardée des deux partis, comme le Sanctuaire de toute l'Allemagne ; mais les efprits étoient trop échauffés pour pouvoir s'accorder.

Ma Compagnie fut nommée pour faire partie de la Garnifon de Ratifbonne. Je trouvai dans cette Ville beaucoup d'agrément ; le nombre des Députés de prefque toute l'Europe, dont la plûpart avoient leurs famílles avec eux ; M. de Charmois qui s'y trouvoit pour la France, avec Madame fon époufe ; celui de l'Electeur avec toute fa famille ; beaucoup d'autres enfin, mettant les intérêts de la Guerre à part, y formoient une agréable fociété. Mais je n'en pûs joüir que fort peu de tems ; il fallut me remettre en marche pour aller exercer ma qualité d'Ingénieur en de nouvelles Conquêtes que l'Electeur réfolut de faire avant l'entiére ouverture de la Campagne. Nous allâmes inveftir Neybourg, fur le Danube, qui apartient en Souveraineté à l'Electeur Palatin ; cette Ville convenoit à l'Electeur, parce qu'elle eft placée entre Donavert & Ingolftat, Places apartenantes à Son Altefle Electorale, & qu'elle

communique par un Pont au plat pays de
l'intérieur de la Baviére. Il ne fuffifoit pas à
ce Prince d'avoir fait des Conquêtes dans
le Cercle de Souabe, il falloit encore depuis la déclaration de la Guerre avec l'Empereur, pourvoir à la fûreté de fon propre
Pays, & couvrir tous les endroits par où
les Ennemis auroient voulu pénétrer. Neybourg étoit un des principaux paffages qui
auroient pû donner de l'inquiétude à l'E-
lecteur, & cette raifon le détermina à s'en
emparer. Les Ennemis, qui ne doutérent
point après la Bataille d'Heyzempirne,
qu'on n'attaquât cette Ville, ajoûtérent de
nouveaux Ouvrages à une vieille enceinte
de murailles dont cette Place eft revêtuë;
mais ils ne leur fûrent pas d'un grand fecours, nous l'emportâmes en cinq jours
de Tranchée ouverte. Je trouvai cependant quelques difficultés du côté d'un
Fauxbourg, fitué fur une Colline qui
aboutit au Danube; nous y perdîmes un
peu de monde; enfuite la Ville capitula, &
nous y mîmes une très-petite Garnifon, à
caufe de fa fituation.

La Ville d'Aufbourg donnoit beaucoup
d'avantage à défendre ou à attaquer la Baviére, parce qu'elle y eft comme enclavée;

il étoit très-facile de s'en emparer ; cette
Ville Anséatique n'avoit d'autre Garnifon
que la Bourgeoifie , & immédiatement
après la prife d'Hulm , elle eut la politique
& la précaution de demander à l'Electeur
la neutralité , qu'il lui accorda ; cependant
des avis , dont les événemens n'ont que
trop fait voir la certitude , aprenoient à Son
Alteffe l'intelligence des Habitans avec les
Impériaux , & l'Electeur auroit dû l'attaquer après la prife de Neybourg ; mais malgré la facilité qu'il avoit à s'en rendre maître en peu de tems , il aima mieux en courir les rifques , que de manquer de donner à
l'Empire des preuves de fa modération &
de la droiture de fes fentimens. Les Ennemis moins fcrupuleux profitérent de fa bonne foi ; ils y fûrent reçûs, & il n'en répara
la perte qu'après le gain de la premiére Bataille d'Hochftet , & un Siége pénible qu'il
fallut mettre devant cette Place.

· M. de Ricous accompagnoit l'Electeur
dans toutes fes Conquêtes ; nous parlions
fouvent de notre Régiment de Déferteurs ;
& on avoit mis quelques intelligences en
œuvre pour femer des billets dans les Places
& dans les Troupes des Impériaux. Cela
nous avoit déja attiré quelques Soldats,

que l'on cantonnoit dans une Place de Baviére, en attendant mieux, avec quelques
subalternes pour les commander, qui à
l'exemple des Soldats avoient quitté un service étranger pour se rendre en Baviére. Il
se présenta en ce tems-là deux jeunes Messieurs fort bien faits ; ils disoient que des affaires d'honneur, qu'ils avoient eû en Italie, les avoient contraints de quitter l'Armée de France, pour se retirer dans les
Pays étrangers ; qu'ayant apris la Guerre
de Baviére, ils y étoient venus pour implorer le secours de l'Envoyé du Roy, &
qu'ils le suplioient très-humblement de leur
faire donner quelque Emploi convenable
à leur condition, & à celui qu'ils avoient
déja occupé en France. M. de Ricous, indéterminé sur la protection qu'ils lui demandoient, me les envoya pour examiner s'ils
pouvoient convenir à notre nouveau Régiment ; ces Messieurs, qui avoient eû soin
de s'informer de quelle Province j'étois,
parûrent ravis d'aprendre que nous étions
voisins. Ils me dirent qu'ils étoient d'une
même famille du Périgord, sur les confins
de l'Agenois, l'un Comte de la Bastide,
& l'autre Chevalier de la Bastide, Maison
en effet de la même Province. Je m'infor-

mai des affaires qui les avoient contraints
d'abandonner les Troupes de France ; ils
me firent le détail d'un Duel imaginé , dont
les circonstances étoient si bien étudiées &
si pathétiques , qu'on ne pouvoit s'empêcher de prendre part à leurs malheurs. Je
me fis une représentation si avantageuse de
mes deux voisins , que je ne crûs pas pouvoir faire moins , que de leur procurer les
deux premiéres Compagnies de notre futur
Régiment ; leurs Brevets, sur mon raport,
leur fûrent expédiés pendant que nous faisions le Siége de Neybourg , & on les envoya dans le cantonnement, pour former
ces deux Compagnies. Cependant ces Messieurs, qui s'étoient faits une étude d'avantures, n'étoient rien moins que tout ce qu'ils
se disoient , & loin d'avoir servi dans les
Troupes , c'étoient deux jeunes hommes
de Villeneuve d'Agenois , mariés & point
parens , qui avoient fait l'un & l'autre un
petit Commerce en boutique , pour supléer
au mince patrimoine que leurs peres, qu'ils
avoient perdus fort jeunes , leur avoient
laissés ; mais le peu d'expérience qu'ils
avoient dans le Commerce , joint à ce qu'ils
aimoient le jeu , avoit tellement déran-
gé leurs affaires , qu'ils avoient été con-

traints d'abandonner femmes & enfans,
pour fe dérober à la pourfuite de leurs
créanciers; & après avoir paffé par l'Italie,
ils fûrent affez heureux pour trouver en Baviére l'occafion d'être placés en arrivant.
Au refte, leurs familles étoient de la meilleure Bourgeoifie de la Ville; & je n'apris
toutes ces circonftances, qu'après mon retour de Baviére, comme je l'expliquerai
dans fon tems.

Après la Prife de Neybourg, on divifa
nos Troupes en détachemens; M. de Vol-
franftorf, Maréchal de Camp, en commandoit un, dans lequel étoit notre Régiment: il prit la route du haut Palatinat de
Baviére, pour s'opofer à un Corps de
Troupes Impériales, qui ravageoit cette
Frontiére. Nous marchâmes dans l'intention d'attaquer ce Corps, & nous vînmes
camper la derniére journée près d'un gros
Village, qu'on apelle Schmidmidel, où
nous aprîmes que les Ennemis paroiffoient
fouvent, & qu'ils étoient en plus grand
nombre que nous n'avions cru. Notre
Commandant envoya à la découverte pour
fçavoir au vrai quelles étoient leurs forces;
& ayant apris qu'elles ne furpaffoient pas
de beaucoup les nôtres, nous nous mîmes

en marche pendant la nuit, pour les aller
furprendre à quatre lieuës de-là. Il étoit cependant Soleil levé le lendemain, quand
nous commençâmes à découvrir leurs gardes avancées, & les Védettes nous ayant
aperçûs, avertirent les Ennemis, qui eûrent tout le tems de fe difpofer à nous bien
recevoir. Nous les trouvâmes en Bataille,
avec une contenance qui ne dénotoit ni
crainte ni furprife; & notre Détachement
s'étant rangé dans le même ordre qu'eux,
les deux Troupes fe regardoient fans ofer
s'attaquer: c'étoit à qui commenceroit le
premier. Dans cette inaction, la curiofité
me fit avancer fur le flanc de nos Efcadrons,
pour voir à peu près la force & la fituation
des Ennemis; un jeune Officier des Impériaux, m'ayant aperçû, fe détacha de fa
place pour venir faire le coup de piftolet
avec moi; mon premier mouvement fut de
rejoindre la mienne, fans faire femblant de
le voir; j'avois affez d'expérience pour fçavoir que ces fortes de combats ne font faits
que pour les étourdis, & qu'un Officier
doit fe réferver pour conduire fa Troupe,
& combattre avec elle pour l'intérêt de fon
Maître. Mais faifant réflexion fur ce que
nos Allemands pourroient dire de moi, je

fis tête à mon étourdi , qui caracolant à la
maniére des Hufards, venoit de tems en
tems à toutes jambes me tirer fon coup de
piftolet , & puis s'en retournoit de même.
Ce manége , qui fervoit d'amufement aux
deux partis, fe termina malheureufement
pour lui ; car à force d'exercer fes éperons,
fon cheval prit tout à coup le mords aux
dents , & fe vint précipiter dans nos Efcadrons avec fon maître , & ils fûrent tués
l'un & l'autre.

Cette avanture , qui ne paroiffoit qu'un
jeu , fut cependant caufe de la Bataille entre les deux Détachemens. L'Officier qui
venoit d'être tué , étoit neveu du Commandant des Impériaux, qui fut fi piqué de le
voir périr, que pour en tirer vengeance, il
fe détermina à livrer Bataille. Au premier
mouvement des Ennemis , nous marchâmes en avant pour aller à leur rencontre,
n'étant pas avantageux à une Troupe de fe
laiffer heurter fans fe mouvoir. La fureur
étoit fi grande de part & d'autre, que le
choc fut extrêmement violent , & nous
demeurâmes mêlés pendant quelque tems ;
mais la Cavalerie ayant percé chacune devant elle , dans le tems que l'Infanterie
étoit encore aux prifes, les deux partis fe

ralliérent de part & d'autre, & vinrent une
seconde fois à la charge; enfin malgré cette
opiniâtreté, & après un long combat, les
uns & les autres s'étant trouvés séparés une
seconde fois, chacun fit retraite de son côté, après avoir perdu beaucoup de monde.
Nous allâmes camper près du Village de
Schmidmidel, pour observer les Ennemis,
qui par la crainte d'un petit renfort qui nous
vint, prirent le parti de se retirer. Je perdis le cheval que j'avois monté pendant la
Bataille; il mourut le même jour, des coups
de sabre qu'il avoit reçûs sur la tête; car les
combats de Cavalerie à Cavalerie font plus
meurtriers par le fer que par le feu, & mon
grillage dans la forme de mon chapeau me
sauva encore bien des coups.

Notre Détachement étoit encore sur la
Frontiére, quand nous aprîmes que le Maréchal de Villars s'étoit rendu Maître du
Fort de Kel, vis-à-vis de Strasbourg, le 9.
de May, après dix jours de Tranchée ouverte; & que s'étant emparé des Gorges des
Montagnes Noires, il avoit pénétré avec
son Armée dans le Cercle de Souabe, &
avoit joint l'Electeur. Une si grande nouvelle nous causa une joye inexprimable.
Déja nous nous flations de mille Conquêtes:

tes : & dans nos deſſeins nous ne faiſions
preſque plus de grace à tout le Corps Germanique. Cependant cette jonction n'é-
pouventa point le Comte de Stirum, Général des Impériaux ; il vint ſe préſenter avec
un corps de Troupes d'environ vingt-mille
hommes, après avoir un peu ravagé la frontiére de Baviére dans la plaine d'Hochſtet.
L'Electeur voulut le combattre en perſonne, & fit marcher les Troupes qui étoient
à portée, qui fûrent jointes par un Détachement de celles de France, que commandoit M. Duſſon. Il fit à peu près les
mêmes diſpoſitions pour tomber ſur Stirum, qu'il avoit faites lorſqu'il ſurprit
Schlick ; il le trouva dans la plaine d'Hochſtet, diſpoſé à ſoutenir le combat par tous
les avantages qu'il avoit pû tirer du poſte
où il étoit. Le choc fut très-violent, on
peut même dire que la Victoire fut un
peu balancée dans le commencement ; mais
les Ennemis ayant été ébranlés, leur Cavalerie commença à reculer, & comme la
nôtre la ſuivoit de près, elle abandonna
tout-à-fait l'Infanterie : qui ſe voyant découverte dans les deux flancs, ne ſongea plus
qu'à ſe ſauver par une retraite. Pour mieux
y réuſſir, elle fit de tout le Corps qu'elle

contenoit un feul Bataillon quarré, & fe retirant peu à peu en combattant, elle gagna des bois qui étoient derriére elle, où elle fe fauva. La perte des Ennemis alla à plus de trois mille hommes, outre quelques prifonniers & de l'Artillerie; après cette affaire on fit le Siége de Kempten, & quelque tems après celui d'Aufbourg. Je fůs difpenfé alors de fervir en qualité de Chef des Ingénieurs Bavarois, parce qu'il y avoit affez d'Ingénieurs dans l'Armée de France, & que cet Emploi ne m'avoit été donné, que faute de fujets capables de l'exercer.

L'Armée de France qui venoit de pénétrer, fans avoir trouvé de grandes réfiftances, jufques dans le centre de l'Allemagne, avoit cependant befoin de fe conferver des paffages entre la Souabe & l'Alzace; elle ne pouvoit prudemment aller plus avant dans l'Empire, tandis qu'une Armée ennemie auroit pû lui couper chemin en s'emparant des Places utiles à fes communications. Rien n'étoit plus raifonnable que de donner au tems, fans précipiter, & d'examiner ce que feroient les Alliés, pour éviter le danger qui les menaçoit. On pouvoit certainement aller plus avant que le

Cercle de Souabe, fi on l'avoit jugé à propos ; mais ne croyant pas pouvoir agir plus
éficacement pour la ruine totale de l'Empire, que de conduire dans fon centre tout
l'éfort de la Guerre, en faifant plufieurs
communications pour les fecours, il fut décidé que pendant que l'Armée de France
foutiendroit les Conquêtes de Souabe,
l'Electeur, avec partie de fon Armée &
un Détachement de celle de France, s'ou-
vriroit un paffage par les Montagnes du Tirol, qui féparent la Baviére d'avec l'Italie,
pour faciliter la jonction de l'Armée du
Duc de Vendôme à celle de M. de Villars,
& de retarder toutes autres entreprifes, jufqu'à ce que cette jonction fût faite ou man-
quée. Il y avoit cependant de grandes difficultés à furmonter avant de parvenir à
l'exécution de ce deffein, à caufe d'une
chaîne de Montagnes qu'il falloit traverfer,
mais auffi le paffage une fois établi, l'Armée d'Italie qui auroit joint celle de Baviére, auroit mis l'Empire dans une terrible décadence. On jugea la préfence de l'E-
lecteur néceffaire dans cette fameufe expédition ; il la conduifit avec tant de prudence
& de capacité, que fi les mêmes difpofitions s'étoient rencontrées du côté d'Italie,

elle auroit réuſſi ſelon les projets qu'on en
avoit faits.

Pour commencer l'entrepriſe, Son Alteſſe fit attaquer quatre Places conſidérables, qui défendoient l'embouchure des
Montagnes du côté de la Baviére ; c'étoient
Rozhem, Kupſtein, Hochſtein & la Char-
nix, Villes ſituées ſur des revers de Montagnes & des Rochers preſque inacceſſibles ; cependant, malgré les difficultés,
l'Electeur trouva moyen de les emporter
par aſſaut ou par compoſition. Après la
Priſe de ces quatre Places, qui établiſſoient
une retraite aſſurée, il fit défiler ſon Armée
par une ſeule route, pratiquée ſur le revers
des Montagnes, qui le conduiſit juſques
dans Inſpruck, Ville Anſéatique, Capitale du Tirol. Les Magiſtrats qui n'avoient
point de Garniſon pour ſe défendre, ne
jugérent pas à propos de faire tête eux-mêmes ; ils vinrent au-devant de l'Electeur lui
préſenter les Clefs de leur Ville, & lui prê-
térent avec ſoumiſſion le ſerment de fidélité. On ne pouvoit ſouhaiter juſqu'alors des
diſpoſitions plus heureuſes ; cette Ville
comme Capitale ſembloit tenir en reſpect
tout le reſte de la Province ; c'étoit de plus
un entrepôt des plus commodes pour four-

nir les vivres & les munitions à l'Armée
d'Italie, lorſqu'elle viendroit nous joindre.
Les plus grands obſtacles à nos projets
étoient levés; il ne reſtoit plus qu'à envoyer
un Détachement pour s'emparer des paſſages les plus difficiles qu'il y avoit depuis
Inſpruck juſqu'au débouché de l'Italie, &
faire ſçavoir au Duc de Vendôme l'heureuſe ſituation où toutes choſes étoient, afin
que ce Général mît ſon Armée en marche
le plus promptement qu'il ſe pourroit. Pendant ce tems-là l'Electeur, avec le reſte de
la ſienne, devoit reſter dans Inſpruck,
pour y contenir les peuples dans l'obéiſ-
ſance, & y faire obſerver les ordres néceſſaires pour la jonction.

Le Détachement de l'Armée de l'Electeur fut commandé, & pénétra les paſſages les plus difficiles, juſqu'à un endroit
qu'on apelle le Breſner, qui étoit le plus eſ-
ſentiel. Auſſitôt on envoya par la route du
côté des Griſons, le Marquis de Novion,
fils d'un Premier Préſident de Paris, & de
Caretti, Piémontois, Capitaines aux Gardes de l'Electeur, qui connoiſſoient le pays,
& ſçavoient le patois des endroits où ils devoient paſſer, pour aller promptement en
porter la nouvelle au Duc de Vendôme.

Toutes ces difpofitions faites, l'Electeur demeura tranquille dans Infpruck ; il goûtoit les amufemens que les Habitans lui procuroient, avec autant d'empreffement qu'auroient pû faire à leur Souverain les Sujets les plus attentifs. Mais pendant que la fortune nous préfentoit une face fi riante, & que ces peuples paroiffoient fi foumis & fi tranquilles, il fe paffoit dans l'intérieur des mouvemens tous différens. Ils tramoient contre nous, avec la Cour de Vienne & celle de Savoye, des complots qui n'eûrent que trop leur effet, & qui dérangérent nos projets.

Ce revers malheureux fut caufé par le changement fubit du Duc de Savoye, qui abandonna les intérêts de France & d'Efpagne, pour embraffer furtivement le parti de l'Empereur ; ce Prince oublia la foi d'un Traité folemnel, dont le Sceau avoit été le Mariage de la Princeffe fa fille, avec le Roy d'Efpagne ; & fes mêmes armes qu'il avoit promis d'employer au maintien de fon gendre, fe tournérent en faveur de fes Ennemis, pour le détrôner s'il l'avoit pû.

Il fe préparoit depuis long-tems à quitter des intérêts qui devoient lui être chers, pour embraffer ceux de l'Empereur & de fes Alliés. Le Roy de France avoit cru le fixer, en lui procurant l'Alliance glorieufe de fa fille avec le Roy d'Efpagne ; il fembloit que les liens du fang devoient le porter à repouffer les Ennemis de fon gendre, & à maintenir la tranquillité de l'Italie, qui étoit menacée par l'Empereur. C'étoit fon avantage, & il en avoit d'autres à attendre du Traité qu'il avoit fait avec le Roy ; mais foit qu'il eût naturellement de l'averfion pour la France, ou que quelqu'autre intérêt l'entraînât, ce Prince traita fecrettement avec l'Empereur, dans le tems que Sa Majefté le croyoit le plus attaché à fon parti ; & on l'accufa d'avoir donné aux Généraux de l'Empereur des avis de tous les projets les plus fecrets de la France, dans le tems même qu'il paroiffoit lui être le plus dévoüé.

L'Empereur lui offroit le Montferat, & lui promettoit que l'Angleterre lui fourniroit des fubfides confidérables, s'il vouloit rompre le Traité avec les deux Couronnes, pour entrer dans fon Alliance. Il lui repréfentoit, outre tous ces avantages, les devoirs envers fon Souverain, & le retour de fes bonnes graces ; pourvû qu'il n'attendît pas pour fe déclarer, une conjonĉture for-

cée, qui pourroit devenir inutile aux Alliés.
Bien d'autres propositions flateuses déterminérent ce Prince ; il convint avec l'Empereur, qu'il ne fourniroit plus à l'Armée
du Roy que la moitié des Troupes qu'il
avoit promis, & qu'il réserveroit les meil-.
leures dans ses Etats, pour en disposer dans
l'occasion en sa faveur. Quoique ce Traité
fût secret, il y avoit trop de personnes qui
s'en mêloient, pour que le Roy n'en fût pas
informé ; cependant Sa Majesté n'en voulut
rien faire connoître ; Elle espéroit que la
supériorité de ses armes en Italie contien-
droit le Duc de Savoye, jusqu'à ce que les
Troupes fussent entrées dans le Tirol, &
que la jonction étant faite avec l'Electeur
de Baviére, l'Empereur se trouveroit forcé
de retirer les siennes d'Italie, pour repasser
les Montagnes, afin de défendre ses propres Etats. Alors le Duc privé de secours,
auroit été contraint de refuser les propositions de l'Empereur; mais on aprit qu'il n'y
avoit plus de tems à perdre ; que ses conventions avec la Cour de Vienne venoient
d'être signées, & qu'il faisoit ses éforts
pour entraîner avec lui quelques Cantons
Suisses, & particuliérement les Grisons.
Que si on différoit davantage, on risquoit

tout, qu'il n'étoit plus tems de penfer à la
jonction du Tirol, & qu'il falloit pourvoir
à la fûreté des pays d'Italie, parce que le
Général Staremberg, qui commandoit
l'Armée Impériale, venoit d'envoyer un
fecours confidérable, pour mettre le Duc
en état de réfifter à l'Armée de France, &
de faire révolter les Religionaires des val-
lées du Pragelas, de Barcelonnette & les
autres qui aboutiffent au Piémont. Que
pour porter la guerre jufques dans le Dau-
phiné, on devoit foulever ceux qui étoient
cachés dans les Sévénes, afin d'augmenter
le trouble dans le Royaume, & caufer de
la diverfion, pendant que les Allemands
entreroient par Alexandrie. Dans un cas
fi preffant, Sa Majefté jugea à propos de
faire arrêter les Troupes de Savoye qui fe
trouvoient dans fon Armée, crainte qu'elles ne tournaffent leurs armes contre Elle
dans la première action qu'on auroit, ce
que les Alliés n'auroient pas manqué d'occafionner. Le Duc de Savoye, par repré-
failles, fit arrêter & défarmer un Détachement des Troupes du Roy, qui paffoit près
de Thurin; & après ces Actes d'hoftilités,
fes intentions étant au jour, ce Prince, fans
autres ménagemens, fit une guerre ouverte

L v

à la France & à l'Espagne. Voilà ce qui arriva dans le tems que l'Electeur faisoit ses efforts pour la jonction du Détachement de l'Armée d'Italie. Nous nous vîmes aussitôt dans la nécessité de faire une retraite précipitée, un retardement de vingt-quatre heures nous exposant à être massacrés par les Peuples du Tirol, qui se révoltérent à la sollicitation de l'Empereur, & à la faveur du nouveau Traité de Savoye. Ils n'auroient pas manqué de nous fermer les passages, la situation du pays leur en offroit tous le moyens, si l'Electeur leur avoit donné le tems d'y travailler.

La Cour de Vienne assurée du Duc de Savoye, voulut profiter de l'avantage des Montagnes du Tirol, & de la disposition des Peuples qui les habitent, pour faire périr l'Electeur & son Armée, dans la retraite qu'il étoit contraint de faire. Pour cet effet elle envoya plusieurs personnes de confiance, qui engagérent tous les Montagnards à prendre les armes contre nous, & à s'oposer à notre passage ; & afin de leur donner plus d'émulation, elle envoya des Grenadiers, qui se joignirent aux Chasseurs du pays. La Chasse est une espéce de Métier dans ces Montagnes ; ceux qui s'en mêlent se dispersérent dans différens cantons, & se mirent à la tête des Paysans. Il ne falloit plus à ces gens-là que le tems de s'atrouper, & de se saisir des passages pour nous faire périr ; mais heureusement l'Electeur avoit été averti. Au premier avis qu'il en eut , il rapella ses Troupes avancées , & leur fit faire des marches précipitées , pour les garantir du malheur qui les menaçoit ; & malgré ses précautions , elles ne laissérent pas de trouver quelques obstacles à surmonter; on en vint à bout à la vérité sans beaucoup de perte , parce que les Peuples n'étoient pas encore ameutés. Il n'auroit pas été possible de se tirer d'affaires , s'ils avoient eû le tems de s'emparer des postes que la Cour de Vienne leur avoit marqués ; la situation du pays est si avantageuse à ceux qui en veulent défendre les passages , qu'avec très-peu de monde, on peut dans certains endroits arrêter une Armée entiére. Toute la force humaine ne sçauroit vaincre les difficultés qui s'y rencontrent ; il n'y a pour tout passage qu'un seul chemin, fruit des travaux immenses des habitans du pays , qui après bien des années sont venus à bout de le construire, dans des chutes & des revers de Montagnes si escarpées, que d'un côté il fe préfente des précipices affreux, & de l'autre des Rochers hériffés & inacceffibles à toutes autres perfonnes qu'aux gens du pays. A l'aide des crampons de fer, dont ils s'arment les genoux & les mains, ils grimpent dans des routes qui ne font connuës que d'eux feuls ; & là ils fe rendent maîtres de la vie des paffans, qu'ils peuvent affommer en faifant rouler des pierres & des rocailles du haut des Montagnes. Outre cet avantage, qui feul fuffifoit pour détruire les Troupes qui fe feroient trouvées dans un pareil chemin, ils pouvoient encore, fans beaucoup de travail, faire des coupures dans le travers du paffage, de diftance en diftance, & renfermer l'Electeur de façon à ne pouvoir fauver un feul homme de fon Armée.

Quoique ces gens-là ne fuffent pas encore en ordre, cependant le bruit du foulévement en attira plufieurs dans les endroits difficiles où nous devions paffer ; ils fe fervirent de leurs avantages, en faifant rouler fur nous quelques pierres qui nous mirent en danger, & nous fûmes contraints de faire grimper des Grenadiers, autant qu'il étoit poffible, pour leur donner la chaffe & les éloigner ; mais de tous les dangers,

perfonne n'en courut un fi grand que l'E-
lecteur. Un Chaffeur s'étoit pofté derriére
une roche, pour le tuer par préférence,
dans le tems qu'il devoit paffer dans un de
ces mauvais chemins pratiqués fur des revers de Montagnes; & Son Alteffe Electorale n'eut le bonheur d'échaper à cet affaffin,
que parce qu'il n'en étoit pas connu. Ce fut
le Comte d'Arcko, mari de la Comteffe
qui mourut il y a quelques années à Paris,
qu'il prit pour l'Electeur; il fut tué pour
lui : voici comment.

Le hazard voulut que l'Electeur ce jour-
là s'habillât fort fimplement, & que fa
Toifon d'Or demeurât cachée fous fa
vefte ; mille pas avant d'arriver vis-à-vis de
l'embufcade, l'envie de caufer avec quelqu'un de fa fuite, le fit marcher plus lente-
ment qu'à l'ordinaire, & le Comte d'Arcko, qui n'étoit point de la converfation,
fe trouva infenfiblement tout feul à précé-
der la Troupe. Deux jeunes Coureurs Ita-
liens, qui marchoient ordinairement devant le cheval de l'Electeur, fe trouvérent
alors devant celui du Comte, qui étoit ce
jour-là vêtu magnifiquement. L'or qui bril-
loit fur fes habits, & ces deux Coureurs en
impoférent à ce fcélérat, qui fi-tôt qu'il le

vit à portée, lui tira son coup de Carabine, chargée avec une balle d'argent, dont il mourut peu de tems après.

Auſſitôt que cet aſſaſſin eut fait ſon coup, il grimpa dans des routes dont on ne s'aperçut pas ſeulement, & alla publier dans le Tirol, qu'il avoit tué l'Electeur de Baviére ; toutes les circonſtances en paroiſſant réelles, les peuples, par l'envie qu'ils en avoient, ſe le perſuadérent facilement, & regardérent ce monſtre comme un Libérateur de la Patrie, & un Héros digne de leur admiration. Au reſte il n'y avoit rien d'étrange dans la conduite des peuples du Tirol ; ce ſont de vrais Ours, qui firent cas d'une action déteſtable, parce qu'elle s'accordoit à la férocité de leurs mœurs. Mais ce qui ſe paſſa enſuite chez des peuples policés, mérite un blâme éternel ; je veux parler de la Cour de Vienne, qui croyant l'Electeur mort, non-ſeulement en aprouva l'aſſaſſinat, mais encore elle récompenſa l'aſſaſſin. Il fut gratifié d'une chaîne d'or, qu'on lui mit en écharpe, à la façon d'un Baudrier, & il fut conduit en triomphe dans toutes les ruës de la Capitale de l'Empire.

La nouvelle de la mort de l'Electeur ſe

répandit dans toute l'Allemagne, & il fallut un tems confidérable pour defabufer les peuples. Ceux du Tirol qui étoient déja en mouvement, en fûrent fi animés, que continuant leurs atroupemens avec plus d'ardeur, ils allérent inveftir les Places de leur Frontiére, & trouvérent moyen de pénétrer dans celle de Rozhem, où ils égorgérent plus de mille Bavarois. Leur cruauté ne fe borna pas là, ils arrêtérent le pauvre Comte Veritas, Brigadier des Armées, mon intime ami, & parfaitement honnête homme, qui commandoit dans cette Place, & l'ayant promené comme une victime dans toutes les ruës de la Ville, ils le firent périr à coups de bâton.

Deux autres Places fe garantirent de leur fureur, au moyen des Châteaux que les Garnifons occupoient, & qui tinrent ferme jufqu'à ce que l'Electeur leur envoyât du fecours. Je fûs de celui qu'on détacha pour Kupftein; les peuples qui avoient inveftie cette Place, étoient renfermés dans des abattis de bois, qui formoient une ligne de circonvalation des plus fortes & des mieux entenduës, & ils gardoient cette ligne avec autant de précautions qu'auroient pû faire les Troupes les mieux réglées. Le

plus ancien Lieutenant-Général de l'Electeur, qui commandoit le secours, me choi-
sit pour les forcer. J'allai aussitôt reconnoître le terrein, & je fis trois différentes
attaques, dont les deux premiéres étoient
fausses, afin d'y attirer les révoltés, & la
troisiéme, qui étoit la véritable, fut em-
portée par des Grenadiers & des Dragons à
pied, que j'eûs la liberté de choisir, & qui
m'avoient à leur tête. Je fis commencer ces
attaques au petit point du jour, pendant
que notre Général faisoit dire la Messe dans
un Village, à un quart de lieuë de nous,
pour implorer le secours Divin ; le terrein
que nous forçâmes étoit plein de grands
bois de Sapins fort élevés & fort épais ; &
une partie de ces peuples ne sçachant où se
sauver de la fureur de nos Troupes, s'avisa
de grimper dans des arbres, pour se cacher
dans l'épaisseur des feuillages toujours
verds & fort épais. Malheureusement pour
eux, un seul ne s'étoit pas bien caché, &
ayant été découvert, c'en fut assez pour que
nos gens allassent chercher d'arbre en arbre
à les dénicher à coups de fusils comme des
Ecureiiils. Si ce spectacle n'avoit pas eû
quelque chose de répugnant à la nature, il
auroit été assez amusant ; en effet, la manié-

re de cuëillir à coups de fufil de gros fruits
qui dégringoloient du fommet des Sapins,
avoit au moins le mérite de la nouveauté.
Il en coûta la vie à plus de huit cent d'entre
eux qui s'étoient perchés, après en avoir
tué un plus grand nombre en pénétrant
dans leur retranchement : & nous délivrâ-
mes notre Garnifon qui manquoit de vivres.

La quatriéme Ville, dont les révoltés du
Tirol s'emparérent, s'apelloit Hechftein ;
elle eut un fort plus favorable que Rozhem.
Le Baron de Heydan, Commandant de la
Garnifon, la rendit par capitulation, ayant
été féduit par de fauffes aparences, & par
la crainte qu'on lui infpira de tous les peuples atroupés qui l'inveftiffoient. Cet Officier, qui étoit brave homme d'ailleurs,
écouta trop les difcours de certains Moines;
ils trouvérent moyen de lui perfuader la
mort de l'Electeur par des circonftances
vraifemblables. Ils lui firent entendre que
les fecrets de la Providence avoient permis
la mort inopinée de ce Prince, par la main
d'un malheureux Chaffeur, afin de redon-
ner la tranquillité à l'Empire d'Allemagne,
où la cruelle guerre qu'il avoit introduite,
les menaçoit de maux inévitables. Ils ajoûtérent que la main du Seigneur s'étoit ape-

fantie fur fa Perfonne pour un plus grand bien ; que l'Armée de France avoit repaffé, & qu'il n'étoit plus queftion d'Ennemis dans le Pays. Ils ne manquérent pas auffi de lui repréfenter le danger où il étoit expofé avec fa Garnifon, s'il s'opofoit au Décret de la Providence ; que non-feulement il ne devoit plus efpérer de fecours temporels, puifqu'il n'avoit plus de Maître ; mais encore que le défaut de vivres qui alloient lui manquer le feroient tomber entre les mains des peuples, qui dans la fureur où ils étoient, n'avoient pas moins réfolu que de l'écorcher vif, s'il attendoit l'extrémité. Enfin qu'il avoit devant les yeux l'exemple du pauvre Comte Veritas, qui auroit fauvé fa vie & celle de fa Garnifon, s'il avoit été affez heureux pour trouver des Médiateurs, & qu'il étoit de la prudence de profiter du tems, pour faire une bonne compofition & fauver la vie à tant d'honnêtes gens. Ces pieux Moines eûrent fi bien le don de perfuader le pauvre Heydan, par leurs difcours pathétiques, qu'il fe laiffa féduire, & capitula pour fe retirer en Baviére avec fa Garnifon.

En fortant de la Place, Heydan conduifit fa Troupe à l'avanture dans la Baviére, comptant n'y trouver que de la défolation à caufe de la mort de l'Electeur ; mais il fut bien furpris de reconnoître en arrivant la faute qu'il venoit de commettre. La facilité qu'il avoit eûë à fe laiffer féduire en fe prê- tant aux difcours des Moines , lui caufa un chagrin des plus cruels. L'Electeur , ayant été informé de fa conduite , lui fit ordon- ner les arrêts , en attendant l'éclairciffe- ment des raifons qui l'avoient obligé de re- mettre fa Place aux révoltés fans faire de ré- fiftance. Dans les informations qui fûrent faites , perfonne ne le chargeoit de l'avoir renduë par une mauvaife intention contre les intérêts de fon Maître ; on voyoit évi- demment que fa faute ne venoit que de trop de crédulité , & que de l'envie qu'il avoit eûë de fauver fa Garnifon des dangers qui la menaçoient. Ainfi , felon toute aparen- ce , la punition qui auroit fuivi fa faute n'au- roit pas été la mort ; car Son Alteffe étoit pleine de clémence , & diftinguoit avec dif- cernement les intentions des Accufés ; mais la malheureufe étoile du Baron d'Heydan le conduifit à l'échafaut par une route ex- traordinaire.

Un des Comtes d'Arcko commandoit pour l'Empereur dans Brizac , lorfque le

Duc de Bourgogne y mit le Siége au mois d'Août 1703. Ce Prince fit ouvrir la Tranchée la nuit du 24. au 25. & il y avoit lieu de croire qu'une Place de cette conséquence & aussi-bien fortifiée, auroit fait une longue résistance ; cependant elle se trouva réduite à capituler le 6. de Septembre suivant. Sa Majesté Impériale, indignée du peu de résistance qu'Elle prétendit que le Comte d'Arcko avoit faite, le fit mettre au Conseil de Guerre, & lui fit trancher la tête. A peine cette nouvelle fut-elle sçüë dans notre Armée, que des esprits violens représentérent à l'Electeur, que l'action d'Heydan étoit aussi criminelle que celle du Comte d'Arcko ; que pour le bien de l'Etat, il devoit comme l'Empereur, un exemple à ses Troupes. L'Electeur, qui ne vouloit pas laisser croire à ses Alliés qu'il molissoit, où les intérêts communs se rencontroient, ordonna un Conseil de Guerre, qui condamna Heydan à avoir la tête tranchée.

Après notre retour du Tirol, le Détachement de Monsieur de Villars fut rejoindre l'Armée en Souabe, où elle fit le Siége d'Ausbourg. Il y eut ensuite une rencontre de cinq mille chevaux de l'Empereur, com-

mandés par M. de Latour, le même qui
avoit quitté le service de l'Electeur après la
Prise d'Hulm; Messieurs de Legasse & du
Heron les attaquérent près de la petite Ville
de Munderkinguent, & les défirent entiérement. L'Electeur, dans la basse Baviére,
Frontiére du Pays de Lints, oposée à celle
de Souabe, fut en personne faire le Siége
de la Ville de Passau & de ses Châteaux,
quoique la saison fût déja un peu avancée,
& malgré la résistance d'une bonne Garnison d'Impériaux, nous nous en rendîmes
maîtres en moins de trois semaines. Après
cette Conquête, qui se fit vers la fin du
mois de Novembre, ce Prince marcha aux
Lignes que les Impériaux avoient cons-
truites sur la Frontiére, les força, & mit
quelque Pays à contribution.

Avant que l'Electeur entreprît le Siége
de Passau, j'eûs l'honneur d'être nommé
Lieutenant-Colonel du Régiment des Déserteurs dont j'ai parlé ci-devant. Il n'y
avoit encore que cinq Compagnies qui firent le service sous mes ordres à ce Siége,
& Son Altesse eut lieu d'en être contente.
M. de Ricous, qui avoit accompagné l'E-
lecteur dans sa course du Tirol, se trouvant
attaqué d'une fiévre opiniâtre, fut con-

traint de se retirer à Munich, pendant le
Siége de Passau. Son absence fut cause d'u-
ne méprise qui lui donna un sensible chagrin ; il auroit pû l'éviter , s'il avoit eû
moins de circonspection ; il ne s'agissoit
que de déclarer à l'Electeur l'intention qu'il
avoit de se réserver le nouveau Régiment ;
mais ce Prince , qui n'en sçavoit rien , le
donna à Boismorel son Ayde de Camp.
Celui-ci étoit auprès de Son Altesse , lorsque la Ville de Passau se rendit ; & profitant de la joye qu'Elle avoit d'avoir soumis
une Place de cette importance , il demanda
le Régiment , & l'obtint , comme je l'expliquerai , après avoir dit par quel sort Boismorel se trouvoit auprès de l'Electeur.

Boismorel fut mis très-jeune dans le Palais de feu Monsieur , Frere unique du Roy ;
on prétend qu'il étoit un des hommes les
mieux faits de son tems , & qu'il avoit une
grace infinie dans sa contenance. Il sçut
s'attacher au service de ce Prince , qui l'ho-
nora de ses bontés & de sa protection , en
lui fournissant les moyens de devenir opulent , s'il avoit sçû en profiter ; mais soit
qu'il aimât trop ses plaisirs , ou qu'il crût
que la fortune ne pouvoit pas lui manquer,
il est certain qu'il ne sçut pas saisir la fortu-

ne, ni modérer une humeur violente qui le dominoit entiérement. Ses emportemens allérent si loin, qu'ils parvinrent à la connoissance du Roy, & par considération pour Monsieur, Sa Majesté voulut bien faire semblant de les ignorer. La France ayant eû le malheur de perdre ce Prince au commencement de Juin de l'année 1701. la situation de Boismorel devint chancelante ; cependant M. le Duc d'Orleans, après la mort de Monsieur, eut encore pour lui de la considération, car le voyant en danger d'être arrêté pour avoir, à ce qu'on a prétendu, tué un Gentilhomme vis-à-vis le Palais Royal ; il l'envoya en Baviére, dans l'Armée qui passa la Souabe, avec des lettres de recommandation pour l'Electeur. Son Altesse ne pouvant avoir que des idées avantageuses d'un homme pour lequel un Prince de la Maison de Bourbon s'intéressoit, le fit son Ayde de Camp, avec Brevet de Lieutenant-Colonel. Boismorel aussitôt parut auprès de l'Electeur avec tous ses agrémens. Il n'étoit point emprunté dans les façons de se conduire auprès des Princes, & il possédoit parfaitement les dehors d'un parfait Courtisan. Enfin il sçut si bien faire sa Cour à

l'Electeur , naturellement rempli de bontés, qu'il s'acquit auprès de lui un accès libre & familier. Il profita de cet avantage,
en lui aprenant que la Garnison de Paſſau
demandoit à capituler ; car voyant la joye
de ce Prince à cette nouvelle ; il le ſuplia
très-humblement de lui accorder le Régiment des Grenadiers François ; l'Electeur
cependant qui n'étoit pas préparé à cette
demande , héſita un peu à répondre , mais
Boiſmorel ne voulant pas lui laiſſer le tems
de réflexion , ſe jetta ſur le champ à ſes genoux , en lui exagérant combien le Duc
d'Orleans ſeroit ſenſible à la grace qu'il lui
demandoit ; il avança même qu'ayant compté ſur ſes bontés , il s'étoit attendu à cette
faveur , depuis qu'il avoit l'honneur d'être
ſon Ayde de Camp ; que tous ſes amis l'en
avoient félicité d'avance , & qu'il ſeroit
deshonoré , ſi Son Alteſſe le refuſoit. L'E-
lecteur qui crut le Duc d'Orleans intéreſſé
à la demande que lui faiſoit Boiſmorel,
dans la bonne humeur où il étoit , lui accorda le Régiment.

Les intérêts de M. de Ricous me tou-
choient ſi ſenſiblement, que je n'apris cette
nouvelle qu'avec douleur ; je ſentois d'ailleurs qu'un Colonel , qui devoit ſervir à la
tête

tête d'un tel Régiment , auroit dû avoir
une expérience confommée , & que Boifmorel n'ayant jamais fervi, ne pouvoit conduire des Déferteurs expérimentés dans
toutes les rufes de la Guerre, & les contenir dans une exacte difcipline. Je connoiffois affez Boifmorel, par le portrait qu'on
m'en avoit fait , pour devoir tout craindre
de fes emportemens ; & dans l'embarras où
me conduifirent mes réflexions , il me prit
un fi grand dégoût , que j'allai réfolument
me préfenter chez l'Electeur , pour lui demander la grace de me difpenfer de fervir
dans ce Régiment , & de m'employer en
tel autre qu'il jugeroit convenable à fon
fervice. Son Alteffe n'étant pas vifible ,
j'allai chez le Maréchal d'Arcko , qui
m'honoroit de fon amitié ; je lui racontai
mon chagrin & mes intentions , & je le
trouvai tout à fait fenfible à ce qui me regardoit. Néanmoins , comme il étoit plus
expérimenté que moi , il me fit entendre
que les Souverains ne font jamais de faute ;
qu'ils font les maîtres abfolus de diftribuer
les graces felon qu'ils le jugent à propos, &
qu'on doit refpecter tout ce qui eft émané
de leurs volontés ; il me dit enfuite que je
ne devois pas m'alarmer de la faveur de

Boifmorel, & qu'il m'exhortoit à continuer mes foins, pour contenir le Régiment
dans la bonne difcipline dont il avoit befoin; il ajoûta que cet Officier ne fçachant
pas le fervice, il feroit enforte que je fuffe
toujours regardé comme le véritable Chef,
& que les ordres ne s'adreffaffent qu'à moi.
Je fûs très-fatisfait de fon avis, & je réfolus
de le fuivre & de laiffer agir le fort. L'Electeur fe retira à Munich, après l'expédition
des Lignes de Lintz, & les Troupes entrérent en quartier d'hyver; notre Régiment fut deftiné pour la Ville de Straubing,
fituée fur les bords du Danube, où je le
conduifis, & Boifmorel accompagna Son
Alteffe à Munich, où il paffa tout l'hyver.

Ce fut pendant cette Campagne que les
Religionaires commencérent à fe foulever
dans les Sévénes, par la manœuvre de
l'Empereur & du Duc de Savoye. Quoique le nombre n'en fût pas confidérable,
l'apui & les promeffes de ces Puiffances les
avoient cependant rendus affez audacieux
pour croire qu'avec le fecours de leurs
Montagnes, ils pourroient faire tête à leur
propre Souverain, ou du moins caufer une
diverfion affez forte pour diminuer les forces de la France. On envoya d'abord quel-

ques Troupes pour les châtier, sous les ordres de Saint Julien, & le Maréchal de
Montrevel lui ayant succédé, les rencontra au nombre de quinze cent, dans un lieu
apellé Pompignan, près de Sainte Hypoli-
te; il les attaqua & les défit entiérement.

Outre la Prise de Brizac, que le Duc de
Bourgogne réduisit le 6. de Septembre, le
Maréchal de Bouflers défit encore le 30.
de Juin de la même Campagne, l'Armée
des Alliés, près d'Anvers en Flandres; elle
étoit commandée par le Baron d'Obdam,
qui perdit plus de quatre mille hommes,
sans les prisonniers.

Le Duc de Vendôme, malgré le changement du Duc de Savoye, ne demeura
pas inutile en Italie; il prit le 13. de Juillet
la Ville de Berfello, & quinze cent hommes qui étoient en garnison dans cette Place fûrent faits prisonniers; il attaqua ensuite
Arcko, & ayant ouvert la Tranchée le 8.
d'Août, le 13. il fut maître de la Ville &
du Château. Après cette expédition, ce
Général eut avis que trois mille chevaux
Allemands marchoient pour aller joindre le
Duc de Savoye, du côté de Plaisance, il
fut leur couper chemin, & les défit entiérement le 26. d'Octobre, près San-Sebastia-
no.

M. de Talard, qui commandoit l'Ar4
mée du Roy en Alsace, entreprit aussi le
Siége de Landau; cette Place est d'une extrême conséquence pour la Frontiére, c'est
pour cela qu'elle est souvent assiégée. La
Tranchée fut ouverte le 16. du mois d'Octobre, & l'Empereur qui en avoit fait la
Conquête l'année précédente, comptoit
que la résistance des Assiégés lui donneroit
le tems de préparer un secours capable de
combattre M. de Talard, ou tout au moins
en état d'y faire entrer un renfort considérable. Mais ayant apris qu'en moins d'un
mois cette Place étoit réduite aux abois,
les Alliés firent marcher un Corps de Troupes avec un peu de précipitation, sous les
ordres du Prince de Hesse-Cassel., qui se
posta en arrivant près de la Ville de Spire.
Il devoit prendre là les mesures nécessaires
pour attaquer les Lignes de circonvalation
des Assiégeans, ou s'emparer de quelque
poste assez avantageux pour interrompre la
continuation du Siége, ou jetter du secours
dans la Place. M. de Talard ayant apris sa
marche, ne jugea pas à propos de le laisser
aprocher de si près, & sans l'attendre, il
sortit de ses Lignes le 15. de Novembre, &
attaqua ce Prince, qu'il défit entiérement,

Les Alliés perdirent près de dix mille hommes, tant tués que prisonniers, & le lendemain la Garnison entra en capitulation.

Milord Marlbouroug fit cependant quelques Conquêtes dans l'Electorat de Cologne; il prit la Ville de Bonne sur le bas Rhin, Place assez considérable par ses Fortifications & par l'ouverture du Pays qu'elle donne; ce fut le 16. de May qu'elle se rendit, après avoir fait une très-belle défense. Il s'empara aussi de la Ville de Linbourg le 27. de Septembre; M. de Raignac y commandoit la Garnison, qui fut faite prisonniére de Guerre. Mais les Conquêtes les plus considérables des Alliés, fûrent d'avoir détaché du parti de la France & de l'Espagne, le Duc de Savoye & le Roy de Portugal, qui l'un & l'autre firent un Traité en faveur de l'Empereur; celui de Portugal fut signé le 16. de May; & l'Espagne se trouva alors dans la nécessité de partager ses forces; dont elle envoya une partie sur les Frontiéres, pour se garantir des invasions qui la menaçoient. Cette nouvelle Guerre donna lieu à l'Empereur de faire proclamer l'Archiduc Roy des Espagnes, sous le nom de Charles III. la cérémonie s'en fit le 12. de Septembre à Vienne, & il fut reconnu par tous fes Alliés.

La perte que nous fîmes en Baviére pendant l'hyver fut d'une autre efpéce ; le Maréchal de Villars abandonna l'Armée de Souabe pour fe retirer en France, & les triftes événemens qui fuivirent fon départ nous firent regretter fon abfence. Feu le Maréchal d'Arcko m'a dit bien des fois, après avoir été chaffés du Pays, que fi M. de Villars ne nous avoit pas abandonnés, nous nous y ferions toujours foutenus. Les mécontentemens que venoit d'avoir ce Général, avoient été précédés par d'autres qu'il avoit eû à Munich au commencement de la Guerre terminée par la Paix de Rifvick ; des intérêts imprévûs fûrent la caufe qu'on ne put pas garder la foi qu'on lui devoit, dans une négociation qu'il faifoit pour le Roy auprès de l'Electeur; & depuis ce tems-là, héfitant de livrer fa confiance, il furvint pour notre malheur de nouveaux motifs qui l'engagérent à quitter le Commandement de l'Armée.

Boifmorel paffa l'hyver à Munich, fans s'embarraffer beaucoup du Régiment, que je tâchai de mettre en régle dans la Ville de Straubing ; il fit la conquête d'une

Beauté, qui par le trop d'attachement qu'il eut pour elle, lui fit manquer une action mémorable, où son Régiment combattit la Campagne d'enfuite. L'aveuglement où il étoit fut d'autant plus grand, que l'objet de fes feux étoit de baffe condition. C'étoit une fille fans jeuneffe, qui avoit obtenu une place de Cuifiniére dans la Réfidence de l'Electeur, où elle fervoit toute l'année avec les Cuifiniers de quartier, pour quelques plats à l'Allemande, où perfonne n'a-trapoit le goût de fon Alteffe comme elle. Elle étoit logée dans la Réfidence, fçavoit un peu parler François, & n'avoit d'autre nom dans le public que celui de la Cuifiniére de l'Electeur. Je ne parlerois pas de cette divinité, fans la liaifon qu'elle a avec la fuite de ces Mémoires.

Pendant que fes feux s'exhaloient auprès de fa Conquête, je formai fa Compagnie, qui fit la fixiéme du Régiment. Elles paffoient toutes le nombre de cent hommes, & formérent un très-beau Bataillon, qui fut établi pour celui des Grenadiers. Nous attendions qu'il nous vînt affez de monde pour former les deux autres Bataillons de Fufiliers, en conformité du Régiment des Gardes de l'Electeur; mais les

malheurs qui nous fuivirent peu de tems
après en Baviére, nous en empêchérent.
Je m'apliquai autant qu'il me fut poffible à
réprimer dans ces Déferteurs un briganda-
ge qui les rendoit infuportables ; ces fortes
de gens, dont le plus fage avoit peut-être
mérité dix fois la corde, avoient tellement
contracté leurs mauvaifes habitudes, qu'il
étoit prefque impoffible d'en venir à bout.
Tant que l'hyver dura, les plaintes des
Bourgeois de Straubing ne difcontinué-
rent point, & les querelles & les combats
qui fe paffoient entre Grenadiers mêmes,
m'occupoient fans relâche. Enfin après
avoir épuifé tous les moyens de leur faire
obferver la difcipline ordinaire, je fûs contraint de demander la permiffion de les faire
paffer par les verges, de mon autorité pri-
vée, fans qu'il fût befoin du Confeil de
Guerre, ce que l'on m'accorda ; & pour
n'être pas en doute des coupables, contre
qui j'étois quelquefois obligé d'exercer de
fi rudes châtimens, je faifois faire la pa-
troüille nuit & jour dans toutes les rues de
la Ville, par de petits Détachemens qui fe
relevoient de fix heures en fix heures ; ils
devoient me répondre des défordres, ou
m'informer de ceux qui les avoient com-

mis, & de cette maniére je mis fin à bien
des malheurs, aufquels les Bourgeois
étoient expofés faute de Cazernes. Cependant l'Art Militaire ne fit pas toujours mon
unique occupation ; la bonne compagnie
que les accidens de la Guerre avoient raf-
femblée dans la Ville, l'avoit renduë une
des plus agréables de l'Empire. Straubing
étoit trop fur la Frontiére pour ne pas avoir
une Garnifon nombreufe ; outre les Troupes qui la compofoient, il fe rencontra
quantité de familles de condition qui
avoient quitté la campagne pour fe retirer
en Ville, afin de n'être pas expofés aux
courfes des Huffarts. Un nombre de jeunes
Demoifelles, qui généralement font très-
belles en ce pays-là, fe trouvoit parmi nous ;
jamais elles n'avoient vû tant de beau monde à la fois, & elles étoient ravies de voir
les Officiers attentifs à leur rendre des foins.
Infenfiblement l'amour affembla les plaifirs, & pour les rendre durables nous trouvâmes moyen de former entre Officiers
une fociété à frais communs ; les Bals & les
feftins ne fùrent pas épargnés pendant tout
le Carnaval ; & je remarquai que les mœurs
étoient fi douces & fi agréables chez le
fexe, que l'envie, les foupçons, la médi-

M v

fance, ni aucunes tracafferies ne troublérent notre union. La cérémonie des rangs & des qualités en étoit entiérement banie, & dans ces tranquilles plaifirs, notre quartier d'hyver s'écoula avec tant de rapidité, que nous nous trouvâmes au moment de rentrer en Campagne fans nous en apercevoir.

J'étois affez heureux pour avoir en partage, la fille du Baron de * * * Demoifelle très-jolie, & qui parloit bien François, ce qui eft une marque d'une éducation diftinguée dans ce pays-là. Nous avions plus d'avantage que les autres, en ce que nous pouvions fans contrainte nous entretenir en compagnie des chofes qui nous faifoient le plus de plaifir, parce qu'elle étoit la feule de la fociété qui poffédoit cette Langue. Cependant au milieu de tant de plaifirs, je reffentois un véritable regret de l'infidélité que je me difpofois à faire à ma Souveraine de l'hyver précédent. Les tendres repréfentations que je me faifois de toutes les bontés qu'elle avoit eû pour moi, me rapelloient fi fincérement à elle, que j'avois peine à me pardonner l'action que j'allois commettre. Pour m'étourdir fur les regrets que ces réflexions me caufoient, je réfolus de ne regarder cette société que comme un amusement qui n'enleveroit rien à la Comtesse ; mais que les occasions présentes ont de pouvoir sur nos sens ! ce que je croyois n'être qu'un jeu dans les commencemens, devint si sérieux dans la suite, qu'après le premier scrupule vaincu, je suivis l'agréable torrent qui m'entraînoit, & j'oubliai dans mes plaisirs ce que je devois à ma Souveraine.

La Comtesse cependant qui avoit attendu avec impatience la fin de cette Campagne pour me revoir à ses pieds, n'eut pas plutôt apris le lieu de mon quartier d'hyver, qu'elle eut des pressentimens de ce qui devoit arriver ; elle connoissoit la réputation de Straubing pour les plaisirs ; & voyant peu d'aparence à me revoir, à cause de l'éloignement & du peu de sûreté qu'il y avoit sur les routes, par raport aux Hussarts des Impériaux qui battoient la campagne, elle prit le parti de m'écrire par un exprès. Et pour me faire voir combien elle chérissoit tout ce qui avoit quelque raport à moi, elle fit l'éfort de traduire sa lettre dans le peu de François qu'elle sçavoit. Je l'ai gardée pour la singularité des expressions. En voici la copie.

M vj

Lettre de la Comtesse de ***

Ly fiens d'aprentre avec in crant chacrine-
ment, mon cher Moncir, comme fous l'y être
en quarnison dans in crant éloignement de moi ;
ah, que fty fort être crantement contraire à
mon fouloir ! car j'afer touchours efpéré qu'a-
près ly Campagne faite, fous fenir foir fotre
cher Comtesse, que ly être touchours ly même
pour fous ; mais ly efpére que fi fous n'être
pas feni encore, que fous ly fiender pientôt...
Ah, pourquoi fty moment n'y être pas feni !
puifque ly être d'in crant contentement de
moy ; & fi ne fenir pientôt, que fous ly foufien-
der à fous compien ly premetre que l'aimer
touchours à moi pocoup pien crantement. Ly
craintre pien, mon cher Moncir, que dans fty
petite File fous ly troufer des Dames qui fai-
rons faire l'infidélité à moi ; non, non, mon cher
quer, fous l'y être trop honnête homme pour ly
faire chamais l'oubliance des belles promesses
que fous ly afoir fait à moi fi tentrement. Ah !
quant me foufenir que fous ly dire, mon cher
Comtesse, moi ly aimer fous plis que tout ly mon-
de, & ny chanchir chamais pour in autre, quant
ly ferir plis belle que ly chour, ly aver in crante
joyeufeté, parce que fous ly promettre & fous ly
tinir fotre parolle. Adieu, mon cher quer, n'é-

tentir point stys petits Dames de sotre quartir, mais senir promptement soir moi, que ly atten-dre à sous afec in crant impatiemment.

Cette Lettre, toute risible qu'elle est, me toucha néanmoins très-sensiblement; je concevois la torture que cette Dame s'étoit donnée pour m'écrire en François ; elle comptoit que cela me feroit plus de plaisir , & je n'examinois que ses sentimens, dont je lui sçavois un gré infini. S'il m'avoit été possible de surmonter les dangers qu'il y avoit à traverser les Campagnes, je serois parti sur le champ pour la voir; mais il n'y avoit pas moyen, il fallut me contenter d'une réponse des plus soumises & des plus consolantes, que je lui envoyai. Les charmes de la Comtesse revinrent occuper mon imagination , & interrompre en quelque façon la réalité des plaisirs de notre nouvelle société ; mais le tems & les occasions qui se présentoient journellement , rétablirent tout en faveur de ma nouvelle Conquête.

J'avois cependant mes Grenadiers, qui de tems en tems me donnoient lieu d'exercer sur eux des châtimens sévéres ; je n'en venois là pourtant qu'après avoir épuisé toutes mes précautions contre leurs artifices & leurs rapines. Malgré toute la rigueur que j'étois contraint de leur faire éprouver, je ne m'attirai point leur averfion; j'accompagnois les châtimens de remontrances à leur portée, pour tâcher à les faire revenir de leurs mauvaifes habitudes, fans me mettre dans la néceffité de les tourmenter. Ces efprits, tout féroces qu'ils étoient, ne laiffoient pas d'en être quelquefois touchés, & de diftinguer que leur devoir & le mien me faifoient uniquement agir, & que le tempérament ou le caprice n'y avoit aucune part. Ils paroiffoient bien aifes de m'avoir pour leur Commandant. Une action qui s'étoit paffée pendant le Siége de Paffau, les avoit prévenus en ma faveur, & une feconde qui furvint pendant le quartier d'hyver, augmenta la bonne opinion qu'ils avoient de moi. Les Soldats aguerris par l'expérience, ne reconnoiffent ni périls ni dangers, & diftinguent mieux que d'autres le caractére & la valeur de leurs Officiers.

Cette feconde action fe paffa vers le commencement de Mars de l'année 1704. Pendant que nous étions dans le Tirol, les Impériaux s'étoient rendus maîtres de deux petites Villes dans le haut Palatinat de Baviére, diftantes d'environ dix à douze lieuës de notre Garnifon, de l'autre côté du Danube. Ces deux Places fournissoient à leurs Hussarts la commodité de faire des courses dans la campagne, presque jusqu'aux portes de Straubing, & d'enlever aux Paysans Bavarois leurs effets & leurs Bestiaux. Ces pauvres gens venoient la plûpart se mettre à l'abri de notre Garnison, & tous les jours c'étoient de nouveaux cris & de nouvelles plaintes, ausquelles il n'étoit guéres possible d'aporter de reméde. Les Hussards sont à proprement parler des bandits à cheval, qui n'ont rien de réglé dans leur maniére de faire la Guerre ; on ne peut les combattre de pied ferme ; car quoiqu'ils soient en troupe en les attaquant, un moment après ils sont tous épars, & s'en vont à courfe de cheval : & dans le tems qu'on les croit dissipés & en déroute, on les voit reparoître comme auparavant. Ils n'ont point de lieu fixe sur les Frontiéres, parce qu'ils sont toujours en courfe ; & quelques précautions qu'on voulût prendre contr'eux, il seroit du tout impossible de leur faire une véritable guerre & de les chasser, si ce n'étoit en quelque occasion extraordinaire, comme celle qui se présenta.

M. de Volframstorf commandoit la Gar-

nifon de Straubing ; il étoit fenfiblement
touché du malheur des peuples, & auroit
fouhaité de tout fon cœur pouvoir y aporter du reméde ; mais il ne fçavoit qu'imaginer. Un jour que nous étions à parler fur
les ravages que faifoient les Huffarts , il
me dit qu'il ne voyoit point de Troupes
plus propres à arrêter leurs courfes que mes
Grenadiers ; qu'ils étoient aguerris & plus
rufés qu'eux ; que fi je voulois me charger
de la commiffion , il étoit perfuadé que j'en
viendrois à bout , ou que du moins je les
empêcherois de paroître fi librement dans
le pays, & qu'ils tourneroient leurs pas ailleurs. Il ajoûta que fi je l'acceptois, il me
laifferoit carte blanche pour agir à ma volonté , & prendre tout le monde que je jugerois à propos. Je ne balançai pas un moment à accepter la propofition ; je me fentois une véritable ardeur de courir & de
donner la chaffe à ces bandits ; je demandai
feulement pour l'exécution de l'affaire ,
deux Efcadrons de Cavalerie, que je joignis à trois cent de mes Grenadiers ; & fur
ce qu'on me dit qu'il en avoit paru une
groffe troupe près d'une petite Ville apellée
Hockemberg , à deux grandes lieuës de
Straubing , je fis paffer le Danube à mon

Détachement , & pris ma route droit à cette Ville. Comme les habitans étoient eux-
mêmes intéreſſés à la guerre que j'allois faire , j'envoyai une perſonne affidée donner
avis de ma marche aux Magiſtrats , afin
qu'ils envoyaſſent au-devant de moi quelqu'un capable de m'inſtruire du lieu où
étoient les Huſſarts , & de répondre à toutes les queſtions que je ferois à ce ſujet. Un
des Magiſtrats vint lui-même m'informer
de ce que je ſouhaitois ; & après m'avoir
amplement exagéré tous les ravages faits
aux environs de la Ville , il me dit qu'il ne
ſçavoit point poſitivement en quel endroit
je pourrois les rencontrer ; mais qu'il venoit
d'arriver un payſan à cheval , qui avoit
couché la nuit précédente dans un gros
Village où il y en avoit cinq ou ſix cent qui
s'étoient retirés la même nuit , avec pluſieurs chariots chargés de butin. Je ſçûs
que ce Village n'étoit éloigné que d'une
lieuë de Kamp , qui étoit une des deux Places dont les Impériaux s'étoient emparés ,
& que ſous le canon de cette Ville les Huſſarts croyoient être en ſûreté avec leur butin. Sur cet avis je fis entrer mon Détachement dans Hockemberg , ſous prétexte de
le faire rafraîchir ſans dire mon deſſein à

perfonne; je fis femblant de m'être trop
amufé, & je dis, après certaine heure paffée, qu'il étoit trop tard pour m'en retourner à Straubing, que je pafferois la nuit dans
la Ville, & je fis ordonner des écuries &
des logemens. Je pris ces précautions pour
empêcher quelque mal intentionné de donner avis de ma marche, & de faire avorter
mes deffeins; enfuite, fans rien affecter, je
m'informai au payfan de la fituation du Village où il avoit laiffé les Huffarts, des précautions qu'ils prenoient pour fe garder
pendant la nuit, de la longueur & de la difficulté du chemin qui y conduifoit, &
m'ayant rendu raifon fur tout, je trouvai
que le plus difficile étoit huit bonnes lieuës
qu'il y avoit à faire depuis la Ville où j'é-
tois, jufqu'à ce Village. Une femblable
traite pour de l'Infanterie étoit un peu rude, il falloit cependant la faire dans une
nuit, fi je voulois les furprendre: la forte
envie que j'en avois me fit paffer fur les
confidérations, & j'entrepris de les aller
chercher.

Quand la nuit arriva, je fis confidence
au Capitaine qui commandoit les deux Efcadrons, du deffein que j'avois d'aller furprendre les Huffarts; je lui dis, en peu de

mots , comment je voulois m'y prendre ,
& je le priai de faire monter à cheval un
Cavalier , fur lequel il pût fe repofer , qui
feroit femblant de venir de la part du Commandant de Straubing , m'aporter un ordre
de me retirer dans la Garnifon ; le Cavalier
exécuta fa commiffion comme je le fouhaitois ; à cet ordre fupofé je fis monter mes
deux Efcadrons à cheval , & me mis en
marche avec le Détachement , mon payfan
toujours auprès de moi , parce que j'avois
befoin de lui pour me fervir de guide. Mais
quand je fûs hors des portes de la Ville , au
lieu de prendre la route de Straubing , je
pris celle du Village où étoient les Huffarts ;
le clair de lune qu'il fit prefque toute la nuit
nous fut d'un grand fecours ; & afin que
mes gens à pied ne trouvaffent pas la route
fi ennuyeufe , je me mis à caufer avec eux.
Je leur vantai le grand butin qu'ils alloient faire dans le lieu où je les conduifois ;
je leurs faifois entendre que j'avois pris de
fi juftes mefures que rien ne nous échape-
roit ; & comme l'apas du gain donne des
forces , perfonne ne fe trouva affez fatigué
pour traîner derriére la Troupe.

Lorfque nous fûmes arrivés à un quart
de lieuë du Village , mon guide m'avertit

qu'à cent pas à côté du chemin, étoit un petit Moulin, dont le Meûnier pourroit me donner des nouvelles certaines des Huſſarts; je l'envoyai chercher auſſitôt à petit bruit. Il m'aſſura n'avoir quitté le Village qu'à neuf heures du ſoir, & que les Huſſarts y étoient fort tranquilles, ne faiſant ni guet ni garde; qu'ils étoient en grand nombre, & que toutes les granges étoient pleines de leurs chevaux; il me dit enſuite, en répondant aux queſtions que je lui faiſois, que du côté où nous devions arriver, étoit une plaine, mais que de l'autre côté il y avoit un rocher preſque inacceſſible, où l'on ne pouvoit poſter de Troupes, ni ſe ſauver ſi l'on étoit pourſuivi; qu'une large ruë ſeule perçoit le Village d'un bout à l'autre, & que dans le milieu étoit une petite Place devant la porte de l'Egliſe, avec un Cimetiére où l'on pouvoit mettre du monde. Ce Meûnier, qui étoit bon Bavarois, ſe joignit de bonne volonté à mon guide, pour me montrer tous ces endroits, & les principales maiſons du Village.

Lorſque je fûs arrivé dans la petite plaine, je rangeai ma Troupe en bataille, le plus doucement qu'il me fut poſſible, & prenant avec moi les Officiers des Grena-

diers & mes deux guides, nous allâmes à
pas de loup parcourir le Village, & remarquer tous les postes que mon Infanterie devoit occuper. Quand j'eûs fait toutes mes
observations, & reconnu chaque poste, je
fis la distribution de mes Grenadiers, & les
plaçai sans bruit, en leur donnant mes ordres avec le plus de précision qu'il étoit
possible. L'intérieur du Village étant garni de mon Infanterie, je fis avancer les
deux Escadrons à pas comptés, & leur en
fis occuper les dehors aux deux embouchu-
res, après en avoir détaché de petites troupes pour jetter sur les flancs, afin qu'il ne
pût échaper personne. Toute cette manœuvre se fit avec tant de promptitude, que
mes gens se trouvérent placés avant le jour,
& comme il n'y avoit pas long-tems à attendre pour le voir paroître, ils ne langui-
rent pas dans leurs postes. Aussitôt qu'on
put distinguer les objets, je pris avec moi
une petite escorte & mes deux paysans, &
m'en allai tout doucement à la porte du
principal Commandant ; je fis apeller l'hôte
du Logis par son nom, comme si quelqu'un de ses voisins avoit eû besoin de lui
parler ; il ouvrit sa porte, & lui ayant ordonné de nous montrer sans bruit la cham-

bre de son Officier , sous peine d'être poi-
gnardé , j'allai à son lit le prier de se lever,
& le fis conduire au poste du Cimetiére.
Après m'être saisi de celui-là , nous allâmes
chez quatre autres, à qui nous fîmes à peu
près le même compliment : & comme
le jour alloit paroître , quelqu'un ayant
aperçu mes Grenadiers habillés de rouge,
répandit l'allarme dans le Village. Alors les
Hussarts épouvantés , sautoient en place,
nuds en chemise , les uns pour aller chez
leurs Commandans , les uns pour gagner
les écuries , afin de se sauver à cheval ; mais
à mesure que ces honnêtes gens sortoient
de leurs logemens , ils étoient salués à
grands coups de fusil par mes pelotons de
Grenadiers ; & ceux qui croyoient trouver
leur salut en s'échapant dans les champs par
derriére les maisons , rencontroient notre
Cavalerie qui les recevoit à coups de pistolet & de sabre ; de sorte qu'il en fut tué plus
de quatre cent ; & le reste voyant sa perte
assurée , se cacha dans des greniers , dans
des bûchers , sous des lits & par-tout où il
put. Quand tout fut calme , je fis apeller les
habitans ; je leur ordonnai de déclarer tous
les Hussarts qui étoient cachés dans leurs
maisons , avec menaces de mettre le feu

aux quatre coins du Village, fi j'en trouvois encore après leurs déclarations faites;
nous ne fûmes pas long-tems à en trouver
cent quarante, que je fis prifonniers.

Ma Victoire fut complette, fans avoir
perdu un feul homme, & j'eûs la fatisfaction d'avoir tenu ma parole, fur le butin
que j'avois fait efpérer à mes gens, car ils
en firent un très-confidérable, dont je ne
voulus rien par préférence : je fis tout ven-
dre à l'enchére, & j'en diftribuai le produit à chacun felon fon rang. Nous revînmes
à notre Garnifon avec chariots, chevaux & prifonniers à notre fuite ; les peuples de Straubing & des environs accoururent pour voir leurs ennemis vaincus, & en
témoigner leur joye. Mais perfonne n'en
marqua davantage que la fille du Baron
de * * * ; elle regardoit les aplaudiffemens
qu'on me donnoit, comme les partageant
avec moi , & elle crut être l'héroïne du
combat. Les autres Dames de la fociété lui
en firent compliment; enfin jamais perfonne n'a été plus contente qu'elle le fut; & fa
tendreffe pour moi en redoubla tellement,
que j'avois tout lieu de croire qu'elle feroit
au défefpoir lorfque le tems de nous féparer
aprocheroit. Tandis que nos Bavarois &

moi faifions de l'amour nos plus belles occupations , les Officiers. de l'Armée de
France , qui n'avoient pas les mêmes avantages dans leurs quartiers de Souabe , pour
éviter l'oifiveté , fûrent obligés d'avoir recours à des contributions , qu'ils établirent,
en s'amufant , fur leurs hôtes & fur leurs
quartiers , & fe chargérent avec bonté du
foin de garder les tréfors que les peuples
avoient trop de peine à conferver depuis
plufieurs années. On prétendit que chaque
Lieutenant-Général fe rendit dépofitaire de
plus de cinquante mille écus, & les autres
Officiers à proportion ; ainfi ces Meffieurs
fortirent de leurs quartiers d'hyver avec
beaucoup d'efpéces, & les Bavarois avec
beaucoup de tendreffe. Il y avoit encore
cette différence entr'eux , que les Bavarois
laifférent en partant les objets de leur
amour, & que les François eûrent foin de
les emmener. On a même dit que ces derniers, ne trouvant pas leurs conquêtes en
fûreté en Allemagne, n'afpiroient plus qu'à
un prompt retour en France.

CAMPAGNE

CAMPAGNE

De mil sept cent quatre.

L'Ouverture de la Campagne de 1704. donna tréve à l'amour ; & comme la Guerre devoit être en Souabe, dont nous étions très-éloignés, il fallut partir pour le rendez-vous de l'Armée, plus de trois semaines avant ceux qui en étoient voisins. L'ordre nous arriva à contre-tems pour mes amours ; celle qui en étoit l'objet ne le croyant pas si proche, avoit fait un voyage avec sa famille, dans une Ville qu'on appelle Landzuht ; ce fut en son absence que je le reçûs, & ne pouvant me résoudre à partir sans la voir, je laissai la conduite du Régiment à Messieurs de la Bastide, & je pris la route de Landzuht. Ma Maitresse ayant apris par le Courier que nous devions partir bientôt, eut pour moi la même envie que j'avois pour elle, & ne prévoyant pas que je dusse aller la chercher, elle se détermina à prendre le chemin de Straubing, accompagnée d'une femme

Tome I.   N

de chambre, qu'elle mit avec elle dans
son carosse; il arriva malheureusement que
le chemin des voitures n'étoit pas le même
que celui des gens à cheval, & que la Demoiselle passa par l'un & moi par l'autre.
Nous fûmes étrangement surpris l'un &
l'autre, de ne pas nous trouver, la Demoiselle surtout ne voyant plus notre Régiment dans Straubing, ni personne qui
pût lui aprendre la route que j'avois prise,
fut dans une affliction si grande, qu'elle se
mit à crier comme une femme de Village
dont on enterre le mari. Ses amies, qui ne
sçavoient pas son accident, accoururent à
son secours, & ayant apris le sujet de ses
chagrins, qu'elle leur dépeignit dans les
termes les plus touchans, chacune s'em-
pressa de la consoler. Cependant elle repar-
tit le lendemain pour retourner à Landzuht, ne comptant plus me revoir; mais
sur ce que sa mere m'avoit dit, je me remis
aussi en chemin pour l'aller joindre à Straubing, bien résolu de ne pas m'écarter de la
route, crainte d'une seconde méprise. J'eûs
enfin le bonheur de la rencontrer & d'es-
suyer ses larmes. Le plaisir de nous retrouver nous fit oublier les maux passés, & nous
n'eûmes plus tant d'empressément d'arri-

ver à Landzuht. Je la remenai cependant à
fa famille, où après avoir démeuré le tems
que je m'étois propofé, & nous être fait
mille proteftations de nous aimer éternel-
lement, je pris congé d'elle & j'allai joindre ma troupe.

Pendant mon abfence, nos Officiers &
les Grenadiers, voulant profiter du tems,
avoient impofé de petites contributions
dans prefque tous les Villages où ils
avoient logé; j'en fûs averti en arrivant; &
comme c'étoit dans les propres Etats 'de
l'Electeur, où ces exactions avoient été
commifes, après d'exactes recherches, je
fis tout reftituer, avec punition aux uns;
& de très-févéres réprimandes aux autres.

Nous joignîmes l'Armée près d'Hulm;
elle fe mettoit en Campagne avant la faifon.
Je fûs furpris de trouver déja l'Electeur en
mouvement: Boifmorel l'avoit fuivi, &
joignit le Régiment. Je croyois qu'il s'agiffoit de quelqu'entreprife, où il falloit prévenir les Ennemis; mais j'apris que les raifons de ce mouvement étoient, que les Régimens de l'Armée de France, paffée en
Baviére, n'avoient pas pû faire de recrues,
à caufe de la difficulté des paffages, & que
pour y fupléer, la Cour avoit fait lever des

N ij

Milices dans diverſes Provinces du Royaume, au nombre de quatorze mille hommes, auſquels on avóit joint de jeunes gens
de famille, pour remplacer les Sous-Lieute-
nances vacantes. On les avoit envoyées ſur
la Frontiére d'Alzace, pour nous joindre,
& comme ils ne pouvoient paſſer ſans le ſecours de notre Armée, on nous faiſoit entrer en Campagne de bonne heure, pour
les aller recevoir juſqu'au débouché des
Montagnes noires, avant que les Ennemis
euſſent pris des précautions contraires à
nos deſſeins. Cependant la marche que
nous fîmes pour aller ſur les Frontiéres,
leur donna des ſoupçons, & les fit mettre
en mouvément. Le Prince Louis de Bade,
qui commandoit l'Armée Impériale, eut
le tems de nous ſuivre, & de ſe camper
aſſez près de nous la derniére journée que
nous fîmes. A peine ces Recruës nous eû-
rent-elles jointes, que nous vîmes paroître
ſur des hauteurs de la route que nous devions prendre, pluſieurs Eſcadrons qui venoient reconnoître notre Camp. Nous
commençâmes à craindre que notre retour
ne fût pas tout-à-fait facile ; en effet, ce
Prince, en nous obſervant, eut ſoin de
s'emparer des défilés où notre Armée de-

voit repasser ; & comme le pays est entrecoupé de bois & de hauteurs , l'Electeur
& le Maréchal de Marcin qui commandoient l'Armée depuis que M. de Villars
nous avoit quittés, se trouvérent assez em-
barassés sur le parti qu'ils avoient à prendre.
Ils n'étoient point en situation d'attaquer
les Impériaux , à cause des défilés qui sépa-
roient les deux Armées ; nous ne pouvions
pas non plus temporiser , parce que le pain
qu'on nous envoyoit de la Ville d'Hulm ,
alloit manquer, & que nous n'en pouvions
tirer d'ailleurs ; enfin dans cette extrémité
on n'eut point de meilleur parti à prendre ,
que celui de décamper pendant l'obscurité
de la nuit , avec le moins de bruit qu'il fut
possible. Nous prîmes par les Terres des
Suisses du Canton de Basle , qui n'étoit que
très-peu éloigné de la gauche de notre Armée ; dans toute autre occasion nous n'aurions jamais osé entreprendre d'y passer des
Troupes, mais la nécessité nous y contraignit. Les Ennemis ne soupçonnérent rien
de la route que nous prîmes , & nous fîmes
pendant toute la nuit une marche forcée,
pour gagner un passage à huit grandes lieuës
de notre Camp ; ce passage étoit pratiqué
entre deux grands Rochers , sur la croupe

d'une Montagne qui a plus de huit cent pas
de défilé à ne pouvoir paffer que fix hommes de front. Le Prince de Bade n'avoit
donc garde de croire que nous ofaffions
paffer avec une Armée dans un pays apartenant aux Suiffes; pour peu qu'il l'eût cru,
& qu'il nous eût obfervés, il lui auroit été
facile de nous fermer ce paffage, & de nous
ôter toutes reffources. Le Lac de Conf-
tance, qui fe trouvoit derriére nous en prenant cette route, nous formoit un obftacle
nouveau, & nous ôtoit tous les moyens de
nous fauver, fi le paffage que nous allions
chercher fi loin n'avoit pas été libre. Dans
l'apréhenfion où nous étions que les Ennemis n'apriffent notre marche, & ne s'opo-
faffent au paffage du défilé, nos Généraux
pafférent d'affez mauvais momens; il fembloit que ce mauvais commencement nous
préfageoit les malheurs qui nous arrivérent
dans la fuite; car pendant toute la Campagne nous ne fûmes plus occupés qu'à chercher les moyens de nous garantir des entreprifes des Ennemis.

· Nous marchâmes fans difcontinuer toute la nuit dans ce pays de traverfe, & nous
nous trouvâmes le lendemain, fur les neuf
heures du matin, à la vûë de la Montagne

où étoit le défilé ; des Coureurs, que l'E-
lecteur avoit laissés pour observer quels
mouvemens feroit le Prince de Bade, vinrent lui raporter que ce Général n'avoit
apris notre marche qu'un peu tard, & que
tout aussitôt il avoit décampé pour venir
s'opofer à notre passage ; qu'il marchoit en
diligence, & que malgré l'avance que notre Armée avoit sur la fienne, il étoit cependant de toute nécessité de le prévenir. A
cette nouvelle on fit quitter l'arriére-garde à
notre Régiment ; il y étoit resté toute la
nuit, comme dans le poste le plus dangereux, & on le fit marcher à la tête de toutes
les Troupes, afin qu'il fît les premiers
éforts pour se faire passage à travers des Ennemis, fupofé qu'il y en eût à l'embouchûre du défilé. Je compris alors que ce Régiment feroit souvent expofé aux premiers
coups, & qu'on lui feroit commencer les
aproches dans toutes les occafions périlleufes ; puifqu'on le traduifoit fi fubitement
d'un poste dangereux dans un autre qui l'é-
toit encore davantage, avec la préférence
de marcher devant les premiers Régimens
de France. L'Officier Général qui nous
aporta l'ordre, l'accompagna des complimens du monde les plus gracieux, & nous

fit valoir la confiance qu'on avoit en notre valeur, puisqu'on nous donnoit la tête de toute la colonne. Je le remerciai de la préférence, sans vouloir lui faire connoître que je comprenois tout comme lui que c'étoit celle des premiers coups, sans aucune préséance. Les Grenadiers profitérent de l'occasion pour demander le pain qui étoit à notre arriére-garde; il étoit déja fort rare, & le besoin qu'on crut avoir de leur service, engagea le Général à ordonner de renverser quelques Caissons pour eux; ils s'en chargérent sans compte, & ils en tirérent bon parti les jours suivans, car ils le vendirent fort cher. Je ne pouvois comprendre, au nombre des pains que je leur vis mettre dans leurs avresacs, comment ils pouvoient résister à la charge, dans la marche rapide que nous fîmes pour gagner la tête de la colonne; car outre leurs hardes, leur armement étoit composé de fusil, bayonnette, gros sabre, grenadiére, pistolet en bandouliére & d'une hache; & ils avoient eû la marche d'une nuit entiére, qui devoit seule les accabler. Cependant, malgré tout cet attirail, nous eûmes gagné en peu de tems la tête de toute l'Infanterie; ces Déserteurs avoient cela de merveilleux, ils se préfentoient de la meilleure grace du monde dans les occafions périlleufes. Nous parvînmes enfin à l'entrée du défilé, qui étoit bordé à droit & à gauche par de grands Rochers, toujours en doute fi la fortie n'étoit pas déja occupée par quelque Troupe des Ennemis, pour nous en difputer le débouché, en attendant l'arrivée de leur Armée. Dans cette incertitude nous marchions les armes préfentées, bayonnette au bout du fufil, & nous fûmes affez heureux de déboucher fans rencontrer perfonne. Néanmoins, comme il fe pouvoit bien que les Impériaux arrivaffent avant que nous euffions beaucoup de Régimens paffés, à proportion que nos Troupes débouchoient, nous nous formions en Bataille, pour couvrir le paffage, & faire tête aux Troupes qui auroient pû nous attaquer. Le tems de faire défiler toute l'Armée & les bagages, nous tint en Bataille jufqu'au lendemain au foir ; enfin nous fortîmes de ce mauvais pas, où l'arrivée des Milices nous avoit engagés, & peu de perfonnes fûrent dans la confidence du danger où nous avions été expofés.

Le Prince Louis de Bade étoit cependant arrivé, mais trop tard pour nous atta-

quer ; & voyant son coup manqué , il fut
camper à une demie lieuë de nous , dans
un terrein entrecoupé de bois & de ravines,
qui divisoient son Camp. Nous séjournâ-
mes après que toute notre Armée eut passé,
afin de la laisser un peu reposer, & pendant
ce tems-là nos Généraux fûrent reconnoître le Camp des Ennemis ; qu'ils trouvérent assez mal établi. Le Maréchal d'Arcko , qui s'attacha avec soin à les observer,
proposa de les attaquer , & fit voir tous les
avantages que nous pouvions tirer de la supériorité de notre Armée , & du mauvais
poste qu'ils avoient choisi. En effet , l'occasion étoit favorable, & tout se présentoit
à merveille pour les accabler de nos Troupes. Ce Général remontroit que les Impériaux n'ayant pas encore reçû le secours
qu'ils attendoient des Alliés, on ne devoit
pas différer de les combattre ; qu'il ne seroit
plus tems d'y penser quand l'Armée du
Duc de Marlbouroug les auroit joints ,
comme le bruit en couroit ; & que si on n'o-
soit pas les attaquer dans le cas présent, on
l'oseroit encore moins lorsqu'ils auroient
reçu des renforts. Mais son avis , tout bon
qu'il étoit, ne fut point écouté. On répondoit que l'Armée manquoit de pain ; que

les Recruës n'étoient encore ni diſtribuées
ni armées ; que bien loin de nous être de
quelque utilité , elles nous feroient à charge ; qu'à l'égard du ſecours que les Impériaux pouvoient eſpérer , il n'étoit pas prêt
à joindre , parce que l'Armée de France ,
qui l'obſervoit , lui donneroit aſſez d'occupation ſur la Frontiére , ſans qu'il pût ſonger à ſe tranſporter plus loin ; que notre Armée étant deſtinée pour faire le Siége im-
portant de Neuremberg , il y auroit de la
témérité de hazarder une Bataille , qui feroit avorter nos deſſeins , ſi elle ne réuſſiſ-
ſoit pas ; & qu'il étoit plus prudent de ſe retirer. Mais les événemens ne juſtifiérent
que trop l'opinion du Maréchal d'Arcko ;
elle étoit juſte & bien conçûë , & l'on auroit rendu de grands ſervices à l'Etat ſi on
l'avoit ſuivie. Il eſt certain que ce Général ,
qui n'avoit pas l'eſprit brillant dans la con-
verſation , avoit un talent merveilleux pour
les faits de la Guerre. Quelques Critiques
dirent que les bons quartiers d'hyver qu'on
avoit eû , avoient empêché la Bataille ;
parce que pluſieurs Officiers Généraux ne
s'étant jamais vûs ſi riches , la vie & leurs
tréſors leur étoient devenus trop chers pour
les expoſer aux hazards. On en exceptoit

cependant le Maréchal de Marcin , car outre que ce Général n'avoit pas fait en Souabe un affez long féjour pour y théfaurifer ,
c'eft qu'il étoit fi peu intéreffé , qu'à peine
connoiffoit-il la valeur des efpéces.

Notre Armée fe détermina à prendre fa
route fur la Ville d'Hulm ; elle avoit cependant encore à paffer un demi défilé , qui
aprochoit du flanc des Ennemis ; mais il
n'étoit pas d'un accès fort difficile , & ne
pouvoit nous donner d'apréhenfions. Cependant le Prince de Bade , ne voulant pas
perdre ce petit avantage , fit conftruire une
batterie de canon , qui pendant que nous
paffions tira de fi loin fur nous , qu'elle ne
nous fit que très-peu de dommage. Après
avoir paffé ce dernier défilé , nous entrâmes dans une plaine affez étenduë , qui
nous facilita le lendemain l'heureufe rencontre des Caiffons qui venoient d'Hulm ;
ils étoient chargés de pain pour notre Armée , qui en avoit grand befoin. Notre Régiment feul ne fouffrit pas de la faim ; au
contraire , il avoit fait de grands profits fur
celui qu'on lui avoit fi libéralement diftri-
bué , & ce ne fut pas les feuls profits qu'il
fit pendant la marche. Ces Déferteurs ,
pleins de rufes & d'expérience dans la ma-

raude, avoient à peine quitté les Etats de
Baviére, pour entrer dans le Pays de Souabe, qu'ils mirent tout leur fçavoir en ufage
pour butiner, & pour tromper ma vigilan-
ce ; les occaſions s'en préſentoient d'autant
plus belles, que les peuples de ces Provinces ignoroient qu'ils pouvoient demander
des Sauve-gardes pour ſe garantir des pillages, & le Maréchal de Marcin ne fçavoit
point leur en faire prendre pour en retirer
des profits ; il n'y avoit point non plus de
Grand Prévôt d'Armée pour battre les
campagnes ; ainſi les maraudeurs avoient
beau jeu. Je croyois cependant avoir pris
de juſtes meſures pour les contenir ; mais
ils avoient trouvé les moyens d'agir tous
d'intelligence pour tromper mes attentions ;
ils s'étoient fait une régle d'aller au bois &
à la paille à chaque campement, & ſous ce
prétexte, il partoit à tour de rôle un détachement d'entr'eux qui prenoit le large
pour aller butiner, & tout ſe raportoit de
bonne foi au Bataillon pour y être partagé.
Le piſtolet en bandouliére, qu'ils ca-
choient ſous la veſte pour aller faire leurs
coups, leur en facilitoit les moyens ; c'é-
toit une arme offenſive qui leur donnoit l'a-
vantage de faire de plus grandes entrepri-

les ; & peu d'endroits pouvoient se garantir de leurs pillages : aussi ramenoient-ils de
leurs courses des quatre à cinq cens Moutons à la fois , des Bœufs & des Vaches,
qu'ils alloient enlever dans les Villages &
dans les pacages éloignés du Camp , où les
peuples se croyoient en sûreté. Les Bou-
chers de l'Armée, d'intelligence avec eux,
achetoient ces troupeaux , & la conduite
s'en faisoit avec tant de précautions , que
leur manœuvre n'auroit jamais éclaté , sans
une mauvaise avanture qui leur arriva dans
une de leurs principales entreprises.

Quantité de Paysans s'étoient retirés
avec leurs bestiaux & leurs effets, dans un
Château bien fermé ; nos Grenadiers en
ayant fait la découverte , entreprîrent de
le forcer pour enlever le butin. Les Paysans
les voyant aux premiéres portes, qui travailloient à grands coups de haches & de
leviers, leur offrirent des rafraîchissemens,
pour éviter d'en venir aux mains; & ces voleurs , ne voulant point entendre raison,
ils leur tirérent quelques coups de fusil pour
leur donner de l'épouvante, ce qui ne fit
que les animer davantage à briser les portes. Alors voyant qu'il n'y avoit point de
tems à perdre pour se garantir de la fureur

de ces enragés, ils ne les ménagérent plus, & en moins de rien ils en tuérent vingt-quatre, & obligérent les autres de gagner au pied. Cette entreprise avoit fait trop de bruit pour qu'elle ne vînt pas jusqu'à moi; & la mort de tant de Grenadiers ne pouvoit se cacher. J'apris donc tous leurs brigandages, & je cherchai de nouveaux moyens pour les contenir le reste de la marche. Je ne trouvai rien de mieux que de les faire camper en particulier, sur la permission que j'en eûs; la moitié du Régiment gardoit l'autre, & je rendois les Sergens & Caporaux responsables de ceux qui se trouvoient absens à l'apel que je faisois faire souvent, pour les surprendre. Lorsqu'il étoit question d'aller au bois & à la paille, je les faisois accompagner par des Détachemens, & les bas Officiers devoient répondre de ceux qui ne rentroient pas au Camp avec la Troupe; par ces précautions j'empêchai bien des désordres que ces brigands étoient en train de commettre.

L'Armée ayant continué sa marche sur Hulm, vint prendre un Camp assez près de la Ville, dans un lieu qu'on apelle Languenau, dans la résolution d'attendre là ce que produiroient les mouvemens du Milord

Marlbouroug, pour venir joindre l'Armée du Prince Louis de Bade. On avoit eû avis qu'il s'étoit mis en marche pour en faire la tentative; mais la confiance que nous avions en l'Armée du Roy, qui l'obfervoit, nous faifoit efpérer qu'il ne pourroit pas réuffir, & que notre Armée iroit bientôt exécuter le Siége de Nuremberg, dont tous les aprêts étoient faits dans l'Arcenal d'Ingolftat. Cependant il avoit paffé avec fon Armée fans avoir rencontré d'obftacles, & nous aprîmes bientôt qu'il avoit joint celle du Prince de Bade; cette nouvelle furprit nos Généraux, & je crois bien qu'à l'aproche de l'Armée Impériale fi renforcée, ils regrettérent de n'avoir pas fuivi les confeils du Meréchal d'Arcko, mais il n'y avoit plus de reméde. On alla reconnoître la jonction, & l'ayant trouvée encore plus confidérable qu'on n'avoit cru, il fallut changer de projets; il ne fut plus queftion du Siége de Nuremberg; au contraire il fallut fonger à nous garantir nous-mêmes, en reftant fur la défenfive. Ces foins commencérent à nous occuper; il s'agiffoit de pourvoir à la fûreté des endroits par où les Ennemis pouvoient pénétrer en Baviére & dans le pays que nous avions conquis; on mit des Coureurs & des intelligences en campagne, pour découvrir leurs mouvemens : & fur l'avis qu'on eut que leur Armée avoit fait quelque marche en avant, qui devoit faire craindre pour Aufbourg & Donnavert, on détacha un Corps d'Infanterie Bavaroife, avec quelques Efcadrons de Dragons, fous les ordres du Maréchal d'Arcko, pour s'aller pofter fur la hauteur de Schelemberg, & l'on envoya quelques Régimens François pour former la Garnifon de Donnavert. Cette Ville a la Riviére du Danube qui coule le long de fes murailles, du côté de la Baviére, & de l'autre côté la hauteur de Schelemberg, pofte confidérable, qui lui fert comme de Citadelle. Auffitôt que le Détachement partit, notre Armée décampa de Languenau, & alla camper à Lauvinguet & Dilinguen, où après avoir fait quelque féjour, elle prit fa marcher fur la Riviére de Leck, & alla fe retrancher près d'Aufbourg.

Le Détachement du Maréchal d'Arcko étoit compofé des Régimens de Bearn, de Nectancourt & quelqu'autres Bataillons François, deftinés pour la Ville de Donnavert, & de dix Bataillons Bavarois, à la vérité bons & forts, au moins de fept cent hommes chacun, qui devoient occuper la hauteur de Schelemberg. Il y en avoit trois du Régiment des Gardes de l'Electeur, dont le premier étoit de Grenadiers; trois du Régiment du Prince Electoral, sans Grenadiers; trois du Régiment de Lisel- bourg, & notre Bataillon de Grenadiers François qui faisoit le dixiéme. Outre ces dix Bataillons nous avions douze Esca- drons François & Bavarois, avec lesquels nous allâmes occuper notre poste; nous y trouvâmes les vestiges d'un vieux retran- chement, que le Roy de Suéde Gustave Adolfe y avoit fait autrefois pour se soute- nir contre les Bavarois. La hauteur de Schelemberg est un terrein ovale, terminé au Midi par une pente fort douce, qui rend la communication de Donnavert très- facile; & au Nord par la campagne, qui est couverte d'un bois taillis fort épais, im- médiatement après le vieux retranchement. Ainsi les deux extrémités du retranche- ment étant presque hors d'insulte, il n'y avoit que les deux flancs de cette hauteur qu'on pût attaquer, encore falloit-il se dé- terminer au choix de l'un des deux, à cause du peu de communication qu'ils avoient ensemble : ces deux flancs avoient une chûte rapide qui conduifoit à deux plaines affez conſidérables. On ne ſçauroit prendre la Ville de Donnavert avant de le rendre maître de Schelemberg ; ce poſte eſt tellement de conſéquence, qu'il ouvre le plat-pays de la Baviére ; cependant en le venant occuper nous croyons que les Ennemis ne ſongeoient pas à venir de ce côté-là ; car ſi on l'avoit craint, on auroit travaillé avec plus de diligence à relever les retranchemens que nous ouvrîmes ſur les traces anciennes, qui étoient encore figurées. On commanda pourtant des travailleurs deux jours après notre arrivée, c'étoit la veille de S. Jean ; mais ils n'étoient pas en aſſez grand nombre pour faire beaucoup de travaux ; ils s'attachérent ſeulement au flanc du côté du Levant, & au bout du terrein joignant les bois, & on différa de travailler à l'autre flanc, juſqu'à ce que les retranchemens commencés fuſſent perfectionnés. Voilà en quel état étoit le poſte de Schelemberg quand les Ennemis y parûrent pour en faire l'attaque. J'en ſuſpendrai la deſcription pour parler un moment de Boiſmorel.

Boiſmorel, à qui le métier des armes étoit nouveau, ne ſçavoit point diſtinguer la ſaiſon de Mars & celle de Vénus ; cette

derniére Divinité avoit fait une fi forte im-
preffion fur fes fens, qu'il ne pouvoit plus
fuporter l'abfence de fa chére Cuifiniére ;
& fe figurant qu'un Détachement devoit
être fans conféquence, à peine fut-il féparé
de l'Armée, qu'il forma le deffein de l'aller retrouver. Cependant nous étions éloignés de Munich de près de cinquante
lieuës ; il falloit demander permiffion au
Maréchal d'Arcko pour s'abfenter, & n'o-
fant pas fe préfenter , crainte que ce Général ne voulût entrer en détail avec lui, il
me chargea de la commiffion. Je crûs d'a-
bord qu'il avoit envie de plaifanter ; mais
quand je m'aperçûs que c'étoit tout de bon,
je lui fis voir les conféquences de fon voyage, en le priant de faire attention à la fituation où nous nous trouvions , au danger où
nous étions expofés , à fon devoir , à
l'exemple qu'il devoit donner , & au peu
de prétexte qu'il avoit de demander cette
permiffion ; mais fon entêtement fut fi
grand , que toutes mes remontrances n'eûrent aucun effet. Pour lever tout obftacle,
il me dit de la demander comme s'il étoit
malade ; vous avez raifon , lui dis-je , ce
prétexte feroit bon fi vous pouviez empêcher qu'on ne découvrît la vérité de vos in-

tentions ; mais fçachant que vous allez à
Munich, qui eſt une Ville éloignée, on ne
ſera pas long-tems à deviner le ſujet de votre maladie, & ſi pendant ce tems-là il arrive une affaire, quels regrêts n'aurez-vous
pas de vous être expoſé aux reproches de
ne vous y être pas trouvé par votre faute ?
Eh bien ne dites pas l'endroit où je vais,
me répondit-il ; & en cas qu'il s'en préſente
une, dépêchez-moi un exprès en poſte
pour venir m'avertir. Fort bien, lui dis-je,
ſi Marlbouroug veut nous attaquer, je le
prierai d'attendre que le Courrier ſoit de
retour ; car autrement vous ne pourriez être
de la partie. Tout cela cependant ne put le
rapeller à ce qu'il ſe devoit à lui-même, &
je pris ſur moi de demander la permiſſion.
Le Maréchal d'Arcko ſoûrit malicieuſe-
ment à ma demande, & après avoir un peu
rêvé, il me dit que Boiſmorel pouvoit aller
où il jugeroit à propos, que ſa préſence ou
ſon abſence étoit indifférente : & termina
ainſi ſa réponſe. Je n'eûs pas plutôt apris à
Boiſmorel qu'il pouvoit partir, que tout
tranſporté de joye il prit la poſte pour ſe
rendre plus promptement auprès de ſa
Beauté ; & nous laiſſa les ſoins de défendre le poſte de Schelemberg.

Nos retranchemens étoient dans l'état que j'ai dit, quand un Caporal du Régiment du Prince Electoral deferta du Camp pour aller rendre compte aux Ennemis de notre fituation, du nombre de nos Troupes, & de nos précautions dont il avoit eû foin de faire exactement les remarques. Il fut conduit au Prince Louis de Bade, qui connoiffant la conféquence du pofte, ne crut pas devoir négliger un avis de cette importance. Ce Déferteur, ayant affirmé fon raport, s'offrit encore de fervir de guide à l'Armée Ennemie, & de lui montrer l'endroit par où il faudroit nous attaquer; enfin ce feul homme, qui paroiffoit de fi peu de conféquence, détermina les Généraux à nous furprendre du côté où nous n'avions pas encore travaillé; & fon avis devint une Sentence de mort contre plufieurs milliers d'hommes.

Les Ennemis partirent à nuit clofe, le premier de Juillet, avec toutes leurs Forces, & mettant leurs deux Armées fur plufieurs Colonnes, afin de marcher avec moins d'embarras, ils fe trouvérent le lendemain hors des bois, d'affez bonne heure, & pafférent un gros ruiffeau, qu'on apelle Verntz. Leur marche étoit longue & forrée ; & pour empêcher que l'Armée de l'Electeur n'aprît leurs desseins, & ne se mît en mouvement pour venir à notre secours ; ils la continuérent jusqu'à ce qu'ils fussent à la vûe de nos retranchemens, où ils commencérent de paroître à midi, le 2. de Juillet. Cependant de petits Détachemens que nous avions dehors vinrent sur les neuf heures du matin avertir le Maréchal d'Arcko que l'Armée des Ennemis étoit en marche pour venir à nous ; ce Général aussitôt dépêcha un Courier à l'Electeur pour lui demander du secours, & fit sortir son Infanterie avec des pelles & des pioches pour travailler au flanc découvert, par où venoient les Ennemis ; mais le tems étoit trop court pour faire de bons travaux ; on s'attacha seulement à piqueter à la hâte quelques facines les unes sur les autres, & à relever un peu de terre par dessus, pour former une espéce de parapet, auquel on ne put donner assez de hauteur ni de largeur ; & pour le fossé du côté des Ennemis, dont ces sortes de travaux tirent leur principale force, l'Armée Impériale ne nous donna pas le tems d'y travailler.

La raison pour laquelle on n'avoit pas travaillé à ce flanc avec autant de précaution que dans les autres endroits, étoit que la Ville de Donnavert portoit plus fur ce côté que fur l'autre ; elle étendoit fes glacis fur le revers tirant vers les bois, & en défendoit les aproches, à moins qu'on ne défilât en Colonne en rafant le bois, pour être à couvert du feu qui fortiroit de la Ville, qui devoit faire une des principales défenfes. Ce fut cependant malgré cet obftacle, que les Ennemis, par l'avis du Caporal, parurent & firent leur attaque ; avis bien pernicieux pour nous & pour nombre de braves gens qui périrent dans l'Action. Dès que j'eûs apris que les Ennemis marchoient à nous, je fis mes éforts pour envoyer un exprès à Boifmorel ; mais comme la pofte n'étoit pas pourvûe de beaucoup de chevaux, & que d'ailleurs elle étoit arrêtée par ordre de notre Général, pour faire courir de moment à autre des exprès à l'Electeur, il ne me fut pas poffible de réuffir ; au refte il étoit inutile, car les Ennemis ne nous donnérent pas l'inftant de penfer à nous.

Les Impériaux qui ne vouloient pas perdre dé tems, fe formoient à mefure que leur Armée arrivoit, en fe guidant du côté du bois, pour n'être pas expofés au feu de la

la Place. Ayant dreſſé une batterie de dix
piéces de Canon, ils commencérent le prélude de l'action en nous canonant de bas en
haut, pour entamer notre petit Parapet de
Facines, & cauſer de la terreur à nos
Troupes, en attendant que tout leur ordre
de Bataille fût en régle. Le Maréchal d'Arcko qui s'étoit flaté, dans le commencement de leur aproche, qu'ils ne feroient pas
en état de nous attaquer le même jour, &
que l'Armée d'Auſbourg auroit le tems
d'envoyer du ſecours, comprit par cette
batterie, ſi promptement dreſſée, qu'ils
avoient réſolu de nous bruſquer avant qu'on
pût nous ſecourir, & que ce feroit par le
flanc que nous n'avions pas eû le tems de
fortifier qu'ils feroient leur attaque. Voyant
auſſi qu'à cauſe du feu des glacis de la Ville, il faudroit qu'ils ſe reſſerraſſent du côté
du bois, de façon à ne venir tout au plus
que ſur deux Bataillons de front, il jetta
toutes ſes forces dans l'angle que faiſoit le
flanc de notre ovale avec le côté du bois,
& y plaça huit piéces de canon qui répon-
doient à la batterie des Ennemis. Quand il
eut fait border par ſon Infanterie le Parapet de cet angle, comme le plus en danger,
il fit remonter mes Grenadiers à cinquante

Tome I.   O

pas derriére , pour les avoir à portée de se
jetter dans l'endroit où les Ennemis se dé-
termineroient d'attaquer ; & dans ce poste
notre Régiment se trouva , à cause de la
pente du terrein , si au-dessus du niveau du
Parapet , que nous fûmes tous à découvert
face à face du canon des Impériaux. Le
Maréchal d'Arcko me dit en nous plaçant,
que comme il avoit beaucoup de confiance
en nous , & qu'il craignoit que les Ennemis
ne formassent quelque attaque du côté du
bois , il nous mettoit dans cette situation
pour être également à portée du flanc & du
bout de l'ovale , & qu'il laissoit à ma prudence de jetter le Régiment dans l'endroit
que je jugerois le plus nécessaire lorsqu'on
nous attaqueroit. Il ajoûta que le bois étant
presque impraticable , il ne croyoit pas
qu'ils pussent faire une véritable attaque de
ce côté-là ; que tout au plus ce n'en seroit
qu'une fausse , mais qui deviendroit véritable s'ils n'y trouvoient pas de résistance. Il
comptoit que selon toute aparence ils se
porteroient tout-à-fait à l'angle du flanc en
serrant le long du bois, parce qu'ils ne pouvoient pas s'étendre du côté du glacis. M.
de * * * Brigadier des Armées du Roy,
qui commande dans la Place, me dit-il, a

sans doute eû la précaution de bien garnir
ses glacis d'Infanterie ; c'est pour cela que je
me suis déterminé à mettre toutes mes forces dans cet angle, sans m'embarrasser du
terrein qui aproche de la Ville ; cependant
pour plus grande précaution, je lui ai fait
dire d'y placer quelque Bataillon pour pa-
rade, & il vient d'y envoyer le Régiment
de Nectancourt, mais il sera bien clair se-
mé. Je laisse donc à votre disposition, continua-t-il, les mouvemens de votre Régiment, pour renforcer l'endroit où les Ennemis se porteront le plus ; ensuite il s'en
alla donner ses ordres d'un autre côté.

J'étois encore à cheval quand le Maréchal d'Arcko me donna ses ordres ; il y
avoit même du tems que j'y étois, à cause
des mouvemens qu'il falloit me donner
pour les travaux où il m'avoit employé. Sitôt qu'il fut parti, je mis pied à terre sans
quitter mes bottes, qui sembloient ne pas
m'incommoder parce qu'elles étoient mol-
les ; je donnai mon cheval au Tambour de
ma Compagnie, & lui ordonnai de se mettre à l'abri des coups, sans trop s'éloigner
de moi, afin de pouvoir le trouver en cas
de besoin. L'ordre du Maréchal d'Arcko
me tenoit dans une grande attention ; il fal-

loit décider dans un moment preffé du fort
du Régiment, & ce moment pouvoit tirer à conféquence : je fçavois d'ailleurs les
difficultés qu'il y a pour faire faire des
mouvemens bien convenables à un Régiment qui fe voit preffé dans la fureur d'une
attaque ; c'eft ce qui m'engagea à ordonner à mes gens d'être bien attentifs aux
commandemens, & prompts dans les mouvemens qu'il faudroit faire dans l'action,
fans s'épouvanter ni fe rompre, & je les
affurai que de là dépendoit notre falut,
& peut-être la Victoire. A peine eûs-je fini
de parler, que la batterie des Ennemis nous
découvrant de la tête aux pieds, nous prit
pour fon point de vûë, & nous adreffa tous
fes coups ; la première volée nous emporta
le Comte de la Baftide, le Lieutenant de
ma Compagnie avec qui je parlois, & douze Grenadiers qui fûrent enlevés par chef
de file ; & mon habit fut tout couvert de
cervelle & de fang. Cette batterie étoit fi
bien pointée fur nous, que chaque fois que
je voyois fortir le feu de la lumière & de
l'embouchûre des canons, je voyois auffi
de mes foldats par terre ; j'avois un regret
fenfible de voir périr tant de braves gens,
fans pouvoir fe défendre ; mais il falloit ab-

folument fe tenir dans fon pofte. Les coups
de canon n'étoient qu'un prélude de l'attaque que les Ennemis devoient faire , &
quelque ravage qu'ils puffent caufer, je regardois le moment où ils fe préfenteroient
pour fauter dans l'un ou dans l'autre endroit de nos retranchemens , d'une fi grande conféquence, que je ne voulus jamais
permettre qu'on baiffât la tête au feu du
canon , crainte que dans le mouvement
précipité qu'il nous faudroit faire pour
nous jetter dans l'endroit de l'attaque, le
Régiment ne fe trouvât en defordre. Enfin
l'Armée Ennemie fe mit en mouvement
pour monter à l'affaut , & je me vis dans la
néceffité de continuer le facrifice, pour éviter un plus grand mal ; il fut de conféquence ; car j'eûs cinq Officiers & quatre-vingts
Grenadiers tués fur la place , avant qu'on
tirât un feul coup de fufil.

Comme la pente de la hauteur , par où
les Ennemis venoient à nous , étoit affez
rapide, dès que leur Colonne fut au pied ,
nous la perdîmes de vûë, & nous ne pouvions plus la voir reparoître qu'à deux cent
pas de nos retranchemens. J'avois obfervé
qu'elle s'étoit fort éloignée des glacis de la
Ville, & qu'elle portoit fa marche tout pro-

che le bois ; je ne pouvois fçavoir fi peut-être en marchant une partie de la Colonne ne fe jetteroit pas dedans pour attaquer les retranchemens qui y faifoient face, & cette incertitude fufpendoit mes defseins. Je ne croyois pas non plus que les Ennemis puffent fçavoir affez l'état de nos retranchemens, pour faire choix d'un endroit plutôt que d'un autre, & quelques réflexions que je fiffe, je ne pouvois me déterminer à me fixer à aucun endroit, pour y prendre pofte. Si j'avois pû deviner que cette Colonne étoit guidée par l'indigne Caporal qui nous avoit trahi, je n'aurois pas été dans cet embarras, & je n'aurois pas expofé tant de braves gens à l'embouchûre du canon. Mon doute fut fixé fur les deux heures après midi ; je vis paroître la pointe des Drapeaux des Impériaux, & pour lors je n'eûs plus à héfiter fur le parti que j'avois à prendre. Je fis faire, avec autant de promptitude qu'il me fut poffible, un quart de converfion pour placer mes Grenadiers dans le flanc de l'ovale joignant le bois, où je vis que l'attaque des Ennemis s'alloit adreffer, & fi le Régiment fe fut alors trouvé dans un pofte embarraffé par la crainte du canon, nous nous ferions peut-être mal tirés de cette affaire, car à peine eûmes-nous joint le petit Parapet, que les Ennemis, en faisant de grands cris, se détachérent à toute course pour se jetter dans nos retranchemens. Dans la rapidité de la course, leurs cris étoient véritablement éfrayans ; & crainte qu'ils ne fissent impression sur mes gens, aussitôt que je les entendis je fis battre la charge, afin que le bruit des Tambours animât mes Grenadiers, & les empêchât d'entendre les Ennemis ; qui bien souvent donnent l'épouvante à ceux qui seroient en état de les repousser.

L'Infanterie Angloise commença l'attaque avec toute la vivacité possible ; elle monta jusques sur notre Parapet ; mais elle éprouva du moins autant d'intrépidité qu'elle en avoit fait paroître. La rage, la fureur & l'acharnement étoient mêlés dans ce combat, avec d'autant plus d'opiniâtreté, que les Assaillans & les Assaillis étoient peut-être ce qu'il y avoit de plus brave dans l'Univers. Le petit Parapet qui faisoit la séparation des deux partis, fut l'échafaut de la plus sanglante boucherie que l'esprit humain puisse imaginer. Treize cent Grenadiers, dont sept cent étoient du Bataillon des Gardes de l'Electeur, & six cent

qui reſtoient du mien, ſoutinrent à la tête
de l'Infanterie, Bavaroiſe tout l'éfort des
Ennemis. Je ne ſçaurois trouver d'expreſſions aſſez vives pour faire le détail d'un
carnage qui dura une groſſe heure à la premiére attaque. Tous étoient mêlés, & ſe
trouvoient occupés à grimper, à repouſſer,
à tuer, à s'acrocher des mains aux fuſils &
aux bayonnettes qui leur perçoient les en-
trailles, à écraſer leurs propres camarades,
qui tomboient bleſſés ſous leurs pieds, &
à s'arracher les yeux avec les ongles lorſqu'ils s'étoient joints de trop près pour
pouvoir ſe ſervir des armes. Je ne crois pas
que dans la repréſentation de l'Enfer, il
y ait rien de plus terrible que les éforts,
les contorſions & les mouvemens pleins de
rage qui ſe firent de part & d'autre dans cette action. Enfin les Ennemis, après avoir
perdu plus de huit mille hommes à ce premier choc, fûrent obligés de quitter priſe,
& de ſe retirer dans le penchant de la hauteur, à l'abri de nos coups. Tout à coup le
calme revint parmi nous, & nos gens reprenant haleine, ſembloient avoir encore
plus d'intrépidité qu'avant le combat. Les
morts jonchoient la terre autour de notre
Parapet, & formoient une élévation preſ-

que auſſi haute que nos Facines ; cependant
nous nous attachâmes à obſerver les Ennemis , & voyant la pointe de leurs Drapeaux
à peu près dans le même endroit où ils
étoient lorſqu'ils s'étoient détachés pour
courir ſur nous , nous nous doutâmes
qu'ils ſe rallioient pour revenir à la charge.
Auſſitôt nous travaillâmes à leur rendre le
chemin plus difficile que la premiére fois,
en l'innondant d'un torrent de bales , par
un feu continuel ; il fut accompagné d'un
nombre infini de grenades , dont nous
avions proviſion derriére nous dans pluſieurs caiſſons ; le penchant du terrein en
facilitoit la chûte juſques dans leurs rangs,
ce qui les incommodoit extrêmement ; &
ne contribuoit pas peu à donner à leurs
Troupes de la répugnance pour une ſeconde attaque. Ils étoient ſi rebutés de la premiére tentative , que leurs Généraux eûrent toutes les peines du monde à les ramener la ſeconde fois ; & ils n'y auroient jamais réuſſi , après en avoir tenté pluſieurs
moyens , s'ils n'avoient eux-mêmes mis
pied à terre , & marché à leur tête pour
donner l'exemple. Leur zéle leur coûta
cher : le Général Stirum & pluſieurs autres
Généraux & Officiers fûrent tués. Ils re-

vinrent donc à la charge, mais avec encore moins de succès que la premiére fois ; non-seulement ils ne s'y opiniâtrérent pas avec tant de fureur ; mais après avoir été repoussés vigoureusement, nous les poursuivîmes la bayonnette dans les reins plus de quatre-vingts pas au-delà de nos retranchemens, & nous rentrâmes ensuite tranquillement.

Après cette seconde attaque, quelques éforts que fissent les Généraux Ennemis, ils ne pûrent jamais ramener leurs Trou-pes à la charge une troisiéme fois. Ils se te-noient à moitié côte sans se déterminer ; mais plus on se trouve dans des cas de né-cessité, plus on cherche les moyens d'en sortir. Ils avoient toujours apréhendé le feu du chemin couvert de Donnavert, & c'é-toit pour cela qu'ils avoient resserré leur attaque en Colonne du côté du bois : & voyant qu'ils ne pouvoient pénétrer dans notre angle, ils envoyérent un Lieutenant avec vingt hommes du côté de la Ville, avec ordre de s'en aprocher le plus près qu'il pourroit ; cet Officier qui se croyoit sacri-fié, fut agréablement surpris de le trouver abandonné, & de ne voir d'autre feu que quelques coups de fusil qui partoient des meustriéres de la vieille enceinte de la Ville,

Le Commandant de la Place, fur qui le
Maréchal d'Arcko fe repofoit, au lieu d'a-
voir garni fon chemin couvert des meilleures Troupes de fa Garnifon, avoit retiré
toutes celles qui étoient dans les dehors
pour les renfermer dans le Corps de la Place, comptant qu'il ne pouvoit pas mieux
opérer pour fa fûreté, que d'en fermer les
portes, & y renfermer toutes les Troupes
enfemble, & fon opinion fut la caufe de
notre perte. Il eft certain que s'il avoit fait
occuper le chemin couvert, comme il étoit
naturel de le faire, les Ennemis n'auroient
jamais pénétré nos retranchemens : ils auroient eû trop de difficultés à furmonter en
effuyant en flanc le feu des glacis, contre
lequel ils n'auroient pû fe défendre. Je fu-
pofe même qu'ils l'euffent voulu rifquer,
en ce cas la Bataille qui fe feroit donnée de
ce côté-là, nous auroit averti de leur marche & de leur entreprife, & nous aurions
eû le tems d'aller au fecours, en filant fur
notre gauche le long de nos retranchemens,
pour nous opofer dans l'endroit où ils auroient voulu pénétrer. Nous ne pouvions
en fçavoir de nouvelles autrement, à caufe
de la pente qui nous déroboit la vûë de
leurs mouvemens, & leur opofant la réfif-

tance par-tout, ils étoient déja trop rebutés, & leur perte trop confidérable, pour qu'ils eûffent mieux réuffi la troifiéme fois que les deux premiéres. De plus, en manquant leur coup dans cette journée, ils manquoient tout; parce que le fecours d'Aufbourg s'étoit mis en marche pour nous venir joindre, & certainement il auroit eû le tems d'arriver avant la nuit; alors les Ennemis fe feroient trouvés dans une mauvaife fituation, à caufe des bois & des défilés qu'ils auroient été obligés de paffer pour faire leur retraite, qui auroit été dangereufe pour eux, après avoir reçû notre renfort; & un pareil accident auroit fait perdre courage à l'Armée des Alliés. La France enfuite auroit pû exécuter fes premiers projets; car la perte qu'ils venoient de faire dans l'action montoit à près de quatorze mille hommes; c'eft par eux-mêmes que je l'ai apris dans la fuite; & celle qu'ils auroient fait dans une retraite forcée, auroit été, felon toute aparence, très-confidérable; mais il en arriva autrement.

Quand les Ennemis fûrent certains qu'il n'y avoit pas de danger du côté de la Ville, ils fe hâtérent de profiter du refte du jour. Il étoit près de fept heures du foir quand ils

se mirent en marche pour tourner de ce
côté-là ; ce qu'ils firent sans changer aucun
ordre à leur Bataille ; leur Colonne ne fit
qu'un à droit , & à la faveur de la pente du
terrein , toute sa manœuvre réussit du côté
des glacis , sans que nous , qui défendions
l'angle , pussions nous en apercevoir , &
sans qu'ils trouvassent aucun obstacle sur
leur chemin. Si quelqu'un eût pû nous donner avis de leur mouvement , nous aurions
marché pour nous oposer par-tout où ils se
seroient présentés ; mais nous étions bien
éloignés de croire qu'ils pussent aprocher
du côté des glacis ; nous étions au contraire
si persuadés de la sûreté de cette partie , que
ne voyant plus revenir les Ennemis à la
charge , & le jour allant finir , nous regar-
dions la Victoire de notre côté , & jamais
joye n'a été plus grande que la nôtre , au
moment que nous touchions à notre perte.
Nous concevions agréablement tout l'avantage que notre résistance alloit produire , &
le mérite de l'action en elle-même , la plus
mémorable qui soit peut-être arrivée dans
l Univers ; car enfin quoique les Ennemis
se soient rendus maîtres de nos retranchemens , comme je vais le dire , cela ne peut
diminuer la gloire qui est dûë à nos dix Ba-

taillons, pour avoir soutenu avec intrépidité deux violens affauts d'une Armée formidable, qui après cinq heures de combat
n'ofoit plus paroître devant eux. Elle auroit
été contrainte à faire retraite, fi fe dérobant à leur vûë, elle n'avoit pas trouvé d'autres endroits à pénétrer que ceux qui
étoient gardés par eux. Si cette action avoit
été écrite avec toutes fes circonftances par
quelque main habile, elle auroit fait l'admiration du fiécle ; mais quelque bonne intention que j'aye d'en faire une defcription
vive & touchante, je ne fçaurois réuffir,
parce que mes forces ne s'étendent pas jufques-là. Je me contenterai d'obferver que
nos dix Bataillons, n'ayant devant eux qu'u-
ne aparence de retranchement, ont réfifté
devant Donnavert aux éforts violens & réi-
térés d'une Armée nombreufe, qui cinq
femaines après fut victorieufe de celles de
France & de Baviére, unies enfemble dans
la plaine d'Hochftet, & qu'aucun d'eux ne
fe trouva à cette derniére affaire. Je laiffe
maintenant à ceux qui liront ces Mémoires, à juger de la valeur de ces Troupes : &
aux curieux qui ont lû d'autres Relations,
à en faire la différence ; ce que je ne fçaurois
faire, puifque je déclare devant Dieu &

devant les hommes que je n'ai encore jamais lû d'Histoires de la Guerre qui s'est faite depuis que je sers, excepté l'affaire de Belgrade, dans le Livre intitulé les Campagnes du Prince Eugéne, qu'un de mes amis aporta à mon épouse, pour lui faire voir l'article qui me concernoit. Je dis même plus, j'ai toujours si peu aimé à parler de Guerre, que ce n'est qu'avec beaucoup de contrainte que j'écris ces mémoires, & si j'avois pû m'en dispenser je l'aurois fait.

Les Ennemis ayant donc trouvé moyen de se mettre en Bataille sans bruit du côté de la Ville, s'étendirent sur un front plus large que celui qu'ils avoient, & marchérent à la partie du retranchement, qui n'étoit gardée que par le Régiment de Nectancourt. Il étoit placé un à un, & n'étant pas en état de leur faire résistance, il rentra dans la Ville en les voyant aprocher, sans qu'il en vint le moindre éveil à nos dix Bataillons. Nos Dragons qui les virent arriver, voulûrent se présenter, mais une salve que les Ennemis firent sur eux, leur tua tant de monde, qu'ils fûrent obligés de se retirer, sans pouvoir aprocher de l'angle où nous étions. Le Maréchal d'Arcko, & M. de Liselbourg, Maréchal de Camp, s'étant

trouvés de ce côté-là quand les Ennemis
pénétrérent, fûrent coupés entre eux &
nous, & ne doutant point que nos dix Bataillons ne fuffent déja retirés, ils fe fauvé-
rent dans la Ville, où ils eûrent beaucoup
de peine à entrer, par la crainte que le
Commandant avoit d'en faire ouvrir les
portes. Cependant nous tenions toujours
ferme dans notre pofte : notre feu y continuoit comme auparavant, afin de tenir
l'Ennemi en refpect ; mais dans le tems que
nous étions fi attentifs à défendre ce terrein, l'Ennemi étoit poffeffeur de nos retranchemens dans toute l'étenduë de l'ovale fur notre gauche, & nous fermoit la communication de la Ville, qui auroit pû nous
fervir de retraite. J'étois alors le feul Commandant de nos dix Bataillons ; la conjoncture n'étoit pas fort heureufe pour moi : le
Maréchal d'Arcko & Lifelbourg s'étoient
retirés ; le Comte Emanuel d'Arcko venoit d'être bleffé, & fe noya en fe retirant :
il étoit Colonel du Régiment du Prince
Electoral, & M. de Mercy, fon Lieutenant-Colonel, avoit été envoyé en Italie ;
fon frere le Chevalier de Mercy, Lieutenant-Colonel des Gardes, venoit auffi d'ê-
tre bleffé, auffi-bien que celui de Lifel-

bourg. Ainſi je reſtai ſeul à la tête d'une Troupe hardie & pleine de confiance, mais dont la ſituation venoit de changer de face.

Quoique les Ennemis euſſent pénétré dans nos retranchemens, & qu'ils fuſſent maîtres de toute la partie qui étoit ſur notre gauche, ils nous redoutoient encore aſſez pour prendre en marchant à nous toutes les précautions qu'ils auroient priſes, s'ils avoient marché contre une Armée auſſi forte que la leur. Leurs Généraux formant leur Infanterie en Bataille à meſure qu'elle entroit dans les retranchemens, s'étendirent ſur quatre Lignes de hauteur; & nous qui joignions notre Parapet, leur préſentions deſavantageuſement le flanc gauche; cependant malgré cet avantage, la crainte que nous leur avions inſpiré les faiſoit venir à nous à pas comptés les armes préſentées, comme pour nous avertir de nous retirer, & comme s'ils avoient toujours été en riſque à notre aſpect. Ce qui nous mettoit encore dans une ſituation plus gênée, étoit qu'en nous prenant en flanc, ils nous ſerroient entre leur ligne de Bataille & le retranchement qui faiſoit face au bois ſur notre droite, comme dans un boyau. Ce fut un grand bonheur pour nous de ce que leur préoccupation leur ôta l'idée de féparer leur Armée en deux , quand ils fûrent dans les retranchemens , & d'en envoyer une partie nous couper le chemin par derriére , pendant que l'autre nous preffoit en flanc.

Il étoit déja fept heures & demie du foir quand ils arrivérent à la portée du fufil de notre flanc, fans que nous nous en fuffions aperçûs , tant nous étions acharnés à conferver notre pofte, nous croyant en fûreté d'ailleurs ; mais m'étant tout à coup aperçû d'un mouvement extraordinaire dans mon Infanterie, qui fe redreffa en difcontinuant fon feu, je regardai de tous côtés pour voir ce qui caufoit fon étonnement , & apercevant fur notre gauche les lignes d'Infanterie habillées de gris-blanc, qui par le peu de mouvement qu'elles faifoient , fembloient ne bouger de leur place ; je crus vraiement à leur habillement , & à leur contenance, que c'étoit un fecours qui nous arrivoit, & tout autre que moi l'auroit cru de même. Il n'étoit pas venu à notre connoiffance que les Ennemis euffent pénétré nulle part, ni même qu'ils puffent le faire, & dans l'erreur où j'étois , je criai à ma Troupe que c'étoient des François & de nos amis,& aufsitôt elle se remit à soutenir le Parapet comme auparavant ; ensuite voulant examiner la chose de plus près, je m'aperçus qu'ils avoient de la paille & des feuilles d'arbre à leurs Drapeaux (ce sont les marques distinctives que les Ennemis prennent dans les Batailles) & en même tems je reçûs un coup de bale sur la machoire droite inférieure, qui me fit une playe & me l'endormit de maniére à me faire croire que je l'avois cassée. Je sondai au plus vîte ma playe avec le bout du doigt, & trouvant ma machoire entiére, je ne fis pas grand cas de ma blessure ; mais le sang qui en couloit avoit tellement gâté le devant de mon habit, que plusieurs de nos Officiers crûrent que j'étois dangereusement blessé, & je m'aperçûs que cette blessure faisoit quelque changement en eux. Je les rassurai cependant, & les exhortai dans les plus vives expressions de tenir ferme chacun à leur Troupe. Je leur dis que le danger ne seroit grand qu'autant que notre Infanterie ne se tiendroit pas bien serrée ensemble, & que si elle faisoit une contenance hardie & résoluë, les Ennemis, qui ne faisoient que marcher sur leurs pas mêmes, sans oser s'abandonner sur nous, nous laisseroient reti-

rer fans nous pourfuivre. Il fembloit véritablement à les voir qu'ils fouhaitoient plutôt notre retraite que l'occafion d'en venir
aux mains. Enfuite je criai le plus haut qu'il
me fût poffible, que perfonne ne quittât
fes rangs, & fis mettre mon Infanterie en
Colonne le long des retranchemens du côté du bois, en faifant face à l'autre flanc
par où nous devions nous retirer. Dans cette fituation, chaque fois que je voulois faire face aux Ennemis pour les tenir en refpect, je faifois faire un à droit à ma Troupe, & un inftant après je la faifois remettre
pour continuer précipitamment notre marche, & nous retirer en bon ordre. Je fis
faire cette manœuvre jufqu'à ce que nous
euffions fauté le retranchement de l'autre
flanc, & alors nous fûmes hors d'infulte.
Cette retraite ne put cependant fe faire fans
perdre du monde, parce que les Ennemis,
quoiqu'ils ne s'abandonnaffent pas fur
nous, lorfqu'ils nous virent en Colonne
pour nous retirer, nous firent des falves qui
étoient affez à portée pour en coucher par
terre.

Quand toute ma Troupe eut fauté les
retranchemens, la facilité qu'elle trouva à
courir dans le penchant de notre pofte, lui

fit prendre la fuite, pour gagner la plaine qui fe préfentoit devant elle, avant que la Cavalerie Ennemie fe mît à fes trouffes. Chacun courant autant qu'il lui étoit poffible, dans l'intention de fe rallier à l'autre bout de la plaine, tout difparut comme un éclair, fans regarder derriére foi ; & moi qui étois à l'arriére-garde pour faire tête aux Ennemis en cas de befoin, à peine eûs-je fauté le retranchement, que je me trouvai feul planté fur la hauteur, mes bottes aux jambes, qui m'empêchoient de marcher plus vîte que le pas. Je cherchai de tous côtés mon Tambour, à qui j'avois ordonné de ne pas s'éloigner avec mon cheval, mais il avoit jugé à propos de fe fauver lui-même deffus ; fi bien que je me vis feul livré aux Ennemis & à mes triftes réflexions, fans fçavoir que devenir. J'avois beau fatiguer mon imagination, pour chercher des moyens de me garantir, je n'en trouvois pas un d'affuré, la plaine étoit trop longue pour la traverfer affez promptement avec mes bottes, & pour comble de malheur elle étoit remplie de bleds qui m'auroient encore embaraffé davantage. Il n'y avoit point cependant de Cavalerie Ennemie qui eût pénétré jufques dans cette

plaine ; mais il étoit à croire qu'elle ne tar-
deroit pas à y venir, & il y auroit eû trop
d'imprudence de m'expofer à être découvert dans l'embarras où j'étois ; au refte,
quand je n'aurois pas été embaraffé de mes
bottes , les Cavaliers m'auroient toujours
attrapé. Je m'aperçûs cependant que le Danube n'étoit pas bien éloigné , & me déter-
minant de ce côté-là , je me jettai à tout
hazard fur fes bords, efpérant d'y trouver
un chemin battu, où quelque endroit à pouvoir garantir ma vie, que je voyois bien en
rifque pour m'être attaché à fauver ma
Troupe. Je trouvai véritablement un chemin commode, qui régnoit fur le bord de
cette Riviére, mais je n'en fus guéres plus
avancé ; car les éforts que j'avois fait en traverfant quelques bleds pour venir jufques-
là, m'avoient tellement effouflé , que je ne
pouvois plus marcher qu'à fort petit pas.
En fuivant mon chemin, je rencontrai la
femme d'un foldat Bavarois, qui fe lamen-
tant marchoit encore moins vîte que moi ;
je me fervis d'elle pour arracher mes bottes
qui me colloient tellement les jambes, qu'il
m'avoit été impoffible de pouvoir les arracher moi feul ; cette femme toute troublée
me tint fort long-tems avant d'en venir à

bout, du moins, je le crûs, parce que le
tems me duroit extrêmement. La chofe faite, je me propofai de profiter de ma légéreté; mais à peine fûs-je debout, qu'en levant la tête au-deffus des bleds qui bordoient le chemin, je vis nombre de Cavaliers Ennemis épars dans la campagne, qui
cherchoient & foüilloient dans les fillons,
pour voir s'ils n'y trouveroient point de nos
gens cachés, afin de les tuer pour en avoir
la dépouille. Cet afpect étoit cruel; toutes
mes efpérances s'évanoüiffoient, & la joye
que je venois de reffentir en me dégageant
de mes bottes, ne fit que naître & mourir
au même inftant. Je me trouvai alors beaucoup plus embarraffé & plus en danger
qu'auparavant; cependant j'examinai, à la
faveur des bleds qui me couvroient, la manœuvre de ces Cavaliers, & fi je ne trouverois pas quelque reffource à mes peines.
Il me vint une imagination, dont l'effet auroit été fingulier, s'il avoit pû avoir lieu.
C'étoit qu'en cas qu'il ne vînt à moi qu'un
feul Cavalier, & que les autres qui étoient
épars demeuraffent éloignés, de l'attendre,
& de me tenir caché jufqu'à ce qu'il fût à
portée pour le tuer d'un coup de piftolet
(j'en avois deux que j'avois attaché à mon

ceinturon) alors j'aurois pris fon habit , je
ferois monté fur fon cheval, & me ferois
fauvé à la faveur du déguifement, d'autant
mieux que la nuit n'étoit pas éloignée.
Mais ne voyant pas lieu de l'exécuter, il
m'en vint une autre ; c'étoit de me mettre
fous quelques brouffailles au bord de la Riviére , plongé dans l'eau jufqu'au menton ,
& d'attendre en cette fituation que la nuit
eût fait rentrer tous les Cavaliers dans leur
Camp , pour me fauver dans l'obfcurité.
Celle-ci n'eut pas plus d'exécution que la
premiére; j'y trouvois plufieurs difficultés
qui m'empêchérent de la rifquer; enfin pour
derniére reffource , il me vint celle de me
fauver en traverfant la Riviére ; heureufement je fçavois nager ; & quoiqu'il y eût
bien des rifques à courir à caufe de la largeur & de la rapidité du Danube , cependant je m'y déterminai avec précipitation ;
car je m'aperçûs que plufieurs Cavaliers
m'aprochoient toujours de plus près , &
qu'ils n'avoient pas voulu faire quartier à de
pauvres malheureux bleffés , qu'ils avoient
trouvés* cachés dans les bleds . & qu'ils
avoient tués , afin d'avoir plus commodement leurs dépoüilles. Il n'y avoit donc
point à efpérer qu'ils me fiffent plus de
grace,

grace; puifque ma dépouille valoit beaucoup mieux que celle d'un foldat, &
n'ayant plus de tems à perdre pour prendre
un parti, ce fut celui de paffer la Riviére à
la nage que je choifis. Cependant, avant de
me jetter dans l'eau, j'eûs la précaution de
laiffer fur le bord de la Riviére mon habit
qui étoit bien galonné, quoiqu'il fût un
peu brûlé par le grand feu de l'action qui
venoit de fe paffer. Je laiffai auffi mon chapeau, ma perruque, mes piftolets & mon
épée, femés de diftance en diftance, afin
que fi les Cavaliers arrivoient fur le bord de
la Riviére, avant que je fuffe éloigné, ils
s'occupaffent plutôt à les ramaffer, qu'à
regarder dans l'eau, ce qui me réuffit comme je l'avois penfé. Je ne quittai cependant
ni bas, ni vefte, ni culote; je boutonnai
feulement les manches de ma vefte, & mis
les poches dans ma culote, afin d'être
moins embarraffé; après cet arrangement je
me livrai au hazard des flots. Je n'étois pas
encore fort avant, quand il arriva des Cavaliers qui, comme je l'avois efpéré, mirent au plus vîte pied à terre pour ramaffer
ma dépoüille; ils eurent même du bruit
entr'eux, car je les entendis crier & jurer
affez élégamment; il y en eut d'autres qui

aparemment n'avoient nulle part à ma dépouille, & qui s'amuférent à me faluer de quelques coups de moufqueton ; mais le courant de la Riviére, qui m'entraînoit toujours, m'avoit déja affez éloigné pour que les bales puffent venir jufqu'à moi. Enfin je fûs affez heûreux pour avoir la force de nager long-tems, & de traverfer la Riviére, malgré fa rapidité.

Lorfque je fûs forti de l'eau, & hors d'inquiétude pour la fûreté de ma vie, je me trouvai tout à coup accablé d'une extrême fatigue ; il n'y avoit rien de furprenant ; car à confidérer tous mes travaux de cette journée, il falloit être auffi robufte que je l'étois, pour avoir pû y réfifter. Mais un bonheur fut fuivi d'un autre bonheur ; je rencontrai pour mon foulagement fur le bord de la Riviére, un Maréchal de Logis & un Dragon du Régiment de Fonboifar, qui revenant de quelque commiffion, s'étoient arrêtés par curiofité pour voir ce qui fe paffoit de l'autre côté du Danube. J'allai defcendre précifément auprès d'eux : & le Maréchal de Logis, ayant remarqué à ma vefte & à mon linge que j'étois Officier, vint très-gracieufement me demander qui j'étois, & quels fervices il pourroit me ren-

dre ; auſſitôt qu'il aprit que j'étois le Lieutenant Colonel des Grenadiers François,
ce jeune homme mit pied à terre, & ayant
fait fouiller dans la beſace du Dragon, il
en tira un bonnet & une chemiſe qu'il me fit
prendre, avec un manteau par deſſus, &
voulut abſolument que je montaſſe ſur ſon
cheval : pour lui il monta ſur celui du Dra-
gron, & prit le Dragon en croupe. Il me
conduiſit obligeament dans une petite Ville
à quatre lieuës de-là, apellée Rhanes ; je
leur avois indiquée ; & j'y trouvai, dans la
meilleure Auberge, les équipages du Maréchal d'Arcko, qui s'étoient ſauvés de
Donnavert, pour venir ſe mettre en ſûreté
dans cette Ville. Les Officiers du Maréchal me reçûrent avec beaucoup d'empreſſement ; on panſa ma playe, qui n'étoit pas
de grande conſéquence ; mais en me donnant ce ſoulagement, ils me donnérent l'a-
larme au ſujet de mon équipage. Ils me dirent qu'il ne s'en étoit ſauvé que très-peu de
ceux qui étoient campés dans les retranchemens ; que le mien n'étoit pas du nombre ;
parce qu'ayant tous plié à la fois au commencement de l'attaque, chacun pour ſe
ſauver des premiers avoit couru en foule ſur
un pont de bateaux qu'on avoit conſtruit

auprès de la Ville. Que le pont avoit été tellement engagé , qu'il s'étoit féparé en plufieurs piéces ; que quantité d'équipages
étoient tombés dans la Riviére, & que ceux
qui étoient reftés avoient été pillés par les
Ennemis.

Je n'avois point jufqu'alors penfé à mon
équipage ; d'autres foins m'avoient trop occupé pour tourner mes idées de ce côté-là.
Le récit des gens du Maréchal me fit réfléchir fur les befoins que j'en avois, & fur la
mauvaife fituation où j'allois me trouver,
s'il étoit perdu ; & felon le langage qu'on
venoit de me tenir , il n'y avoit point à douter qu'il ne le fût réellement. Je le crûs donc
tellement , que j'oubliai tous les maux paffés , pour me livrer au chagrin que j'en eûs ;
néanmoins afin de diffiper l'ennui que cette perte me caufoit, je me rapellois tous les
dangers que j'avois couru , & me trouvois
trop heureux d'en être quitte pour mon
équipage. Il me fut pourtant impoffible de
dormir pendant toute la nuit ; il rouloit
dans mon imagination une confufion de
circonftances de la Bataille , qui m'occupoient fi violemment, que quelques éforts
que je fiffe fur moi , je ne pouvois les éloigner. Pour furcroît de difgrace, les fenê-

tres de ma chambre donnoient fur une
grande Place, où il fe faifoit un bruit fourd
qui dura toute la nuit. C'étoient des équipages de la Ville de Donnavert, qui arrivoient ; j'étois encore au lit, quoiqu'il fût
déja grand jour, quand je crûs entendre la
voix de mon Valet de chambre : je ne fis
qu'un faut de mon lit à la fenêtre, pour voir
fi je ne m'étois point trompé ; je l'aperçûs
effectivement, fe tremouffant beaucoup
pour faire ranger quelques mauvais équipages, afin de faire paffer mon Chariot. Je
l'apellai précipitamment, en lui faifant fi-
gne de la main ; mais mon homme immobile, me regardant avec un air étonné, ne
bougeoit de fa place. Je redoublai de la
voix & du gefte pour le faire venir à moi ;
enfin s'étant aproché affez nonchalamment
fous mes fenêtres, après m'avoir bien examiné, il fit un cri, & parut auffi furpris
que fi j'étois revenu de l'autre monde, puis
il monta dans ma chambre. Je lui demandai pourquoi il n'avoit pas fait femblant de
me reconnoître ; il me répondit qu'il avoit
cru ma mort fi certaine qu'il n'avoit pû
croire que ce fût moi qui l'apellois ; que
ceux mêmes qui m'avoient vû tuer lui
avoient fi bien détaillé les circonftances de

ma mort, qu'il n'y avoit pas eû moyen d'en douter; enfin que mes autres domeſtiques avoient voulu partager ce qu'ils avoient pû ſauver de mon équipage, & qu'il n'avoit pû les en empêcher qu'en leur promettant de le faire quand ils ſeroient en lieu de ſûreté, eſpérant les amuſer juſqu'à ce qu'il eût apris quelque nouvelle du Régiment. Le plaiſir que j'eûs d'avoir recouvré une partie de mes effets, m'empêcha de faire une grande attention au récit de mon Valet de chambre, & je ne ſongeai plus qu'à ramaſſer les débris de mon Bataillon, que je rapellai dans la Ville.

Le Maréchal d'Arcko, ſortant de Donnavert, ſe rendit à l'Armée d'Auſbourg; ſes gens qui allérent le joindre, lui firent le récit de mes avantures, & lui dirent que j'étois dans la Ville de Rhanes à raſſembler mes Grenadiers. Cette petite Place qui ſe trouvoit à la ſortie de Donnavert, dans l'embouchûre du plat pays de la Baviére, étoit alors la plus expoſée; on ne douta point que les Ennemis, qui depuis l'action s'étoient rendus maîtres de Donnavert, ne vinſſent bientôt s'emparer de Rhanes, afin de ſe procurer par cette ſeconde Place la commodité de ravager la campagne juſqu'aux portes de Munich. Il n'étoit pas difficile d'enlever cette Place aux premiéres aproches, parce qu'elle n'avoit d'autres Fortifications qu'une vieille enceinte de brique, affez épaiffe à la vérité, avec des tourelles de diftance en diftance, & un foffé fec; on n'avoit point cru devoir mettre en état de défenfe une Ville à qui on avoit fait un rempart de prefque toute la Souabe : & il falloit un coup auffi extraordinaire que celui qui venoit de nous arriver à Schelemberg, pour faire regarder Rhanes comme une Place propre à couvrir le pays ; cependant il falloit s'en fervir pour la fûreté des peuples. Ainfi, afin qu'ils euffent le tems de fauver leurs beftiaux & leurs effets du côté de Munich & d'Ingolftat, il fut queftion d'amufer les Ennemis, en défendant cette Place. Le Maréchal d'Arcko, me trouvant là porté, m'écrivit l'intention de l'Electeur à ce fujet ; & après m'avoir fait compliment fur la retraite de Schelemberg, il me marqua que fon Alteffe efpéroit que je ne ferois pas moins paroître mon zêle dans la défenfe de Rhanes, dont Elle me confioit le commandement. Que ne doutant point que les Ennemis ne vinffent l'attaquer, on avoit ordonné un Détachement de fix cent

hommes, qui étoit déja en marche, avec
quelques piéces de canon & des munitions
pour me venir joindre; que fans doute les
débris des Grenadiers François feroient
affez confidérables pour former, avec le
Détachement que l'on m'envoyoit, une
Troupe en état de réfifter quelques jours;
qu'il fçavoit bien que la Place n'étoit pas de
défenfe par elle-même, parce qu'on n'a-
voit pas prévû l'accident qui venoit d'arriver; mais qu'on ne pouvoit me marquer
une plus grande confiance qu'en s'en rapor-
tant à mes foins, pour y faire travailler comme je le jugerois à propos. Que les ordres
étoient déja donnés dans tous les Bailla-
ges circonvoifins, pour envoyer inceffamment un grand nombre de payfans, afin de
travailler fous mon commandement, &
faire tels oùvrages que le tems pourroit permettre, & qu'efpérant tout de ma conduite, je n'avois qu'à mettre la main à l'œuvre.

J'avois encore environ quatre cent Grenadiers, qui s'étoient fauvés avec les Drapeaux par Ingolftàt; ces Drapeaux, quoique tout neufs au commencement de la
Campagne, avoient été mis en lambeaux
par les bales des Ennemis; elles n'avoient

pas plus refpecté l'étoffe que la Devife que
nous avions fait mettre en deux mots fur le
Drapeau blanc : *Væ fpeƐtanti:* malheur à qui
m'attend : Devife qui auroit été plus convenable à l'action, s'il y avoit eû : malheur
à ceux que j'attends. Mes Grenadiers & le
Détachement compoférent une Garnifon
de mille hommes pour défendre, avec fix
petites piéces de canon, la plus mauvaife
Place de l'Europe, contre deux grandes
Armées ; cependant il falloit arrêter les
Ennemis avec cette poignée de monde : les
affaires de l'Etat entraînoient cette néceffité ; & l'on facrifioit mille hommes pour en
fauver un plus grand nombre.

Je ne perdis point de tems dans les travaux que je fis faire au tour de la Place ; le
nombre infini de payfans que l'on m'envoya eut bientôt fait un chemin couvert
bien paliffadé. Je fis conftruire encore deux
ravelins de terre & de paliffades, qui défendoient le terrein au-delà du chemin
couvert, par où les Ennemis pouvoient
venir ; j'eûs foin de faire auffi plufieurs
échaffauts dans le flanc des tourelles, que
je fis percer pour des embrafures, afin d'y
placer & déplacer commodement mes piéces de canon, & de les tranfporter des unes

P v

aux autres, felon que le cas l'exigeroit ; &
quand tout fut établi, j'attendis avec réfolution ce que le fort me préparoit.

Je n'attendis pas long-tems ; je vis arriver une Armée qui occupoit toute la campagne, & qui méprifa trop ma petite Ville
pour fe donner la peine de l'inveftir. Elle fe
campa à une diftance affez éloignée, & les
Généraux m'envoyérent un Trompette me
fommer de rendre la Place, fans attendre
qu'on tirât le canon deffus, avec menace
de ne point faire quartier ni à moi ni à ma
Garnifon, fi je voulois faire réfiftance. Je
répondis que j'étois bien redevable aux
foins que ces Meffieurs prenoient à la confervation de ma vie & à celle de ma Garnifon ; mais que l'ayant expofée bien des fois
dans des occafions qui ne nous faifoient pas
tant d'honneur que celle qui fe préfentoit,
j'efpérois qu'ils nous jugeroient plus dignes
d'obtenir une capitulation honorable, par
la bonne réfiftance que nous nous prépa-
rions à faire avec une nombreufe Garnifon,
que fi nous nous rendions fans nous défendre : & je renvoyai le Trompette. Cependant les Ennemis n'en firent pas plus de cas
de ma Place ; car fans ouvrir de tranchée,
ils drefférent dans une petite paralléle feu-

lement, une batterie de dix piéces de canon; ils croyoient mettre en peu de tems
notre vieille muraille à bas, & ils me cano-
nérent nonchalamment pendant trois jours
fans me faire beaucoup de dommages, parce que les boulets ne faifoient que leur trou
dans la brique, fans caufer d'éboulemens :
& ce fut autant de tems gagné pour nous.
Je me faifois pendant ce tems-là un jeu de
mes fix piéces de canon, que je portois
d'un échaffaut à un autre, pour dérouter
les Canoniers des Ennemis, qui ne fçavoient dans quel endroit fe fixer pour les
démonter, & qui en étoient fort incom-
modés dans leur batterie. Enfin n'ayant
rien avancé pendant trois jours, cette belle
Armée fut obligée de nous faire l'honneur d'ouvrir la tranchée; on s'y prit pendant la nuit, comme l'on a coutume de
faire : j'attendois ce moment pour donner
l'alarme à léurs travailleurs, & interrompre leurs travaux; car en pareil cas, à la
premiére alarme que caufe une fortie, les
travailleurs commencent à gagner au pied.
Quand je fus averti du bruit que faifoient
les pioches des Ennemis, je commandai
deux cent de mes Grenadiers, comme les
plus expérimentés en rufes de guerre, avec

deux Capitaines & deux Liéutenans, que
je fis fortir, les uns du côté de la droite des
travaux, & les autres du côté de la gauche ;
je leur ordonnai de marcher en avant du
côté qu'ils entendroient travailler, le plus
doucement qu'il leur feroit poffible, pour
n'être pas découverts ; & que lorfqu'ils feroient avancés, les Liéutenans, avec trente hommes chacun, déja marqués d'avance, pour n'avoir point d'embarras dans
l'expédition, s'éloigneroient du Capitaine
toujours fur le flanc des travailleurs, afin
de paroître plus de Troupes enfemble.
Qu'étant arrivés affez près de l'Ennemi, ils
fe mettroient les uns & les autres ventre à
terre, & y demeureroient jufqu'à ce que
mes fix canons euffent fait feu fur les travailleurs ; qu'alors ils feroient tous feu chacun dans leur pofte, en pouffant de grands
cris pour leur donner l'alarme, & pour
leur perfuader que la fortie étoit nombreufe : & auffitôt leur décharge faite ils fe
remettroient ventre à terre pour éviter les
coups des Ennemis. Que fi cependant ils
remarquoient qu'ils fiffent des mouvemens
pour marcher à eux, quoiqu'il n'y eût nulle aparence, ils fe fauveroient fans aucun
ordre ; que fi au contraire les Ennemis fe

contentoient de se soutenir eux-mêmes dans leur poste sans marcher en avant, ils demeureroient cachés pour donner une seconde alarme aux travailleurs s'ils revenoient, & les empêcher de rien faire toute la nuit ; au reste, je leur ordonnai de ne pas attendre au jour pour se retirer dans la Place.

Ma sortie réussit comme je l'avois espéré, & je gagnai encore cette nuit ; mais les Assiégeans prirent de plus grandes précautions pour le lendemain au soir. Ils mirent des postes d'Infanterie par-tout où ils pûrent prévoir que leurs travailleurs seroient inquiétés ; leurs précautions cependant n'empêchérent pas que je ne leur donnasse encore de l'exercice par plusieurs pelotons dispersés que j'envoyai contre eux, & qui causérent tant d'épouvante, que les travailleurs ne pûrent encore rien faire cette nuit. J'accoutumai si bien mes Grenadiers à cette guerre, que déja pleins de ruses, ils trouvoient d'eux-mêmes les moyens d'inquiéter les Ennemis pendant le jour, & de retarder leurs travaux. De cette maniére, non seulement je gagnai du tems, mais encore je leur donnai une plus belle idée du Siége de cette Place, qu'ils ne l'avoient eûe

en l'entreprenant. Il y avoit déja douze
jours que leur Armée me tenoit affiégé , &
me ferroit de fi près , qu'il n'y avoit plus
moyen de pouvoir temporifer ; la crainte
que quelque affaut imprévû ne me donnât
pas le tems de fonger à moi, me fit arborer
le Drapeau pour entrer en capitulation ; les
Ennemis qui n'avoient pas intention de
m'en accorder , me propoférent d'abord de
me rendre à difcrétion : & fur ce que je fis
l'homme qui pouvoit encore fe défendre
& leur faire périr bien du monde, ils fe re-
lâchérent jufqu'à me recevoir prifonnier de
guerre pour la Campagne feulement. Je ne
voulus point abfolument y confentir ; je demandai une capitulation avec tous les honneurs , fans quoi je les affurai que je fou-
tiendrois leurs affauts , & qu'ils les aché-
teroient du moins auffi cher que nous, s'ils
me réduifoient à cette extrémité. Alors ils
me firent des careffes, & puis des menaces ,
pour m'engager d'accepter leurs propofitions ; mais voyant que je n'en démordois
pas, ils fûrent contraints de m'accorder ce
que je demandois; & j'éprouvai là, comme
dans toutes les affaires militaires, qu'une
ferme réfolution eft effentielle. Je fortis le lendemain de cette mauvaife Place ,

pour me rendre à Munich ; les Ennemis qui croyoient ma Garnison nombreuse, me firent passer entre deux hayes de leurs plus belles Troupes, comme l'on a coutume de faire à la prise des Places de conséquence ; ce qu'il y eut de singulier, c'est qu'en défilant entre ces deux hayes, la plûpart des Officiers me voyant si peu de monde, crut que je faisois l'avant-garde de la Garnison, & par impatience ou par curiosité, ils me demandérent presque tous les uns après les autres si le reste de la Garnison suivroit bientôt ; je les assurai qu'ils n'auroient pas long-tems à attendre, que ce qui venoit après moi ne les ennuyeroit pas, & après avoir fait beaucoup de chemin, j'eûs le plaisir de voir encore cette double haye de Troupes toujours dans son poste, attendre que le reste de la Garnison sortît.

Dès que ma Capitulation fut signée, j'envoyai un Courier au Maréchal d'Arcko, pour lui rendre compte de tout ce qui s'étoit passé, & du lieu où je me retirois ; je reçûs une réponse, où l'eau-bénite de Cour étoit amplement distribuée ; on me disoit ensuite que je trouverois dans Munich des recrues de Déserteurs pour remettre le Régiment, & que j'y attendrois les Ordres de Son Alteſſe. J’avois déja envoyé un Officier pour avertir de ma marche & du jour de mon arrivée, afin de n’être pas embaraſſé pour les logemens, parce qu’il n’y a pas de Caſernes dans Munich. Boiſmorel, qui étoit encore auprès de ſes amours, aprit par cet Officier le jour que je devois arriver; & comme nous devions entrer par la porte qui joint le Palais, & défiler ſous les fenêtres de Madame l’Electrice, il ſe prépara à briller à la tête du Régiment dans l’entrée qu’il alloit faire, comptant bien que la Princeſſe nous honoreroit de ſa préſence. En effet, rien n’étoit mieux aſſorti que la parure galante de Boiſmorel; mais plus il étoit brillant, plus nous paroiſſions enſévelis dans les travaux de la Guerre, & cela formoit un contraſte que Madame l’Electrice, qui n’ignoroit rien des amours de Boiſmorel, eut peine à ſoutenir. J’eûs l’honneur de me préſenter à l’apartement de Son Alteſſe Madame, auſſitôt que le Régiment fut entré dans la Ville. Je lui fis le récit de la vigoureuſe défenſe de ſes Troupes à Schelemberg, du coup imprévû qui avoit favoriſé les Ennemis pour gagner ce poſte, de la maniére dont nous avions fait notre retraite, & la défenſe de la Ville de Rhanes ; chaque circonftance paroiffoit toucher vivement cette Princeffe, qui ne put s'empêcher de dire qu'elle craignoit bien des malheurs pour la pauvre Baviére. Je pris la liberté de lui dire que les avantages des ennemis ne décidoient pas encore beaucoup en leur faveur ; qu'il y avoit lieu d'efpérer qu'un nouveau fecours, qui devoit inceffamment arriver de France, nous mettroit en état d'interrompre leurs progrès ; qu'après tout ils n'étoient encore maîtres que de deux mauvaifes Places de la Baviére, lefquelles ne pourroient faire l'équivalent de celles que l'Electeur avoit conquifes en Souabe. Madame l'Electrice, qui comprit que je cherchois à la confoler, fit femblant d'aplaudir à ce que je difois ; mais il eft à croire qu'elle penfoit bien différemment. La crainte eft naturelle quand on eft en danger ; elle donne lieu à de mauvais preffentimens, qui trop fouvent ont leur effet. La Princeffe étoit dans le cas de prévoir des malheurs ; elle eut le chagrin d'en éprouver les commencemens peu de jours après. Elle vit des fenêtres du Palais les campagnes incendiées par les Ennemis, les Peuples épouvantés venir fe réfugier dans Munich, & pour exciter la compaffion,

publier des maux que leur imagination en-
fantoit. Tout étoit dans un défordre affreux , felon le langage populaire ; je dirai
pourtant que les chofes étoient alors dans
une fituation à faire croire que leurs maux
pouvoient être auffi grands que leurs gémif-
femens. Cependant , quelque bruit que cet
incendie ait pû faire dans l'Europe , il n'y
a eû néanmoins que la crainte & l'éfroi qui
ayent donné lieu de penfer que prefque toutes les campagnes de Baviére avoient été
réduites en cendres. Je ne dis pas qu'il n'y
ait eû quelques maifons brûlées ; mais les
Généraux des Ennemis n'y avoient nulle
part ; ce fut l'ouvrage des maraudeurs de
l'Armée , qui fâchés de trouver les maifons
des Payfans abandonnées & fans effets ,
mirent le feu à quelques-unes : mais c'eft
l'ordinaire des peuples faifis de frayeur , de
porter l'épouvante avec eux. Les Payfans
réfugiés dans Munich , donnérent de l'é-
tonnement à Madame l'Electrice , & au
Confeil d'Etat on ordonna des priéres pu-
bliques , & on fit des Proceffions généra-
les , aufquelles Elle affifta nuds pieds , avec
une dévotion exemplaire. Comme il n'y
avoit point d'autres Troupes dans Munich
que les Gardes du Palais & nos Grenadiers,

il me fut propofé par le Confeil d'Etat de
fortir avec un Détachement de notre Régiment, pour reconnoître les endroits où l'on
avoit tant fait de ravages, & m'opofer au
defordre s'il étoit poffible. On me donna
un mémoire & un guide pour me conduire
dans les Villages les plus expofés, & je m
mis en chemin avec deux cent Grenadiers
feulement, afin que mon Détachement
n'étant pas nombreux, pût fe cacher facilement dans les bois dont tout le pays eft
garni, & fe tranfporter promptement d'un
lieu à un autre. Je compris auffi avant de
partir que l'épouvante des peuples des environs de Munich, étoit à peu près de même que celle de Straubing, ce qui me détermina encore plus à ne prendre que
deux cent hommes avec moi. J'allai donc
parcourir plufieurs Villages, qu'on avoit
dit être réduits en cendre; j'y trouvai à la
vérité quelques maifons brûlées, mais le
dommage étoit bien peu de chofe, en com-
paraifon du bruit qu'on en faifoit dans le
pays. Je pouffai en avant de Village en Village, à la faveur des bois, en aprochant de
l'Armée des Ennemis, où je trouvois encore moins de dommage; les Villages paroiffoient tous entiers, & ce n'étoit que quand

on étoit dedans que l'on voyoit quelques
maifons brûlées. Voilà quel étoit le défordre qui a donné tant de matiére à faire des
réflexions. Il fe rencontra fur mon chemin
quelques maraudeurs, qui furent fufillés en
voulant fe fauver ; ce qui les empêcha de
s'écarter dans la fuite; enfin après avoir parcouru prefque tous les lieux dont on m'a-
voit donné la lifte, je me retirai à Munich,
avec des nouvelles certaines, qui calmérent
un peu les efprits fur les maux préfens, mais
qui ne les empêchoient pas de craindre les
maux avenir. Cependant le bruit de l'incendie de la Baviére s'étant répandu dans
toute l'Allemagne, la Cour de Vienne crut
ce tems de calamité propre à faire rentrer
l'Electeur dans des fentimens de paix avec
elle ; elle comptoit que la compaffion
& l'amour de fes peuples l'obligeroient à
écouter les propofitions qu'elle lui fit d'a-
bandonner le parti de la France, pour embraffer celui de la Maifon d'Autriche, ou
tout au moins de mettre les armes bas.
Deux Députés lui furent envoyés au
Camp d'Aufbourg; ils lui repréfentérent
l'extrémité ou tous fes peuples étoient réduits, la clémence de l'Empereur, s'il vouloit faire un retour fur foi-même, & aban-

donner un parti contraire à toute sa Nation, & à ses propres intérêts. Ils l'assuré-
rent que non seulement il seroit dédomma-
gé par les Alliés de tout ce qu'il avoit souffert, mais encore qu'il trouveroit dans la
suite avec eux plus d'avantages qu'il n'en
avoit trouvé la Guerre précédente dans la
possession du Vicariat du Cercle de Bourgogne ; qu'il avoit pour se déterminer
l'exemple récent du Roy de Portugal & du
Duc de Savoye, ausquels ils devoit faire attention ; que ces Princes avoient reconnu
la justice de la cause de l'Empereur, & que
dans la conjoncture présente, il avoit plus
de raison de penser à ses intérêts qu'il n'en
avoit eû, puisque ses Etats étoient encla-
vés au milieu de l'Empire, & menacés
d'une perte prochaine. Qu'il devoit pour
l'avantage de ses Peuples, de sa Famille &
pour le sien propre, prendre le parti le plus
avantageux ; que si sa délicatesse alloit jusqu'à croire que les conventions qu'il avoit
faites avec la France l'engageoient à ne pas
exposer leur Armée en Souabe, en abandonnant ses intérêts, il y avoit moyen d'y
remédier ; qu'on laisseroit aux Généraux
François le choix de faire une tréve pour
retirer leur Armée en sûreté jusques sur

leur Frontiére, ou de continuer la Guerre
fur les lieux où ils fe trouveroient. Que des
conditions fi raifonnables feroient aprou-
vées de toutes les Puiffances de l'Europe,
& qu'il étoit tems que Son Alteffe fongeât
à préferver fes Etats d'un malheur qui paroiffoit certain.

Non feulement toutes ces propofitions
fûrent faites à l'Electeur, avec art, mais on
y joignit les follicitations les plus touchan-
tes & les plus féduifantes : c'étoit celles de
Madame l'Electrice, à qui on avoit repré-
fenté les malheurs préfens, & ceux qu'il y
avoit à craindre. Cette Princeffe fe rendit
elle-même à Aufbourg, & n'épargna ni
priéres ni larmes pour exciter l'Electeur à
mettre fes Etats à l'abri des malheurs qui
les menaçoient, en acceptant les propofitions qu'on lui faifoit. Mais ce Prince qui
regardoit comme une injure l'exemple du
Duc de Savoye, qu'on lui rapelloit, répondit que jamais l'adverfité ni l'amorce
du gain ne le rendroient parjure à la foi
qu'il avoit promife au Roy de France ; &
que l'Univers n'auroit point à lui reprocher, ni à fa poftérité, qu'on eût pû le féduire jufqu'au point de lui faire révoquer
des Traités fous des prétextes frivoles : que

les Princes qu'on lui citoit n'étoient point des modéles pour lui, & qu'il fubiroit fans murmure le fort qu'il plairoit à Dieu de lui donner. C'eſt ainſi que Son Alteſſe foutint avec fermeté les attaques les plus féduifantes : & elles ne purent rien diminuer de la grandeur d'ame qui eſt héréditaire dans fa Maifon.

Pendant que ces négociations fe faifoient à Aufbourg, on eut avis que les Ennemis avoient détaché un Corps de huit mille hommes de leur Armée d'Italie, qui avoit traverſé le Tirol, & qui étoit defcendu dans la partie de la Baviére, contigue à cette Province ; que ce Détachement s'étoit emparé de quelques poftes avantageux, au moyen defquels il ravageoit les Sujets de l'Electeur. Les maux étoient réels, & Son Alteſſe voulant y remédier, ordonna à fes trois Régimens de Dragons, & à fix mille hommes d'Infanterie, de marcher fous les Ordres du Marquis de Maffey, Maréchal de Camp de fes Troupes, pour aller le combattre, & reprendre les poftes dont il s'étoit emparé. Notre Régiment fut de ce Camp volant, & nous prîmes la route du Tirol, opofée à celle d'Aufbourg. Cette diverſion affoibliſſoit d'autant plus notre

Armée, qu'on en avoit déja tiré plufieurs
Régimens pour renforcer les Garnifons des
Places menacées , & pour occuper différens Poftes dans l'intérieur du Pays. Il ne
reftoit prefque plus de tous les Bavarois
que quelques Régimens de Cavalerie de
l'Armée d'Aufbourg , tous les autres
étoient difperfés. Mais comme l'Armée
avoit réfolu de demeurer derriére fes retranchemens jufqu'à l'arrivée du fecours
qu'on attendoit de France, on fe croyoit
affez forts pour faire les Détachemens qu'on
envoyoit dans les lieux néceffaires pour
la confervation du Pays , d'autant mieux
qu'on avoit la facilité de les rapeller en cas
de befoin.

Notre Régiment , qui s'étoit parfaitement rétabli dans Munich , eut fa route
pour aller joindre les autres Troupes qui
marchoient pour la Frontiére du Tirol;
Boifmorel fut de la partie , & fe mit à la tête pour cette expédition. J'apris en chemin
que le Baron de *** avoit quitté Straubing , & qu'il étoit avec fa famille dans une
Terre auprès de laquelle notre Régiment
devoit paffer. L'ardeur que j'avois pour
Mademoifelle fa fille , m'engagea à devan-
cer le Régiment de quelques jours pour

aller

aller la voir. Je comptai cependant mon tems, car au milieu de toute ma tendreſſe je ne perdois point de vûë mon devoir. Je me mis donc en chemin, rempli des idées les plus flateuſes ; je me faiſois une joye infinie de ſurprendre ma Belle, & je comptois que mon arrivée lui alloit faire un plaiſir égal au mien. Je me rapellois mon départ de Straubing : le déſeſpoir de cette charmante perſonne, lorſqu'elle ne m'y trouva plus en arrivant : le parfait contentement qu'elle eut à l'heureuſe rencontre du lendemain : les expreſſions vives & tendres 'qu'elle employa pour me raconter ſes douleurs : & enfin nos proteſtations réciproques à notre ſéparation. Toutes ces penſées occupoient mon eſprit quand j'arrivai au Château du Baron ; il étoit nuit cloſe ; ayant frapé à la porte, je dis au laquais qui vint m'ouvrir, qu'un Grenadier François ſouhaitoit parler à Mademoiſelle. En attendant qu'il vînt me rendre réponſe, je ſentois une palpitation de cœur ; il me ſembloit la voir courir avec empreſſement pour demander des nouvelles de ſon cher François ; mais j'étois bien éloigné de mon compte. J'avois mal pris mon tems : la Demoiſelle étoit occupée par un Noble Cam-

pagnard des plus mal bâtis, qui avoit soin
de la consoler de mon absence : ce féroce
animal, qui sçavoit quelque chose de notre
société de Straubing, ne put pas se contenir quand il entendit le raport du laquais,
il lui fit des reproches de ce qu'elle recevoit
des gens de ma Nation, ce qui l'empêcha
de rien ordonner ; de maniére qu'après
avoir attendu assez long-tems à la porte, on
me vint dire que je pouvois entrer dans la
cuisine, en attendant que la Demoiselle eût
le tems de me parler. Je demandai si elle
étoit malade, on me répondit brusquement
que non, & j'avoüe que je ne fûs jamais
plus penaut que dans ce moment ; toutes
mes belles idées s'évanoüirent, & le chagrin m'étouffoit. Ce fut bien autre chose,
quand après avoir brusqué la porte de la
chambre, je la trouvai avec ce malotru
Campagnard, qui paroissoit avoir la machoire plus épaisse qu'un cheval de marais ;
à peine jettérent-ils l'un & l'autre un seul
regard sur moi. Je me sentis si piqué, que
j'eus une peine extrême à modérer ma colére ; cependant, pour ne point faire d'éclat,
je demandai à la Demoiselle si elle ne me
connoissoit plus ; elle qui craignoit de déplaire à son brutal, si elle parloit une lan-

gue qu'il n'entendoit pas , me répondit en
Allemand qu'elle avoit oublié le François.
Cette réponse si peu attenduë me fit naître
l'envie de lui reprocher en Allemand , afin
que son nouvel Amant pût l'entendre , si
c'étoit le gros butor que j'appercevois qui
lui avoit fait oublier ce qui avoit fait sa
plus grande félicité ; mais me ressouvenant
dans ce moment de l'Histoire de Joconde ,
& profitant des bonnes instructions que j'a-
vois eûës à Paris , je fis semblant de m'être
trompé en m'adressant à elle , & j'allai trouver le pere & la mere , à qui je dis que j'é-
tois venu les voir en passant. Je repartis le
lendemain au point du jour , sans m'informer de la Demoiselle , & j'allai rejoindre le
Régiment.

Nous arrivâmes peu de jours après dans
une petite Ville apellée Rozenhem , où
étoit le Marquis de Maffey avec son Détachement ; cette Place n'est pas fort éloignée
du Village qu'on apelle Markaupstein , situé à la chute des Montagnes du Tirol , sur
le bord d'une Riviére & d'une jolie plaine , où étoient campés les Ennemis que
nous cherchions. Les Paysans des environs
nous aprirent des nouvelles , en grossissant
les objets à leur ordinaire. Selon leur ra-

Q ij

port, toute la plaine de Markaupſtein étoit couverte de Troupes, & deux Détache-mens comme le nôtre n'auroient pas été ſuffiſans pour ſe préſenter devant eux ; mais ſans s'en raporter à leurs diſcours, le Mar-quis de Maffey envoya un Officier traveſti, qui étoit de cette Frontiére ; il étoit hom-me très-entendu, & les ayant reconnu de près, il raporta au vrai leurs forces & leur ſituation. Alors notre Général n'héſita plus à marcher contre eux pour les attaquer & pour les ſurprendre, s'il étoit poſſible ; nous avions des bois aſſez difficiles à paſſer avant de déboucher dans la plaine où ils étoient campés : & comme c'étoit dans notre pays, nous ne manquions pas de guides pour nous montrer les paſſages. Nous marchâmes toute la nuit, & fûmes débaraſſés des défi-lés quand le jour parut ; cependant il étoit près de dix heures du matin avant qu'on eût pû ranger notre Armée en bataille, & don-ner les ordres néceſſaires pour l'attaque. Les Impériaux qui nous avoient vûs for-mer, pliérent au plus vîte leurs Tentes, & paſſérent une Riviére à la faveur d'un pont de bois, auquel ils mirent le feu ; cette Ri-viére étoit tout-à-fait au pied d'une chaîne de Montagnes inacceſſibles, le long deſ-

quelles elle régnoit, ne laiſſant du pied des
Montagnes juſqu'à ſon bord, que la largeur
d'un chemin ſeulement. Dans un endroit
de ce chemin, étoit ſitué le Village de Markaupſtein, qui*ne contenoit qu'une ruë;
les Impériaux s'y poſtérent, en débordant
un peu ſur les flancs; ils laiſſérent la Riviére entre eux & nous, & crûrent qu'au
moyen de ce rempart ils ſeroient tout-à-fait
hors d'inſultes. Les Payſans qui nous
avoient ſervi de guides, dirent au Marquis
de Maffey que les Montagnes que les Ennemis avoient à leur dos n'avoient point de
gorges par où on pût ſe retirer; que s'ils y
étoient contraints, il falloit néceſſairement
qu'ils remontaſſent preſque une bonne lieuë
le long de la Riviére, pour trouver un endroit propre à traverſer les Montagnes, &
qu'avant d'arriver en cet endroit, ils avoient
une petite plaine à traverſer, où il ſeroit facile de les couper, la Riviére n'ayant pas
trois pieds de profondeur en cet endroit.
J'étois avec notre Général & Meſſieurs de
Santigny & de Mercy, Colonels, qui s'é-
toient avancés pour reconnoître les Ennemis, lorſque les Payſans nous donnérent cet
avis; nous tînmes Conſeil là-deſſus. On
convint de faire marcher les trois Régi-

Q iij

mens de Dragons pour aller s'emparer du
poſte indiqué ; que quand ils auroient de-
vancé les Ennemis, nous canonerions le
Village à travers de la Riviére, avec huit
petites piéces de Canon, que nous avions
conduit avec nous, afin de les debuſquer,
& qu'à meſure que leurs Troupes voudroient faire retraite, notre Infanterie les
pourſuivroit pour les mettre entre deux
feux, lorſqu'elles voudroient déboucher
dans la petite plaine où ſeroient nos Dragons. Enfin nous prîmes des meſures ſi juſtes, que la défaite des Ennemis étoit inévitable, ſi nos Dragons pouvoient s'emparer
de ce poſte avant eux.

On donna donc ordre aux Dragons de
marcher de l'autre côté de la plaine, afin
que les Ennemis ne puſſent pas les découvrir, & aux Officiers de l'Artillerie de faire
conduire le Canon dans l'endroit où nous
étions, d'où l'on pouvoit canoner les Impériaux ; mais les Sentinelles qu'ils avoient
au haut du Clocher, s'étant aperçûs du premier mouvement de nos Dragons, les
avertirent, & ſe doutant de notre deſſein,
ils ſe mirent en marche eux-mêmes pour
les dévancer & gagner le poſte avant nos
gens. Boiſmorel qui étoit reſté à la Troupe,

parce qu'il n'étoit pás en relation avec nos
Généraux, ne fçavoit rien de ce qui venoit
d'être décidé ; & voyant que les Ennemis
défilóient pour fe retirer, il crut qu'on auroit pû les prendre comme des Souris dans
une Souriciére, & qu'on les laiffoit échaper par crainte ou par intelligence. Là-def-
fus, le peu de connoiffance qu'il avoit dans
l'Art militaire, ne lui permettant pas de
rien aprofondir, il entra en fougue, &
nous le vîmes tout à coup arriver à courfe
de cheval, avec un vifage étonné. Il nous
aborda auffitôt comme un furieux, & s'a-
dreffant au Marquis de Maffey, il lui dit
d'une voix haute & menaçante : Comment
morbieu, Monfieur, vous laiffez échaper
les Ennemis du Roy fans dire mot, dans le
tems où l'on pourroit les prendre tous fans
qu'il s'en échapât aucun ; vous êtes un traî-
tre & un indigne, & je m'en plaindrai.
Nous demeurâmes immobiles à ce difcours ; & nous ne pouvions croire qu'il fût
vrai qu'on ofât parler ainfi à un Général.
Cependant le premier mouvement du Marquis de Maffey, en fe voyant apoftrophé,
fut de porter la main à fon piftolet ; mais à
peine en eut-il fait mine, que Boifmorel
prit le fien, & fi nous ne l'euffions prom-

ptement faifi, le Général étoit en rifque d'être tué, dans le moment où il prenoit le plus de précautions pour les intérêts du Roy & de l'Electeur. Nous eûmes toutes les peines du monde à arrêter les emporte-mens de Boifmorel, & nous n'en ferions jamais venus à bout, fi nous ne lui avions arraché de force fes piftolets. Le Marquis de Maffey eut beaucoup de prudence en cette occafion; il eft certain qu'il auroit pû le tuer ou le faire tuer, fans craindre le blâ-me; mais il fe contenta de lui ordonner les arrêts, ce qu'il n'exécuta point, car s'étant jetté au large, il cria à fon Régiment de le fuivre. Il venoit d'arriver auprès de nous par ordre du Général: & quelques Grena-diers voulant fe mettre en mouvement pour lui obéir, fûrent retenus par mes ordres, excepté trois ou quatre de fa Compagnie qui gagnérent la plaine avec lui; enfuite il envoya chercher les piftolets d'un Sous-Lieutenant, & difparut.

La difpute étant finie, nous fongeâmes au parti qu'il y avoit à prendre contre les Ennemis; notre Régiment de Grenadiers étoit auprès de nous, mais le refte de l'In-fanterie en étoit encore éloigné, parce-que l'avanture de Boifmorel avoit tout interrompu. Cependant il étoit tems de marcher , fi on vouloit joindre l'arriére-garde des Impériaux , & voyant notre Général dans l'impatience, je lui proposai de paſſer la Riviére avec mes Grenadiers, pour aller l'attaquer, en attendant que le reſte de l'Infanterie pût arriver ; ma propoſition fut acceptée ſur le champ ; & nos guides m'ayant aſſuré que la Riviére étoit guéable partout, nous nous jettâmes dans l'eau à la file, & nous la traverſâmes avec facilité. Ce paſſage ne put ſe faire auſſi promptement que je l'aurois ſouhaité , & le tems que nous y employions me faiſant craindre que les Ennemis ne m'échapaſſent , je me mis en marche avec la moitié du Régiment qui étoit paſſé , avec ordre au reſte de me ſuivre à meſure qu'il paſſeroit. Me voilà donc à la pourſuite de l'arriére-garde de leur Armée, que je joignis à un bon quart de lieuë du Village ; les bois qu'ils avoient été obligés de paſſer avoient retardé leur marché , & j'avois fait une extrême diligence pour les joindre. Ils étoient ſur la croupe d'une hauteur pleine de bois , quand je les aperçûs ; mes Grenadiers avoient la bayonnette au bout du fuſil, avec ordre de ne point tirer ſans ma permiſſion , & leur ayant fait hâter le pas , les Ennemis qui les virent prêts à tomber fur eux , firent volte-face , qu'ils accompagnérent d'une décharge qui en tua plufieurs à droit & à gauche de mon cheval , fans qu'il fût bleffé. Ce cheval avoit tellement peur du feu , que les coups qui furent tirés le rendirent immobile , & il fe prit à trembler d'une maniére fi furprenante , que quand mon intention n'auroit pas été de mettre pied à terre , j'aurois été obligé de le faire , ne pouvant plus le mettre en mouvement. Après cette décharge , les Ennemis , fans s'arrêter à recharger leurs armes , continuérent leur marche avec plus de précipitation qu'auparavant : alors nous eûmes beau jeu , car ayant réfervé notre feu , nous nous abandonnâmes tête baiffée fur eux , & chaque coup porta. Bientôt l'épouvante les prit ; ils crûrent que toute notre Armée étoit à les pourfuivre , & mes Grenadiers acharnés après eux , ne faifoient que tuer à coups de bayonnette & à coups de fufil , fans faire quartier à perfonne , afin d'aller toujours en avant. Nous ne trouvions point de réfiftance ; ils ne cherchoient leur falut que dans la fuite , ce qui leur étoit difficile d'opérer , les hauteurs qu'ils avoient franchi les ayant mis hors d'haleine ; & ceux qui étoient à l'avant-garde, ne fongeant qu'à gagner le Pofte avant nos Dragons, ne purent donner de fecours à ceux que nous pourfuivions. Le refte de notre Infanterie ne put pas joindre affez tôt ; on crut même qu'il étoit inutile qu'elle fe mît à paffer la Riviére ; de maniére que dans cette Action, qui fe paffa le 8. d'Août, je défis, avec mes Grenadiers feuls, un Régiment entier, qu'on apelloit Schevein, compofé de dix-huit cent hommes, qui fûrent facrifiés à leur fureur, excepté un petit nombre que nous fîmes prifonniers par une avanture finguliére, qui calma l'animofité de mes gens. Voici comment.

Un jeune homme de famille, qui étoit Cadet dans le Régiment de Schevein, voyant fa perte inévitable, fe cola derriére un gros arbre, vis-à-vis duquel je marchois ; ce pauvre garçon, conferva affez de fang froid pour me remarquer : & comptant que peut-être il pourroit avoir quelque grace, il attendit dans cette pofture que je fuffe arrivé tout-à-fait aüprès de l'arbre. Alors s'étant tout à coup élancé, il vint fe jetter à genoux entre mes jambes, en me demandant quartier ; la maniére dont il s'y prit,

Q vj

& fa jolie figure, excitérent fi fort ma compaffion, que crainte que les Grenadiers ne
lui donnaffent quelque coup de bayonnette,
je l'envelopai de mes bras & de mes jambes,
& criai à haute voix que perfonne ne lui
touchât, parce que je voulois aprendre par
lui des nouvelles des Ennemis. Les Grenadiers me voyant dans cette pofture, cru-
rent qu'il y avoit quelque chofe de myfté-
rieux, & s'arrêtérent tous, pour fçavoir ce
que ce pouvoir être: cette fufpenfion ralen-
tit leur fureur, & ils crûrent que je fouhaitois faire des prifonniers. Dans cet efprit,
au lieu de tirer fur ceux qu'ils rencontroient, ils courûrent feulement les prendre. Cette avanture fauva la vie au Lieutenant-Colonel de ce Régiment, à quatre
Capitaines, à fix Lieutenans, & à environ
deux cent foixante Soldats. Nous eûmes
auffi les fix Drapeaux du Régiment; car
dans les Impériaux, chaque Bataillon a
deux Drapeaux, & le Régiment de Schevein étoit compofé de trois Bataillons.

Après l'expédition, je fis repofer mes
gens au milieu du bois, où il me prit une
faim & une foif extraordinaire; j'avois fait
quitter tous les avrefacs à nos Grenadiers
dans le Village de Marxaupftein, afin de

courir plus légérement fur l'Ennemi , ce qui nous ôtoit toute reffource, fi nous ne nous étions avifé de foüiller dans ceux des Ennemis : nous y trouvâmes du pain , & quelques petits flacons de Brandevin, qui nous foulagérent beaucoup. Notre halte étant faite , je me mis en marche pour aller joindre notre petite Armée , qui étoit déja campée. M. de Maffey ayant vû revenir les Dragons fans rien faire , parce que les Ennemis les avoient prévenus en détachant un avant-garde, qui avoit été à toute courfe s'emparer du Pofte qu'il nous auroit fal-lu , crut que nos Grenadiers n'étoient pas arrivés à tems , & qu'ils s'amufoient dans le bois après quelques traîneurs ; c'eft ce qui l'engagea à faire dreffer le Camp , & à nous envoyer avertir de nous retirer. Quand fon ordre arriva tout étoit terminé : je defcendois la croupe d'une Montagne pour entrer dans la plaine avec ma Troupe & mes prifonniers, que j'avois placés dans le centre de mes Grenadiers. Boifmorel nous vint joindre, tout gonflé des Victoires qu'il venoit de remporter en particulier ; il étoit fi occupé à nous raconter fes actions de valeur, qu'il marcha long-tems avec nous fans s'apercevoir des prifonniers , ni de leurs Drapeaux, que j'avois mis dans le milieu de notre Colonne : & je crois que nous ferions arrivés au Camp, sans qu'il les eût vû, si je ne l'avois interrompu pour l'en faire apercevoir. Il avoit couru après un fuyard, disoit-il, qui vouloit se sauver à la faveur d'une haye, & il l'avoit dépêché d'un coup de pistolet ; ensuite en ayant aperçû un autre de loin, qui, pour se cacher, se sauvoit tout courbé, il avoit couru à toutes jambes après lui, & lui avoit fait mordre la poussiére. Tandis qu'il s'aplaudissoit, je faisois sur lui des réflexions ; je pensois combien il est dangereux de mettre des personnes sans expérience à la tête d'une Troupe ; je voyois en cet Officier le vrai portrait de l'amour propre, qui nous fait chérir tout ce qui part de nous, & mépriser ce qui vient d'autrui ; & je prenois compassion de l'erreur dans laquelle il étoit, en s'aplaudissant d'avoir été faire le volontaire, pendant que son Régiment étoit dans l'action. Je lui proposai cependant en arrivant au Camp, de présenter lui-même les Drapeaux & les prisonniers au Marquis de Maffey ; mais il ne jugea pas à propos de le faire, & m'en laissa le soin. J'allai donc les présenter, & surprendre agréablement ce

Général, qui ne s'attendoit point à une si heureuse défaite. Après m'avoir fait quelques complimens, il m'avoua que si je n'avois pas été à la tête du Régiment, il auroit envoyé bien plutôt son Ayde de Camp pour nous faire revenir, nous croyant très-inutiles dans les bois, & craignant les maraudes que nos Grenadiers avoient coutume de faire : & il ajoûta que s'il avoit sçû de quoi il s'agissoit, il m'auroit envoyé du secours ; mais que les Dragons ayant manqué leur coup, il s'étoit figuré qu'il n'y avoit plus rien à faire, & que la joye qu'il avoit d'une Action si glorieuse étoit d'autant plus grande qu'il ne s'y étoit pas attendu. Je voulus profiter du moment pour lui parler en faveur de Boismorel ; je fis de mon mieux pour lui rendre tous les bons offices qui dépendoient de moi ; je lui exposai tout ce que Boismorel avoit fait dans l'action qui venoit de se passer, & lui en attribuois toute la gloire, espérant par là obtenir sa grace ; mais le Marquis de Maffey étoit aussi bien instruit de ses démarches que moi-même, parce qu'après l'action, Boismorel étoit venu chercher le Régiment au Camp, & avoit raconté à quelques Officiers tout ce qu'il m'avoit dit. Son récit avoit été raporté

mot à mot au Général, qui déja prévenu se
mit à soûrire à mes empressemens, & me
dit que si j'étois dans le cas de Boismorel ,
je ne trouverois pas en lui la même ardeur
à me servir , & il me pria de parler d'autre
chose.

On avoit eû soin de marquer une maison dans un Village auprès duquel étoit le
Camp , pour le logement de Boismorel ;
quand M. de Maffey eut apris qu'il étoit déja dedans , il lui envoya un Lieutenant &
vingt hommes de garde à sa porte , avec ordre de lui demander son épée. Boismorel
fut très-surpris d'un compliment où il devoit pourtant s'attendre ; mais il s'étoit flaté que ses Victoires devoient laver son action , & qu'on ne devoit plus attenter à sa
personne , c'est ce qui lui donna lieu de
se récrier beaucoup , & de mettre sa Bravoure en jeu pour la faire valoir ; mais toutes ses plaintes furent inutiles.

Nous aprîmes le lendemain par des Déserteurs , qu'après la perte que les Ennemis
venoient de faire , ils n'avoient pas crû être
en état de se soutenir plus long-tems sur la
Frontiére , & qu'ils avoient repris la route
d'Italie , après avoir laissé trois cent hommes dans un Château situé à trois lieuës de

l'endroit où nous étions campés. M. de
Maffey ne fe voyant plus d'Ennemis à combattre, grace à notre Régiment de Grenadiers François, prit la réfolution d'aller
affiéger ce Château, & partit le lendemain
dans cette intention : & en décampant il
eut le foin de commander un Lieutenant
& vingt Dragons, à qui il ordonna de conduire Boifmorel dans la Tour de Munich,
& de rendre à Meffieurs du Confeil d'Etat
les informations qu'il avoit faites contre lui.
Comme notre décampement fe fit de grand
matin, je n'eûs que très-peu de tems pour
voir Boifmorel ; mais je laiffai chez lui un
Officier du Régiment, à qui je recomman-
dai d'y refter jufqu'à fon départ pour recevoir fes ordres, ce qui fut peu de tems
après, car fitôt que les Troupes fe mirent
en marche, Boifmorel & fon efcorte prîrent le chemin de Munich, & l'Officier
vint joindre le Régiment. Je lui demandai
s'il n'étoit chargé de rien. Pardonnez-moi,
Monfieur, me dit-il ; M. Boifmorel m'a
donné un ordre que je n'exécuterai point :
il eft trop peu convenable ; je lui demandai
ce que cet ordre avoit d'extraordinaire
pour lui caufer tant de répugnance. Il me
dit qu'il lui avoit ordonné de faire une ha-

rangue au Régiment, afin de prévenir les suites dangereuses que son affaire pourroit produire dant l'esprit des Grenadiers , en les déroutant & leur abattant le courage; de leur faire entendre qu'il ne falloit point qu'ils s'inquiétassent à son sujet, parce qu'il avoit assez de crédit pour surmonter ses ennemis; qu'il espéroit que le contre-tems qui lui arrivoit ne diminueroit rien de leur valeur ; qu'il les exhortoit à faire leur devoir dans toutes les occasions qui se présenteroient pendant son absence, tout comme s'il étoit présent : & que c'étoit là le seul point de son inquiétude. Je dis à cet Officier qu'il devoit obéir aux ordres de son Colonel ; il me répondit qu'en toute occasion il le feroit , mais qu'il n'avoit pas assez d'art pour faire une harangue digne de celui qui lui en avoit donné l'ordre. Eh bien, lui dis-je, je m'en vais donc la faire pour vous : aussitôt je m'arrêtai à la tête du Régiment , & à mesure qu'il défiloit, j'anonçois aux Grenadiers les intentions de leur Colonel; mais ces brutaux prirent mal la chose pour sa réputation , & je fûs contraint de leur imposer silence sur les termes outrageans dont ils se servoient.

Nous allâmes investir , sans grandes pré-

cautions, le Château dont les Ennemis s'é-
toient emparés ; nous n'en regardâmes pas
le Siége comme quelque chofe d'aſſez grande conféquence pour ouvrir la tranchée ;
nous dreſſâmes feulement une batterie de
nos petites piéces de Canon, & nous nous
attachâmes à faire une fimple bréche à une
Tourelle qui apuyoit la porte de la premiére baſſe-   r, afin de ne pas endommager
le Château, qui apartenoit au Grand-Maî-
tre des Etats de Baviére. Quand les Aſſiégés virent une petite bréche déja faite, ils
demandérent à capituler ; mais nous ne
voulûmes les recevoir que prifonniers de
Guerre. Nous trouvâmes dans ce Château
beaucoup de munitions que les Ennemis
avoient eû foin d'y ramaſſer, dans l'intention de parcourir le pays, & de le mettre
à contribution.

Nos Conquêtes augmentoient la fatisfaction de notre petite Armée ; nous étions
dans une véritable joye, & notre Général
fe préparoit à s'emparer d'un autre Poſte
que l'on croyoit être occupé par les Ennemis, quand un Courrier de Madame l'E-
lectrice, arriva avec un ordre au Marquis
de Maffey, de partir fans délai à la tête de
fes Troupes, en forçant fes marches, afin

d'arriver promptement à Munich pour la
sûreté de la Famille Electorale. Ce Courrier nous dit les larmes aux yeux que tout
étoit perdu ; que l'Armée de France avoit
été entiérement défaite dans la plaine
d'Hochstet, que l'Electeur se sauvoit pour
gagner la Frontiére de France ; que Madame l'Electrice étoit dans la plus triste situation, & que le Conseil d'Etat ne sçavoit
quelles mesures prendre pour la sureté de la
Princesse & de sa Famille. Qu'on attendoit
nos Troupes avec une extrême impatience,
pour prendre avec ce renfort les résolutions
convenables : que jusqu'à notre arrivée on
seroit dans des allarmes continuelles, &
qu'il falloit marcher nuit & jour pour les
tirer de ce cruel embarras.

Je voudrois pouvoir trouver des termes
assez expressifs pour faire entendre l'acca-
blement où nous jetta une nouvelle si inopinée. Ce cruel revers vint chasser les agréables idées que nos petites Victoires avoient
produites. Quel changement de fortune en
général & en particulier ! Toutes nos démarches, nos précautions & nos Conquêtes furent anéanties en un instant ; il n'étoit
plus possible de tirer aucun avantage de tout
ce que nous venions de faire, & l'incerti-

tude de l'avenir nous occupoit cruellement. J'avois lieu d'efpérer quelque récompenfe de tout ce qui s'étoit paffé depuis l'affaire de Schelemberg ; les flateurs me le difoient fouvent , & l'amour propre qui augmente en nous le plus petit mérite, me faifoit jouir d'un efpoir gracieux. Mais les plus belles actions particuliéres font confonduës dans l'adverfité générale ; au lieu que dans les grandes Victoires on récompenfe jufqu'à ceux-mêmes qui en portent la nouvelle, quoiqu'ils n'y ayent participé en rien.

Nous marchâmes fans nous arrêter jufqu'à Munich ; le Confeil qui s'étoit plufieurs fois affemblé n'avoit encore pû rien réfoudre , & à l'arrivée des Troupes on y admit les principaux Officiers, qui en déterminérent le réfultat. Il fut arrêté que Madame l'Electrice & les Princes fe mettroient inceffamment en chemin, fous l'efcorte de trois Régimens de Dragons, pour joindre l'Electeur s'il étoit poffible , & fe fauver avec lui ; que pour s'éloigner des Ennemis elle prendroit fa route par Memmingen , & que l'Infanterie couvriroit cette marche en faifant des journées proportionnées entre les Ennemis & l'efcorte ;

qu'elle les obferveroit pour s'opoferà leurs mouvemens , afin que la Princeffe fût plus en fûreté. Mais les Ennemis ne fongeoient qu'à fuivre leurs Conquêtes ; ils avoient feulement laiffé deux Camps volans dans le pays , dont l'un devoit faire le Siége d'Hulm , fous les ordres du Général Tunguen , & l'autre celui d'Ingolftat , fous le Général d'Herbevilé ; & leur Armée étoit à la pourfuite de celle de France. Madame l'Electrice & fa fuite gagnérent Memmingen fans obftacle ; mais ayant apris dans cette Ville l'impoffibilité qu'il y avoit de joindre Son Alteffe , elle fut obligée de retourner fur fes pas pour attendre à Munich ce qu'il plairoit à Dieu de décider en fa faveur.

Cette malheureufe Bataille pour la France & la Baviére , fut donnée le 14. Août dans la plaine d'Hochftet ; bien des perfonnes ont dit du Maréchal de Talard , que le mépris qu'il avoit fait des Ennemis , & fa trop grande préfomption , l'avoient porté à l'entreprendre , ou à en fournir l'occafion , dans un tems où il auroit pû prendre des précautions plus utiles au bien de l'Etat , & à la deftruction de l'Empire. On ajoûtoit que ce Général , enflé de la Victoire qu'il

avoit remportée à Spire , quand il fortit de
fes Lignes de Landau , pour aller combattre le Prince de Heffe-caffel , étoit forti
mal à propos de celles d'Aufbourg pour fe
préfenter devant les Ennemis : & que s'il
s'y étoit maintenu , il auroit ruiné le centre de l'Empire par les Armées. Mais c'eft
l'ordinaire de juger des chofes par l'événement , fans faire attention que le fort des
Batailles dépend quelquefois de certaines
circonftances , que toute la raifon humaine
ne fçauroit prévoir. Si le Maréchal de Talard avoit réuffi , on auroit trouvé qu'on ne
pouvoit penfer autrement que lui ; au refte ,
tout ce qui m'a étonné , & ce que je n'ai
entendu relever à perfonne , c'eft que dans
le deffein où l'on étoit de fortir des retranchemens , on n'ait pas rapellé quinze mille
hommes au moins de Troupes Bavaroifes , tirées de l'Armée , dont notre Détachement faifoit partie. Il eft certain qu'un
renfort fi confidérable , auroit peut-être déterminé la Victoire en notre faveur ; la valeur de ces Troupes étoit connue , puifqu'elles en avoient donné des preuves in-
conteftables dans plufieurs occafions. La
défaite entiére du Général Schlick à Heyzempirne , celle du premier Hochftet con-

tre Stirum, & enfin l'affaire de Schelemberg étoient des faits trop certains de leur
bravoure, pour négliger de les rappeller, fi
on y avoit fait quelques réflexions : voilà
quelles ont été les miennes.

Je n'affurerai point par moi-même les
circonftances de cette Bataille, puifque je
n'y étois pas ; mais il m'en a été fi fouvent
parlé par des perfonnes de confidération,
tant des Ennemis que des nôtres ; entr'autres par le Prince Eugéne même, qui m'a
fait cet honneur bien des fois, que j'ai tiré
des uns & des autres ce que j'en vais raporter.

Après la Capitulation de Rhanes, les
Ennemis ne voulûrent pas s'éloigner du
Danube, ni entrer plus avant dans la Baviére, crainte que la communication des
vivres ne leur fût coupée ; ils fuivirent le
cours de cette Riviére, & allérent s'emparer de la Ville de Neybourg, où quatre cent
hommes que nous y avions, n'étant pas en
état de fe foutenir, eûrent ordre de jetter
les munitions dans la Riviére, & de fe retirer avant que la Place fût inveftie. De-là ils
prirent les Villes d'Aycka & de Scheremhaufen, qui n'avoient ni Fortifications ni
Garnifon ; & enfuite ils allérent camper
dans

dans les plaines d'Ingolſtat, & menaçoient cette Ville d'un Siége prochain. Ce fut à l'occaſion de ce Siége, que M. de Talard, qui étoit campé dans les retranchemens d'Auſbourg, avec le Maréchal de Marcin qui l'avoit joint, voulut ſortir des retranchemens pour s'opoſer aux Ennemis, & l'emporta ſur M. de Marcin, parce qu'il étoit ſon ancien. Alors les Alliés ayant apris nos mouvemens, ſe mirent en marche pour nous ſurprendre. Notre Armée étoit belle, mais elle n'étoit pas ſi nombreuſe que celle des Ennemis, quoique nous euſſions douze Bataillons plus qu'eux, parce que leurs Bataillons contiennent beaucoup plus de ſoldats que les nôtres, & qu'ils avoient outre cela environ quarante Eſcadrons plus que nous, qui faiſoient l'élite de leurs Troupes. Le Maréchal de Talard paſſa la Riviére de Leck; & prit ſa marche droit à la petite plaine de Pleymtem, près d'Hochſtet, où il campa, dans l'intention d'en partir après y avoir ſéjourné quelques jours, pour gagner un Camp plus avantageux, en aprochant d'Ingolſtat; il auroit rompu par là les deſſeins que les Alliés avoient ſur cette Place, mais ils ne lui en donnérent pas le tems. Auſſitôt qu'ils

Tome I.   R

eûrent apris fa marche, ils quittérent leſ
plaines d'Ingolſtat pour venir à fa rencontre, en lui dérobant leur marche : & il eſt
ſurprenant qu'une Armée confidérable pût
faire ce mouvement fans que nos Généraux en euſſent avis. On la croyoit encore
dáns les mêmes plaines, quand elle parut le 14. d'Août, ſur les ſix heures du matin, à la vûe de nos grandes Gardes : les Ennemis commencérent par attaquer deux
Moulins que nos Généraux faiſoient garder au-delà des grandes Gardes, & en chaſ-
férent les Détachemens que nous y avions ;
ce fûrent là les premiéres nouvelles que
nous reçûmes des Alliés & de leurs deſ-
feins. En ce tems-là une partie de notre Armée étoit au fourage, ce qui fut encore
un contre-tems très-fâcheux ; on tira le Canon au plus vîte, pour faire revenir les fourageurs & leurs eſcortes, on battit la Générale & l'Aſſemblée à la hâte : & fans avoir
le tems de détendre les Tentes, on tâcha
de ranger l'Armée en Bataille à la tête du
Camp. Ces mouvemens précipités commencérent à cauſer de la confuſion, & à
inſpirer de la crainte ; d'un autre côté l'eſ-
corte des fourageurs, & les fourageurs mêmes, alarmés d'un fignal imprévû, arri-

voient à la file, plus remplis de frayeur, que d'envie de combattre. L'embarras de fonger, en préfence de l'Ennemi, à plufieurs chofes à la fois, tenoit les efprits troublés, & fur-tout ceux qui avoient dans leurs équipages les revenans-bon de leur quartier d'hyver ; tant de chofes imprévûës n'étoient pas avantageufes à une Bataille de cette conféquence, dont l'apareil auroit dû être réfléchi de plus loin. Les mouvemens précipités & incertains font toujours préjudiciables en pareilles occafions, car avant qu'on fe foit déterminé aux poftes qu'il faut occuper pour attaquer ou pour défendre, l'Ennemi a le tems de faire les aproches & de s'emparer de ceux qui lui font les plus avantageux. Nos Généraux fe donnoient beaucoup de mouvement pour arranger l'Armée ; mais comme ils n'avoient rien prévû, il fallut déplacer plufieurs Brigades pour en apuyer les flancs, & renforcer d'autres endroits foibles & expofés, où la néceffité vouloit qu'on fît des changemens. Pendant cette manœuvre confufe de notre Armée, celle des Ennemis profita du tems pour paffer un gros ruiffeau, ce que peut-être elle n'auroit pû faire fans s'expofer beaucoup, fi nos Troupes avoient été pré-

R ij

parées à la défense. Rien n'est si dangereux
que d'être surpris dans une occasion péril-
leuse ; le Soldat qui sort dans la confusion
pour se défendre contre un Ennemi audacieux, est à demi vaincu : & quand même
la surprise n'altéreroit rien de son courage, il est certain que n'ayant pas eû le tems
de se poster à propos, on perd bien des
avantages dont l'Ennemi profite.

Ce gros ruisseau un peu marécageux,
dont l'eau étoit dormante dans les bords,
paroissoit très-difficile à faire passer de la
Cavalerie & de l'Artillerie ; mais les Ennemis eûrent recours aux Facines pour en af-
fermir le terrein, & construisant avec des
Pontons, des Poûtres, des Planches & des
Chevalets, des Ponts ausquels ils travaillérent avec une extrême diligence sans être
inquiétés, leur Armée passa sur plusieurs
Colonnes avec beaucoup de facilité, & se
formoit à mesure qu'elle passoit. Il n'y eut
que leur droite qui après avoir passé le ruisseau, trouva un marais qui l'arrêta un peu
de tems, & elle fut obligée de se replier sur
sa gauche, pour rejoindre ensuite l'ordre
de Bataille. Pendant ce tems-là notre Armée étoit occupée à se placer ; on envoya
des Brigades dans le Village d'Overlhau,

fen qui apuyoit fa gauche ; & fi nos Généraux euffent eû le tems de faire avancer les
Troupes pour défendre le paffage du ruiffeau , il y auroit eû de la témérité aux Ennemis de l'entreprendre : au lieu que n'ayant
trouvé aucun obftacle ils pafférent tout de
fuite , après avoir conftruit leurs Ponts.

Auffitôt que l'Armée des Alliés eut paffé le ruiffeau, fes Généraux firent commencer l'attaque , fans attendre que toute
leur droite fe fût repliée fur le marais qui
étoit devant elle ; auffi ceux de cette droite
qui attaquérent notre gauche, fûrent repouffés par le Maréchal de Marcin , avec
toute la vigueur poffible ; mais ayant trouvé
derriére eux un Gros d'Infanterie qui venoit à leur fecours, à la faveur duquel ils
fe ralliérent, ils revinrent à la charge, &
fûrent repouffés une feconde fois avec la
même vigueur. Le Prince Eugene rallia
encore fes Troupes, & fit une troifiéme attaque, toujours contre notre gauche, qui
ne réuffit pas mieux que les deux précédentes ; car les Ennemis furent repouffés
fort loin par dêlà le Village d'Overlhaufen ;
mais Milord Marlbouroug étant arrivé
avec un renfort de trente Efcadrons, re-
commença l'attaque avec tant de vigueur,

que nos Troupes, ne pouvant plus réſiſter,
commencérent à plier. Ce qui ſe paſſoit à
la droite de notre Armée étoit encore dans
un état beaucoup plus deſavantageux qu'à
la gauche, par les précautions que les Alliés avoient priſes pour la combattre ; ils
étoient perſuadés que les anciens Régimens
& les Troupes d'élite du Royaume, occupoient par uſage la droite de l'Armée dans
l'ordre de combattre comme dans celui de
camper ; & pour faire tête à ces bonnes
Troupes, ils eûrent ſoin de renforcer leur
gauche, & de faire les plus grands éforts,
pour nous pénétrer dans l'endroit où nous
avions le plus de confiance, perſuadés que
s'ils pouvoient réuſſir, la défaite de notre
droite entraîneroit l'entiére déciſion de la
Bataille. Ils l'attaquérent donc avec une
force ſi ſupérieure, & avec tant de vigueur,
qu'au premier choc, notre plus belle Cavalerie recula aſſez loin ; on fit tous les éforts
poſſibles pour la ramener au combat, mais
il y avoit déja un ébranlement ſi grand, ſoit
par le nombre ſupérieur des Ennemis qui
l'attaquoient, ſoit par une mauvaiſe diſpo-
ſition depuis le commencement de l'affaire,
qu'il n'y eut pas moyen de la faire réſiſter
davantage. Le ſecond mouvement qu'elle

fit, fut de reculer encore ; enfuite voyant
que les Ennemis marchoient pour la charger de nouveau , elle prit tout à fait la fuite
avec tant de frayeur , que trouvant le Danube derriére elle , la plûpart fe précipita
dedans fans en connoître le danger , & fe
noya. M. de Clerambault , Lieutenant
Général , eut le malheur d'être du nombre :
& ce fut fur les bords de cette Riviére que
le Maréchal de Talard fut fait prifonnier
de Guerre.

Après que notre Cavalerie de l'aîle droite eut été mife en déroute, il refta douze
Efcadrons de Dragons & vingt-fept Bataillons envelopés de toutes parts , parce que
les Ennemis s'étoient fait un paffage prefque dans le centre de notre ligne de bataille,
& avoient féparé notre droite d'avec notre
gauche ; c'eft ce qui ôtoit à nos Troupes les
moyens de fe communiquer, & de faire
retraite enfemble , & c'étoit pourtant le
feul parti qu'il y avoit à prendre. La gauche
trouva plus de facilité à fe retirer que la
droite, en fe fervant de l'avantage que lui
donnoit les bois de Luthinguen , & les défilés d'Hochftet; mais les vingt-fept Bataillons & les douze Efcadrons de Dragons de
la droite n'ayant pas les mêmes avantages,

fûrent contraints de fe jetter dans le Village de Pleymtem, qu'ils avoient tout-à-fait à
leur droite. Ils fe retranchérent dans ce Village, efpérant trouver dans la fuite quelque
moyen d'en fortir. Malheureufement leur
attente fut vaine : ils fe trouvérent bloqués
par l'Armée Ennemie, qui les inveftit de
toutes parts ; & fe voyant fans efpoir de fecours, & tous les moyens de faire retraite
entiérement fermés, ils fe rendirent prifonniers de Guerre à l'entrée de la nuit.

La prife de tant de Troupes à la fois fut
le plus grand éclat de la Victoire des Ennemis ; c'étoit ce qu'ils vantoient le plus, lorfqu'ils racontoient les faits de cette Journée.
Les principaux de l'Armée de l'Empereur,
qui m'en parlérent trois mois après, dans
une Députation que j'eûs l'honneur de faire
chez le Prince Eugéne, s'en attribuoient
une gloire infinie, & j'avois peine à jufti-
fier nos prifonniers. En effet, fi vingt-fept
Bataillons & douze Efcadrons avoient pris
une bonne réfolution, ils auroient pû percer pendant la nuit à travers des Ennemis,
l'épée à la main, & l'action auroit été auffi
glorieufe qu'elle étoit périlleufe. L'on prétendit que des Perfonnes diftinguées fûrent
elles-mêmes leur préfenter les Drapeaux ;

elles évitérent par là le fort de deux Brigades, qui se trouvant envelopées dans le centre de la premiére ligne, firent ferme & com-
battirent très-longtems dans le Camp, au milieu des Tentes, avec toute la valeur possible;
mais enfin accablées par le nombre, leur défaite fut inévitable. Notre petite Armée de
Pleymtem ne voulut pas se mettre dans les
mêmes risques : elle avoit lû le Proverbe
suivant.

N'en déplaise à la Gloire ,
Il vaut mieux vivre un jour que cent ans dans l'Histoire.

Madame l'Electrice étant de retour de
son voyage de Memmingen, reçut à Munich un Pouvoir absolu, que le Prince son
Epoux lui envoyoit en se retirant en France ; cette Princesse pouvoit agir, gouverner
& disposer de ses Etats, de telle sorte & en
telle maniére qu'Elle jugeroit à propos, &
il consentoit à tous Traités & Négociations, & vouloit que tout ce qui seroit fait
& passé par Son Altesse Madame, sortît à
plein & entier effet, de même que si le tout
avoit été fait & dressé par lui-même. Ce
pouvoir reçû, Madame l'Electrice assem-
bla le Conseil d'Etat, avec les Officiers Généraux de son Armée, pour prendre les
mesures les plus convenables pour la sûreté

de fes Etats & de fa Famille. On avoit des
avis certains que l'Armée des Alliés, après
la Bataille d'Hochftet, avoit continué fa
marche fur la Frontiére d'Alzace; qu'elle
avoit paffé le Rhin, & qu'elle fe difpofoit
à faire le Siége de Landau. Il n'en reftoit en
Baviére qu'un Camp volant qui faifoit le
Siége d'Ingolftat, avec tant de confiance,
qu'il ne croyoit pas qu'il reftât encore des
Troupes à l'Electeur. C'eft pour cela que
les Ennemis n'avoient pris aucune précaution contre les fecours qui pouvoient venir
à cette Place; ils ne l'avoient pas même inveftie des deux côtés du Danube, qui paffe
le long de fes murs, & fur lequel il y a un
Pont de pierre très-commode : ils s'étoient
contentés de camper au bord de ce Fleuve,
dans une plaine fort étendue, où ils avoient
ouvert des boyaux pour faire leurs aproches, fans être foutenus par aucun autre
Ouvrage.

Sur la certitude qu'on eut de la manœuvre des Ennemis, il fut décidé au Confeil
de Madame l'Electrice, qu'on profiteroit
de la nonchalance des Ennemis, pour donner du fecours à Ingolftat; que pour cet
effet il falloit raffembler les Troupes difper-
fées en un Corps d'Armée, & marcher

droit à eux en toute diligence, pour leur faire lever le Siége de cette Place, qui eſt la plus conſidérable de tous les Etats de l'Electeur. On avoit conſidéré que le moyen le plus aſſuré de faire un Traité honorable avec l'Empereur, étoit de ſe mettre en état de défenſe, afin de faire voir que la Baviére n'étoit pas encore à l'extrémité où l'on croyoit l'avoir réduite ; qu'elle avoit aſſez de Troupes & de reſſources pour devoir cauſer de la crainte aux Alliés, & leur faire faire une diverſion favorable aux armes de France ; & que pour accélérer la Paix, ſi le cas ſe préſentoit, il falloit mettre toutes ſes forces au jour, & faire la guerre ſans aucun ménagement. On comptoit que le Siége de Landau retiendroit l'Armée des Ennemis le reſte de la Campagne, & nous laiſſeroit le tems d'agir & de nétoyer la Baviére ; que quand même le Camp volant du Général Tunguen, qui faiſoit le Siége d'Hulm, voudroit après la Priſe de cette Place, ſe replier en Baviére, nous étions en état de faire tête à tout, & que nos Troupes accoutumées à vaincre les Impériaux, ne les redouteroient pas, quand ils ſeroient deux contre un. Qu'au ſurplus quand il nous arriveroit de tout perdre, il étoit

encore plus glorieux à la Nation d'être
vaincuë les armes à la main, que de fubir
par crainte un joug qui feroit d'autant plus
dur, que le mépris en feroit le fondement.
Que fans retardement il falloit envoyer des
ordres pour le rendez-vous des Troupes,
& marcher droit à Ingolftat pour livrer Bataille aux Impériaux.

Pendant ces délibérations, je profitai de
l'occafion pour folliciter en faveur de Boifmorel; je fis agir tous mes amis, & fis fi
bien que j'obtins de Madame l'Electrice,
qu'il fortiroit de la Tour où il étoit étroitement gardé, pour être feulement aux arrêts
dans fa chambre, avec une fentinelle à fa
porte. Cette grace étoit effentielle; il fe
trouvoit par fon élargiffement hors de
crainte des peines afflictives; parce que la
facilité qu'il avoit à fe fauver en cas de befoin, lui étoit d'une reffource affurée. Ce
n'étoit pas fans raifon qu'on craignoit pour
fa vie, les aparences n'en menaçoient que
trop : & j'eûs la fatisfaction de l'avoir délivré de cette apréhenfion, avant de partir de
Munich.

Notre Armée fe trouva formée le 6. de
Septembre fous les ordres de M. de Ve-
quel, ancien Lieutenant Général des Ar-

mées de l'Electeur ; & nos Troupes s'étant
mifes en marche, nous nous trouvâmes le
9. à nuit clofe au bout du Pont d'Ingolftat.
Les ennemis campés de l'autre côté de la
Riviére, étoient trop éloignés de la Ville
pour rien aprendre de notre marche ; ce qui
fit que nous défilâmes fur le Pont pendant
l'obfcurité, & paffâmes à côté de la Place
pour entrer dans la plaine, fans qu'ils s'en
aperçuffent. Lorfque nous vîmes que le
jour étoit affez grand pour marcher à eux,
nous mîmes notre Armée fur quatre lignes,
afin de pouvoir avancer avec plus de commodité, & fitôt que nous fûmes avancés,
notre feconde ligne doubla fur la premiére,
la quatriéme fur la troifiéme, & en un inftant nos Troupes fe trouvérent formées fur
les deux lignes de l'ordre de Bataille. Les
Vedettes des Ennemis nous aperçûrent
néanmoins d'affez loin, pour que leur Armée eût le tems de détendre fon Camp, &
de fe mettre en Bataille pour nous recevoir.
Les Impériaux firent d'abord très-belle
contenance, & nous nous aperçûmes que
dans leur ordre de Bataille précipité, tous
leurs Cuiraffiers étoient à l'aîle droite de
leur Infanterie ; ce qui nous fit faire un
changement dans le nôtre, en faifant paffer

quelques Escadrons de Dragons sur notre
gauche, pour opofer plus de réfiftance à
leur Cavalerie : & on fit placer notre Régiment de Grenadiers auprès des Dragons.
Le tems qu'il fallut employer pour ce mouvement, donna aux Ennemis celui de mettre leurs bagages en fûreté, & il étoit près
de neuf heures lorfque nous commençâmes le Combat. La haîne étoit fi grande
entre les Impériaux & les Bavarois, qu'ils
marchérent les uns contre les autres comme
des furieux, & le choc fut terrible. Cependant les premiers ne jugérent pas à propos
de foutenir un fecond choc; la néceffité
les obligea de plier & de prendre la fuite
à travers des bois qui n'étoient pas éloignés de la plaine, & qui fûrent d'un grand
fecours à leur Infanterie. Les Dragons &
mes Grenadiers fe mirent à la pourfuite des
fuyards pendant plus de deux lieuës ; nous
fîmes plufieurs prifonniers, & la perte des
Ennemis alla à plus de trois mille hommes,
fans les prifonniers, & huit cent chevaux
qui nous fûrent très-utiles pour la remonte
de nos Dragons. On fit fur eux quelque butin en les pourfuivant ; mais mes Grenadiers ne s'en tinrent pas à dépoüiller les
morts & les prifonniers. Ils trouvérent

moyen, en poursuivant les Ennemis, de faire un détachement de la Troupe, qui alla courir les campagnes, & piller des Villages & des paturàges, dont ils ramenérent au moins quatre cent têtes de Bœufs ou de Vaches : & ils sçûrent si bien cacher le négoce qu'ils en firent, que cet excès ne vint à ma connoissance, que quand il n'y eut plus moyen d'y aporter reméde.

Le même jour que nous remportâmes cette Victoire sur les Impériaux, la Garnison Françoise, qui étoit restée dans la Ville d'Hulm, rendit la Place au Général Tunguen qui l'avoit assiégée ; ensuite ce Général envoya un petit Détachement de ses Troupes pour renforcer celles qui venoient d'être battuës devant Ingolstat, & marcha avec le reste de son Camp volant, pour joindre le Roy des Romains qui assiégeoit Landau. Les Impériaux ayant reçû ce renfort, se crûrent en état de faire quelque nouvelle entreprise, & allérent se camper dans la plaine de Ratisbonne. Nous étions encore auprès d'Ingolstat, quand nous aprîmes qu'ils occupoient ce Poste, dans le dessein de se jetter sur quelque Place, ou ravager le pays ; & voyant qu'il n'y avoit pas de tems à perdre, nous nous mi-

mes en marche pour nous opofer à leur entreprife, & leur livrer combat, fi nous pouvions les joindre. Nous arrivâmes en peu
de jours à l'entrée de la plaine où ils étoient
campés ; mais nous les trouvâmes bien
mieux fur leurs gardes qu'ils n'avoient été
dans la plaine d'Ingolftat ; ils avoient déja
pourvû à leur retraite, en garniffant d'Infanterie les bois qui étoient derriére eux ;
& après les avoir bien reconnus, nous crûmes qu'il y auroit de l'imprudence de les
attaquer dans la fituation où ils étoient.
Leur Cavalerie & le refte de leur Infanterie étoit en Bataille proche des bois, dans
la meilleure contenance du monde, parce
qu'elle fe croyoit hors de danger ; cependant l'opiniâtreté qu'ils eûrent à fe foutenir
dans ce Pofte, nous fit imaginer les moyens
de les débufquer & d'entamer leur arriére-
garde, ce que nous n'aurions pû faire s'ils
s'étoient retirés à notre aproche. Nous fîmes faire des Facines promptement, &
commandâmes des travailleurs, qui en peu
de tems eûrent dreffé une batterie de fix
piéces de Canon de Campagne, que nous
conduifions avec nous. Cette batterie fut
placée à moitié chemin d'eux à nous, &
pouvoit les battre à cartouche. Nous la

fîmes conftruire dans le deffein de les attirer au combat, en voulant s'opofer à nos
travailleurs ; mais ils jugérent à propos de
fonger à leur retraite quand ils virent conduire le Canon. Leurs Troupes fe mirent
donc en marche avant que notre Canon pût
tirer fur elles, en filant le long des bois, &
elles étoient foutenuës par leur Infanterie
qui étoit dedans, laquelle marchôit avec le
Gros de l'Armée ; quand nous vîmes que
les Impériaux fe retiroient, nous fîmes
mettre notre Armée en mouvement pour
les obferver, fans néanmoins nous expofer
à la portée des bois, & marchâmes jufqu'à
ce qu'ils fûrent obligés de déboucher pour
entrer dans un pays découvert. Alors ils
précipitérent leur marche ; nous les pour-
fuivîmes d'affez près pour donner fur leur
arriére-garde que nous battîmes, & nous
leur tuâmes quinze cent hommes, & fîmes
quelques prifonniers. Nous campâmes
dans la même plaine, en attendant que
nous fuffions informés du parti que pren-
droient les Ennemis. Nous aprîmes qu'ils
avoient fait trois grandes marches de fuite,
& qu'ils s'étoient arrêtés près d'un endroit
qu'on apelle Oberkirken, parce que le
Camp y étoit très-avantageux, & qu'ils

faisoient mine de vouloir s'y soutenir pour
donner de l'inquiétude aux peuples. A cet
avis nous nous remîmes en marche, toujours dans l'intention de les combattre ;
mais ils évitérent encore d'en venir aux
mains, car dès qu'ils aprîrent notre aproche, ils décampérent à la hâte & s'éloignérent de la Frontiére. Voilà quelle étoit la
situation & la manœuvre des Troupes de
Baviére, qui faisoient éprouver aux Impériaux leur courage & leur intrépidité, tandis que toute l'Europe croyoit que depuis
l'Affaire d'Hochstet, il n'existoit pas un
seul soldat Bavarois.

Pendant que nous poursuivions les Impériaux, & que nous en avions nétoyé la
Baviére, le Conseil d'Etat de Munich avoit
secretement obtenu de Madame l'Electrice,
la permission d'envoyer une députation à
Vienne, pour traiter, à l'insçû des Officiers Généraux de l'Armée, d'un accommodement avec Sa Majesté Impériale. Ce
Conseil timide avoit représenté à la Princesse que ses Sujets avoient extrêmement
souffert, & qu'ils n'étoient plus en état de
fournir les sommes qu'il faudroit pour soutenir la Guerre ; que dans la situation où
étoient les affaires, il n'y avoit point de

meilleur parti à prendre que celui d'implorer la clémence de l'Empereur, pendant que nos Troupes paroiſſoient victorieuſes. Que ſi Son Alteſſe s'opiniâtroit à ſoutenir dans ſa Régence un parti étranger contre celui de ſa Patrie même, cette conduite à laquelle on n'avoit pas dû s'attendre depuis la Bataille d'Hochſtet, alliéneroit les eſprits de tout le Corps Germanique, qui ne manqueroit pas de faire un dernier éfort pour envahir ſes Etats, & qu'alors il ne ſeroit plus tems de ſonger à un accommodement. Qu'avec la perte de tous ſes Etats, ils avoient à craindre qu'Elle-même & ſa Famille ne vinſſent à tomber entre les mains de leurs Ennemis; qu'ils ne pouvoient tourner leurs triſtes réflexions de ce côté-là, ſans avoir le cœur pénétré de douleur. Cette Princeſſe fut priée de ſe reſſouvenir des éforts qu'Elle avoit fait Elle-même, pour porter l'Electeur à entrer en accommodement, & de ſe rapeller les raiſons dont Elle s'étoit ſervie, afin d'être touchée de compaſſion pour des Peuples qui lui demandoient par leur bouche, de ne les pas expoſer aux fureurs d'une Guerre qui ne pouvoit tourner qu'à la deſtruction & à la ruine totale de tout l'Etat, quel qu'en pût

être l'événement. On lui remontra encore
que la solde étoit dûë aux Troupes depuis
le premier d'Août, sans qu'on eût pu trouver assez de fonds pour la payer ; que plus
on différeroit à faire la Paix, plus les arrérages s'accumuleroient, sans espérance de
ressources. Qu'outre le payement des Troupes qu'on ne pouvoir faire, & qui occa-
sionneroit la désertion, il faudroit encore
des Recruës, pour tenir les Régimens en
état de faire la Guerre ; que ne pouvant faire
ni l'un ni l'autre, on se trouveroit en peu
de tems sans aucune ressource : & qu'il
étoit plus prudent de se servir du tems présent pour faire un Traité de Paix, que d'attendre à la derniére extrémité.

Cette Remontrance étudiée avoit pour
principe l'intérêt des Membres qui compo-
soient le Conseil d'Etat ; ils rendoient tous
les moyens de soutenir la Guerre difficiles
& impraticables, parce qu'ils ne la vouloient pas : & les Finances passant par leurs
mains, ils trouvoient assez de prétextes
pour faire connoître l'impossibilité de fournir aux besoins des Troupes & aux frais de
la Guerre. D'ailleurs ils étoient bien aises
de faire connoître à l'Empereur, qu'ils regardoient déja comme leur Souverain, les

soins qu'ils se donnoient pour ses intérêts, afin d'en obtenir la protection & la récompense. Il se peut bien aussi que le cœur n'y fût pas entiérement porté, & que la crainte y eût plus de part que l'intérêt ; mais ce qui en résultoit n'en étoit pas moins le même. Le Conseil d'Etat avoit auprès de Madame l'Electrice, le Pere Schemaker Jésuite, son Confesseur, qui mêlant pieusement ses représentations avec celles de Messieurs les Conseillers, détermina enfin Madame l'Electrice à demander secretement la Paix.

Cependant toutes ces menées ne purent pas se faire avec tant de secret que nos Officiers Généraux n'en eussent l'éveil ; ils avoient envoyé à Munich pour solliciter le payement des Troupes. Les Envoyés s'adressérent à Messieurs du Conseil, & à tous ceux qui étoient préposés pour faire la solde, sans obtenir de réponse ; plus ils marquoient d'empressemens, & moins ils en tiroient raison ; enfin à force d'entrer en détail, ils démêlérent par les réponses inquiétes qui leur furent faites, que Madame l'Electrice seroit obligée de faire la Paix pour se délivrer des importunités. On leur dit qu'il n'étoit pas question de payement, parce que le Trésor étoit épuisé, & qu'on

ne pouvoit lever aucun fubfide fur les Peuples ; qu'ils feroient mieux de retourner à
leurs Troupes, & modérer leurs empreffe-
mens : & que quand on feroit en état de
payer on en donneroit avis , fans qu'ils vin-
fent perdre leur tems inutilement. Cette réponfe donna occafion à nos Envoyés d'entrer dans de plus grands éclairciffemens , &
à force de tourner la matiére , ils démélé-
rent que le Confeil ne comptoit pas attendre long-tems à fe délivrer des inquiétudes
que lui caufoient les Troupes.

Nos Envoyés revinrent joindre l'Armée,
très-mécontens de leur voyage , & nous
aprirent ce qu'ils avoient découvert ; nous
en fûmes d'autant plus furpris , que nous
avions compté que nos Victoires devoient
faire recevoir nos demandes favorablement. Cependant bien loin de nous tenir
compte de tous les avantages que nous
avions remporté fur les Ennemis , on ne
nous regardoit plus que comme des impor-
tuns. La fidélité des Troupes n'en fut pourtant point ébranlée ; elles avoient une
ardeur fincére de conferver la Baviére ,
& tous ceux qui compofoient le Corps de
notre Armée étoient dans l'intention de fe
paffer de tout , plutôt que d'abandonner les

Intérêts d'un Prince adoré de ſes Sujets.
Nous allions plus loin, car notre intention
ne ſe bornoit pas à conſerver la Baviére,
nous voulions encore pouſſer nos Conquêtes dans le Pays Ennemi, pourvu qu'on eût
ſoin de nous fournir ſeulement du pain &
des Recruës. Nous aſſemblâmes à ce ſujet
un Conſeil de Guerre, entre les Officiers
Généraux & les Commandans de chaque
Régiment, où après avoir mûrement réfléchi ſur tout ce qui pouvoit arriver, on fit
un Mémoire raiſonné, par lequel nous faiſions voir évidemment qu'il étoit encore
plus utile de ſoutenir la Guerre, que de faire une Paix particuliére. Nous expoſions
que quelque Traité que pût faire Madame
l'Electrice, dans l'occaſion préſente, il lui
ſeroit toujours deſavantageux; parce que la
Cour de Vienne, qui étoit en poſſeſſion
d'agir deſpotiquement ſur les Membres de
l'Empire, ne ſe croiroit point obligée d'en
obſerver religieuſement les Articles, ſi elle
trouvoit qu'il convînt à ſes intéréts de les
enfreindre. Qu'en croyant faire un accommodement de Souverain à Souverain, on
ne feroit que préparer le joug ſous lequel il
faudroit baiſſer la tête, ſelon qu'il plairoit
à la Maiſon d'Autriche; que les égards

qu'on prétendoit avoir pour les Peuples de
Baviére, n'étoient qu'un prétexte pour les
livrer entiers à l'Ennemi, afin qu'ils fussent
mieux en état de fournir aux subsides que
l'Empereur imposeroit sur eux : que l'on
connoîtroit quand il ne seroit plus tems,
que les Bavarois étoient en état de soutenir
une Armée plus considérable que la nôtre,
si les Revenus de l'Etat étoient fidélement
distribués. Que si on avoit de la compassion
pour eux, il falloit leur marquer, en faisant
tous les éforts possibles pour les garantir de
tomber entre les mains des Autrichiens
leurs plus grands Ennemis. Que s'il arrivoit que la Cour de Vienne les eût pour Sujets, elle les traiteroit comme des Peuples
qu'il faudroit tôt ou tard remettre à leur
véritable Maître, & qu'en cette vûë les
subsides & les impositions ne seroient pas
épargnés; qu'alors on verroit la différence
des taxes qui seroient imposées par les Ennemis, à celles qu'il falloit pour le soutien
d'une Armée, qui veilleroit à leur conservation. Que si toutes ces raisons n'opé-
roient rien, & qu'absolument on ne voulût pas contraindre les Peuples à fournir
aux frais de la Guerre, il y avoit encore
d'autres moyens d'y pourvoir. Qu'il falloit

faire

faire un état général du nombre infini de
Vafes d'argent fuperflus qui étoient dans
les Abbayes, Cloîtres , Couvents & Pa-
roiſſes, en donner des reconnoiſſances à
ceux à qui ils apartiendroient , & les mettre
en monnoye. Qu'outre cette argenterie, il
y avoit encore dans toutes les Egliſes un
nombre infini de cloches dont on pouvoit
mettre une partie en eſpéces , auſquelles on
donneroit telle valeur qu'on jugeroit à propos ; que pour peu que les Peuples donnaſ-
ſent de leur côté , ces deux articles ſeroient
plus que ſuffiſans pour ſoutenir les Troupes
qui étoient ſur pied , & pour faire une augmentation conſidérable. Qu'on avoit la
reſſource du bled & des beſtiaux , dont le
pays eſt ſi abondant , qu'il fournit tous les
ans à la ſubſiſtance de pluſieurs Provinces
des environs ; qu'avec tous ces avantages ,
les Troupes ſe contenteroient de ſix mois
de paye par an , pourvû qu'on leur tiut
un fidéle compte du ſurplus , qu'on ne
payeroit que lorſqu'on ſeroit en état de le
faire : & que non ſeulement l'Armée défendroit l'Etat , mais encore elle pourroit faire
des Conquêtes ſur le pays ennemi. Que
les Provinces de Lintz & de Salbourg ,
ayant leurs Frontiéres ouvertes, on en tire-

roit des contributions qui feroient portées
au Tréfor de l'Etat; enfin on affuroit Madame l'Electrice qu'on obligeroit l'Empereur à faire une fi grande diverfion d'armes,
s'il vouloit s'opofer à nos entreprifes, que
la France inépuifable en reffources, en profiteroit pour nous envoyer du fecours,
comme elle l'avoit fait l'année précédente,
& que c'étoit le feul moyen de rapeller l'E-
lecteur dans fes Etats. Nos remontrances
furent préfentées à Madame l'Electrice &
au Confeil d'Etat, & bien loin d'être écou-
tées, elles ne fervirent que de prétexte à
donner à la Princeffe des impreffions défa-
vantageufes aux Troupes. Le Confeil nous
accufa de vouloir facrifier le Pays à nos intérêts particuliers, par la crainte que nous
avions de perdre nos Emplois en faifant la
Paix; au lieu que dans la confufion d'une
Guerre, nous pouvions nous rendre les
Maîtres du Gouvernement, & commettre
des exactions fur les Sujets du Prince,
comme fur les Ennemis; que la Paix étoit
le meilleur parti qu'il y avoit à fuivre, &
qu'il ne falloit pas nous écouter. D'ailleurs
les chofes étoient trop avancées avec l'Empereur quand nous fîmes nos remontrances; les Articles préliminaires étoient déja

acceptés de part & d'autre, & enfin il fut déterminé de suivre les projets, & de ne pas nous répondre.

Dans le tems que toutes choses étoient d'accord entre l'Empereur & Madame l'Electrice, les Troupes Impériales firent un mouvement, & vinrent paroître dans la plaine de Straubing ; nous étions assez éloignés de cet endroit, & sur l'avis que nous en reçûmes, nos Généraux firent mettre l'Armée en marche, dans l'intention de les aller combattre, & d'empêcher le Siége de cette Place, que nous crûmes qu'ils avoient dessein de faire. Le Conseil de Munich ayant apris nos mouvemens se douta de nos intentions, qu'il auroit trouvé très-louables dans un autre tems ; il dépècha en diligence le sieur Neyzinguer, Membre du Conseil, qui nous aporta un Ordre de la part de Madame l'Electrice, par lequel il nous étoit défendu de commettre à l'avenir aucun acte d'hostilité contre les Troupes de l'Empereur, & de nous retirer dans un lieu marqué pour notre campement, jusqu'à nouvel ordre. Alors nous fûmes convaincus du peu d'attention qu'on avoit fait à nos remontrances, & du Traité conclu selon les desirs du Conseil craintif, qui vouloit se faire des protecteurs à la Cour de Vienne. Nous eûmes entre nous plusieurs conférences à ce sujet ; & tout bien examiné, il n'étoit que trop certain que Madame l'Electrice avoit écouté favorablement les avis de son Conseil, qui l'entraînoit dans un parti qui lui étoit préjudiciable, & lui faisoit concevoir nos remontrances comme contraires à ses intérêts & à la tranquillité de ses Etats. Il auroit été à souhaiter que leurs raisons eussent été meilleures que les nôtres : mais les événemens ont malheureusement prouvé le contraire.

A réfléchir sans partialité sur tout ce qui se passa à cet égard, il est certain que les intentions des Gens de Guerre étoient pures & sincéres, & que celles des Ministres avoient pour objet leurs craintes & leurs propres intérêts ; si les premiéres avoient été suivies, on auroit encore, avec plus d'ardeur & de confiance, fait tête aux armes de l'Empereur, qu'on n'avoit fait avant d'avoir reçû le secours de France ; chacun auroit adopté la querelle de son Maître comme la sienne propre : & les Ennemis auroient eû à redouter des Troupes qui ne connoissoient point les dangers. D'un autre côté les Peuples étoient portés d'inclina-

tion à prendre les armes pour leur propre
défenſe, afin de ne pas tomber ſous une do-
mination étrangére : & l'on auroit trouvé
plus de ſoixante mille hommes de bonne
volonté, qui auroient donné de l'occupation aux Impériaux. Les preuves de ce que
je dis ſont ſi certaines, que s'étant vùs abandonnés des Troupes & du Prince, ils ne
purent s'empêcher de donner des marques
de leur bonne volonté ; on leur vit prendre les armes ſans ſe faire de chef, mais
ſeulement pour ſe ſouſtraire à la domina-
tion de l'Empereur ; & quoique ſans con-
ducteurs ils donnérent de l'embarras à la
Cour de Vienne. Ils étoient déja plus de
vingt mille ſous les armes en différens endroits, & ils ne les auroient pas quittées, ſi
on ne les y avoit engagés par une compoſition ſéduiſante ; elle fut ſi peu obſervée,
qu'auſſitôt que ces pauvres malheureux eurent ceſſés de ſe défendre, ils furent tous
ſacrifiés à la fureur des Autrichiens, qui
les égorgérent inhumainement contre la foi
jurée. On peut conclure de ce que je viens
de raporter, que les Troupes & les Peuples
auroient verſé juſqu'à la derniére goute de
leur ſang pour ſoutenir les intérêts de leur
Souverain ; & que ſi le Conſeil avoit été

dans de bons sentimens, la Baviére se seroit soutenuë par elle-même, & ne seroit
peut-être pas tombée sous le joug d'une
Puissance étrangére. Malgré la pacifica-
tion, elle en a été traitée pendant dix ans
aussi cruellement, que si on l'avoit envahie
les armes à la main ; & ses Princes se sont
vûs sans liberté.

Enfin les moteurs du Conseil jugérent à
propos d'inspirer qu'il falloit implorer la
clémence de l'Empereur, & après avoir
arrangé les moyens d'y parvenir, on convint secretement que Madame l'Electrice
commenceroit par livrer à Sa Majesté Impériale les Villes de Landschberg, Mitlit-
men, Ingolstat, Straubing, Scharting,
Branau & Landzhut, qui étoient les principales Fortifications de la Baviére, & qu'a-
près que les Troupes Impériales seroient
entrées dans ces Places, Elle congédieroit
toutes ses Troupes pour se retirer où bon
leur sembleroit, pourvû qu'elles ne sortis-
sent pas de l'Empire, & que sur le nombre
Elle se réserveroit un seul Bataillon à son
choix, pour lui servir de garde. Que cette
Princesse se conténteroit de garder la
Ville & le Bailliage de Munich seulement, pour lui servir d'entretien & de Sou-

veraineté ; que moyennant cette portion,
tout le reſte de la Baviére demeureroit à Sa
Majeſté Impériale, pour en faire à ſon
choix & volonté comme de ſes propres
Etats. Moyennant ce Traité, Madame l'E-
lectrice ne devoit point être inquiétée dans
la Ville & Bailliage de Munich, ſous quelque prétexte que ce fût ; & à l'égard des arrérages de la ſolde qui étoit dûë aux Troupes, il ne fut pris aucune meſure pour y
ſatisfaire.

Ce dernier article, que les Miniſtres
avoient caché à Madame l'Electrice & à
l'Empereur, leur cauſoit un peu d'embarras ; leur deſſein n'étoit pas de payer des
Troupes qu'on alloit renvoyer au premier
jour. Ils penſoient bien que notre Armée
demeurant aſſemblée, pourroit s'en faire
faire raiſon lorſqu'elle ſe verroit n'avoir plus
rien à eſpérer ni à ménager ; c'eſt pourquoi
ils cherchérent les moyens de la diſſiper.
On fit la diſtribution des quartiers de chaque Régiment : & on les ſépara ſi bien les
uns des autres, qu'il ne fut plus queſtion
d'Armée Bavaroiſe.

Dans cette diſtribution, mon Bataillon
de Grenadiers fut deſtiné pour entrer avec
les trois Bataillons du Régiment de Liſel-

bourg, fous le commandement du Maréchal de Camp de ce nom, dans la Ville d'Ingolstat, fans qu'on donnât à ce Commandant aucune connoiffance de ce qu'il avoit à faire, & fans lui rien dire du Traité fait entre l'Empereur & Madame l'Electrice. Le Confeil, qui fe méfioit du mécontentement des Troupes, voulut le tenir caché jufqu'au moment que les Impériaux fe préfenteroient pour prendre poffeffion des Places ; alors fe prévalant de l'autorité de la Princeffe, les ordres devoient être donnés à chaque Commandant, avec toute la rigueur néceffaire pour les contraindre à l'obéiffance. Il étoit queftion à cet ordre de quitter les armes dans les Places où l'on fe trouveroit : & après avoir reçû la Garnifon Impériale, de fe retirer comme des particuliers chacun où l'on pourroit. Meffieurs du Confeil vouloient par cette conduite nous ôter le tems de réflexion, en ne nous envoyant l'ordre qu'au moment qu'il faudroit évacuer ; mais malgré leurs précautions, nous découvrîmes leurs deffeins, & nous eûmes le tems de conférer dans notre Garnifon fur ce qu'il y avoit à faire dans le cas préfent, pour fe faire rendre juftice. Ce Traité qui excitoit la

curiosité de tout le monde, devint insensiblement connu; j'apris avec une véritable
douleur, qu'on n'y parloit point des Grenadiers François; & cette omission ne donnoit pas lieu de penser favorablement sur
notre destinée. Les uns prétendoient que
nous serions tous passés par les armes, comme détestables chez la Nation; les autres
ne croyoient pas qu'on nous fît tant d'honneur, ils assuroient qu'on pendroit tous les
Grenadiers dans les bois d'Ingolstat, comme Déserteurs de l'Empire: enfin de tous
ceux qui parloient de nous, il n'y en avoit
pas un qui ne conclût à la mort, le genre
seul n'étoit point décidé. Il est vrai qu'il y
avoit bien des choses sur le compte du Bataillon; il n'étoit composé que de François,
premier grief; ces François étoient Déserteurs de l'Empire, second grief; ils avoient
commis des maraudes excessives, troisiéme
grief. Mais quand ce Régiment étant traité
comme les Bavarois, auroit eû permission
de se retirer, son sort n'en auroit pas été
plus gracieux; il n'auroit jamais pû traverser l'Allemagne pour gagner la France,
sans être massacré par les Paysans. Nous
étions regardés comme les ennemis de tout
le Corps Germanique, & nous nous trou-

S. v.

vions au milieu de l'Empire, livrés à la fureur des Peuples, fans reffource & fans
apui. J'étois chargé de Soldats infortunés,
à qui des indifcrets avoient la charité de rafraîchir la mémoire fur les malheurs dont
ils étoient menacés : enfin on s'étoit fait
une idée fi funefte du fort des Grenadiers
François, que l'on croyoit réellement qu'il
n'y avoit point de grace pour eux.

M. de Lifelbourg, parfaitement honnête homme, étoit pénétré jufqu'au fond
de l'ame, de l'injuftice qu'on alloit faire
à l'infçû de Madame l'Electrice, à des
Troupes qui avoient fervi avec tant de zéle;
il n'étoit point éloigné de travailler aux
moyens de leur faire rendre juftice, avant de
livrer aux Impériaux une Ville telle qu'Ingolftat. C'étoit une Place qui par fes Fortifications, fes Magafins & fon Arcenal,
étoit la plus confidérable des Etats de Baviére; mais ne voulant rien faire de fon
chef, il en conféra avec M. de Florimont
fon Lieutenant-Colonel, à préfent Maréchal de Camp, & avec moi. Nous étions
les premiers Officiers de fa Garnifon; &
nous convinmes que fans être rebelles aux
intérêts de Madame l'Electrice, nous pouvions, avant de rendre la Place, demander

qu'on eût à satisfaire les Troupes, & nous tenir dedans, jusqu'à ce qu'on nous éût rendu justice. Que s'il falloit soutenir un Siége, ce ne seroit que contre l'Empereur & les Ministres de Baviére que nous agirions; puisque l'intention de la Princesse n'étoit point qu'on fit aux Troupes une injustice dont Elle n'étoit point informée. Au surplus nous convinmes en cas d'événement de faire un Placet pour lui présenter, afin de l'informer des raisons qui nous obligeoient à ne pas rendre Ingolstat.

Après avoir arrêté entre nous ce qu'il falloit faire, nous communiquâmes notre Résultat aux autres Officiers de la Garnison, qui fûrent ravis de nous trouver dans des dispositions qui tendoient au bien général, & chacun prit la résolution de répandre jusqu'à la derniére goute de son sang, plutôt que de rendre la Place sans être satisfait. Quand je vis tous les Officiers dans cette résolution, je me flatai de réussir dans un dessein que j'avois préméditai, & que je n'avois pas encore osé mettre au jour; il s'agissoit de mes Grenadiers François. Je remontrai à nos principaux Officiers, que sans préjudicier à leurs intérêts, je pourrois proposer quelque nouveau Traité pour

eux, ſupoſé qu'ils euſſent été oubliés, comme l'on diſoit, dans celui de Madame l'E-
lectrice ; je leur mis devant les yeux le ſervice que leur rendroit mon Bâtaillon, en
cas qu'il fallût ſoutenir un Siége contre les
Impériaux, & les fis convenir de lui rendre
ſervice à leur tour. On convint donc qu'on
n'entreroit en aucune compoſition, qu'au
préalable on eut décidé du ſort des Grenadiers ; & l'article en fut ajoûté au Placet que
nous avions dreſſé pour envoyer à Madame l'Electrice quand il ſeroit néceſſaire.

Enfin le jour que les Impériaux devoient
entrer dans Ingolſtat nous fut annoncé la
veille, 11. de Novembre, par un ordre
de Madame l'Electrice. Il contenoit que
nous euſſions à évacuer la Place, & la livrer à la Garniſon Impériale, après avoir
remis les clefs au Maréchal d'Herbevillé,
Général de l'Empereur, & les armes dans
l'Arcenal ; que telle étoit la volonté de Son
Alteſſe Madame, à laquelle on ne pouvoit
contrevenir ſans encourir ſa diſgrace ; &
que pour le bien de l'Etat, ayant jugé néceſſaire de congédier une partie de ſes
Troupes, la Garniſon d'Ingolſtat étoit re-
merciée de ſes ſervices, & pouvoit ſe retirer où bon lui ſembleroit. Il ne fut point

parlé dans cet ordre du payement des
Troupes, ni de mes Grenadiers; tous les
Officiers de la Garnison l'ayant entendu
lire, furent pénétrés jusqu'au fond de l'a-
me, de voir qu'on soutenoit l'injustice jusqu'au bout. Ils en fûrent si irrités, que la
résolution qu'ils avoient prise de ne pas livrer la Place, en devint plus ferme; cependant pour faire connoître à Madame l'E-
lectrice, qu'en prenant ce parti nos intentions n'étoient pas de nous rendre rebelles
à ses volontés, nous dépéchâmes un Exprès pour lui présenter notre Placet. On y
détailloit les raisons qui nous obligeoient à
refuser la porte aux Impériaux; & aussitôt
nous prîmes les précautions nécessaires
pour n'être pas surpris.

Le Maréchal d'Herbevillé ne manqua
point de paroître le lendemain sur les dix
heures du matin, avec un Gros de Troupes de Cavalerie & d'Infanterie, qu'il laissa
dans une plaine voisine de la Ville. Il s'a-
vança avec quelques Officiers & un Député du Conseil de Munich, pour nous annoncer l'ordre & les intentions des deux
Puissances. Nous avions eû soin de tenir
jusqu'à la derniére barriére bien fermée, &
les remparts & chemin couvert bordés de

notre Infanterie. Auffitôt qu'il parut Mrs
de Lifelbourg , Florimont & moi , avec
quelques autres Officiers , nous avançâmes
jufqu'à la derniére barriére , afin de conférer & d'entrer en explication avec ce Général , qui parut très-furpris de nous trouver
dans une réfolution fi contraire aux ordres
qu'on lui avoit donné. Il étoit fâché d'être
obligé de retourner fur fes pas , fans exécuter fa commiffion ; & conjointement avec
le Député du Confeil , il voulut nous faire
des repréfentations fur la hardieffe de notre
coup. Il nous dit que le défaut de paye n'é-
toit pas un fujet de fe fouftraire aux conventions & aux ordres de Sa Majefté Impériale & de Madame l'Electrice ; que le
refus que nous faifions étoit une rébellion
formelle , que nous voulions couvrir d'un
mauvais prétexte , & il nous engagea à y
faire réflexion avant qu'il fe retirât , de
crainte qu'il ne nous en coûtât cher. Quand
nous vîmes qu'il le prenoit fur un ton fi
haut , nous lui dîmes que nous avions à lui
confeiller à notre tour de prendre le parti
de fe retirer , & que s'il n'obéiffoit pas
promptement , il pourroit lui en coûter
plus cher qu'à nous, & qu'il n'avoit pas de
tems à perdre pour retirer fa Troupe hors

de la portée du Canon : ce qu'il fit sans répliques.

Le refus que nous fîmes de rendre Ingolstat fit grand bruit à la Cour de Vienne
& à celle de Munich ; on se plaignit à Madame l'Electrice de l'inexécution du Traité ; on lui demanda de donner des ordres
plus absolus, & de nous contraindre d'o-
béir. Le Conseil de son côté se trouva extrêmement irrité de notre hardiesse, parce
qu'elle alloit contre ses intérêts ; il nous
adressa un nouvel ordre, sous le nom &
l'autorité de Madame l'Electrice, où sans
faire mention des représentations que nous
avions faites par le dernier Placet, il étoit
porté que si nous n'obéissions pas aussitôt
que nous l'aurions reçû, nous encourerions
toute sa disgrace, & que notre action seroit
regardée comme une rebellion manifeste,
qui seroit punie comme elle le méritoit.

Cet ordre nouveau ne nous étonna point ;
nous étions persuadés que ces menaces venoient uniquement du Conseil, & fort peu
de Madame l'Electrice, à qui il importoit
peu que la Place tombât plutôt ou plus tard
au pouvoir des Impériaux. Tous les maux
étoient déja faits, & notre conduite ne pouvoit les rendre pires qu'ils étoient ; nous

ſçavions d'ailleurs que les arrérages qu'on
nous refuſoit ne ſeroient point au profit de
Son Alteſſe ; que ce ſeroit les Miniſtres ou
la Cour de Vienne qui en profiteroient.
Ainſi tout conſidéré, nous reſtâmes dans la
même réſolution, & redoublâmes nos précautions contre les ſurpriſes. Cependant
pour n'être pas en demeure, nous fimes un
nouveau Placet, encore plus circonſtancié
que le premier, par lequel il étoit évidemment prouvé que notre conduite n'avoit
rien de contraire à l'intérêt de Madame l'E-
lectrice, qu'elle ne regardoit que l'Empereur, ou tout au plus les Etats qui lui
étoient cédés. Qu'il étoit de droit naturel
de nous faire payer ; que ſi nous ne l'étions
pas à préſent, ſur les revenus du pays que
l'on abandonnoit, il ſeroit fâcheux pour
l'Electeur de ſe trouver un jour chargé de
nous ſatisfaire, faute par nous de n'y avoir
pas contraint les Impériaux, dans le tems
que nous pouvions le faire, ſans que Madame l'Electrice y fût nullement intéreſſée.
Nous la ſuplions très-humblement de ne
pas trouver mauvais tout ce que nous pourrions faire à cet égard, puiſque nos intentions n'avoient rien de contraire à ſes intérêts & au reſpect que nous lui devions.

mais de remettre feulement à l'Empereur le pouvoir de nous contraindre, puifqu'il étoit fenfé qu'Elle n'avoit plus de Troupes ni de Places. Notre Placet fut écrit en François, parce que la Princeffe ne fçavoit point la langue Allemande; il lui fut donné en main propre, & eut tout l'effet que nous en pouvions attendre. Madame l'Électrice ne fe mêla plus de ce que pouvoit devenir Ingolftat, & laiffa à la Cour de Vienne le foin d'y aporter tel reméde qu'elle jugeroit à propos.

Nous demeurâmes jufqu'au 27. du mois fans entendre parler de rien; enfuite le Roy des Romains revenant du Siége de Landau, avec le Prince Eugéne, paffa chez le Maréchal d'Herbevillé, qui avoit fon quartier à quatre lieuës d'Ingolftat. D'Herbevillé rendit compte des raifons qui l'avoient empêché de prendre poffeffion d'Ingolftat. Le Roy des Romains continua fa route à Vienne, & laiffa au Prince Eugéne le foin de remédier à cette affaire. Le Prince Eugéne, avec une louable modération, voulut fçavoir de nous-mêmes pourquoi nous refufions de rendre cette Place felon l'intention de Madame l'Électrice. Il nous députa un Lieutenant-Colonel, pour nous dire,

qu'il fouhaitoit que nous lui envoyaffions
une perfonne avec laquelle il pût conférer
fur les difficultés qui pouvoient donner lieu
à notre refus. Auffitôt M. de Lifelbourg
fit affembler les Officiers de la Garnifon ; il
fut délibéré que je me chargerois de la commiffion , & je fûs envoyé au Prince Eugéne.

Ce Prince me reçut avec beaucoup de
bonté , & fans autres témoins que nous
deux ; j'eûs l'honneur de lui repréfenter
dans fon cabinet la juftice qu'il y avoit de
fatisfaire des Troupes qui avoient fervi
avec zéle & réputation. Je lui dis que les
fommes qu'on prétendoit leur retenir ne re-
viendroient ni au profit de Sa Majefté Impériale , ni à celui de Madame l'Electrice ;
& que ce qui nous étoit dû étoit la feule raifon qui nous avoit empêché de quitter les
armes. A l'égard du Régiment des Grenadiers François, qui n'avoient pas été compris dans le Traité de Madame l'Electrice ,
je remontrai que n'étant pas nés Sujets de
la Baviére , on les avoit omis par oubli ou
par mauvais deffein , & qu'il étoit de la juftice de faire un Traité particulier, qui dé-
cidât du fort & de la fûreté de ce Régiment.
Le Prince me demanda ce que je préten-
dois obtenir par ce Traité. Je demandé ;

Monseigneur, lui dis-je, que Sa Majesté
Impériale ait la bonté d'accorder que le
Régiment des Grenadiers François sorte
de la Ville d'Ingolstat avec tous les honneurs ; c'est-à-dire Tambour battant, Drapeaux déployés, Armes & Bagages, avec
les Domestiques & tous les François qui
pourront se trouver dans la Ville, pour
être conduits par des Commissaires & une
Escorte convenable jusques dans la Ville
de Strasbourg, par la voye la plus courte ;
que nos marches soient réglées à cinq lieuës
tout au plus par jour, & que le troisiéme
jour on séjournera ; que dans les lieux des
logemens l'Etape nous soit réguliérement
fournie ; que pour le transport de nos malades & de nos bagages, il nous soit donné
tous les chariots nécessaires, gratis. Que les
Commissaires & l'Escorte, qui nous ac-
compagneront, soient chargés du soin de
pourvoir aux logemens & aux autres choses nécessaires ; sans que le Régiment y ait
de participation, afin d'éviter tous les prétextes qui pourroient réveiller l'antipathie
des Allemands & des François : & que
pour la sûreté de tous ces articles, Sa Majesté Impériale envoye des Otages dans la
Ville de Strasbourg, pour y demeurer jus-

qu'à ce que le Régiment y soit arrivé.

Le Prince Eugéne m'écouta avec attention, & me demanda, avec sa modération
ordinaire, si j'avois bien pensé aux propositions que je venois de faire ; & si un Régiment étranger, seul au milieu de l'Empire,
pouvoit prétendre à tous les honneurs que
je demandois, ou pour mieux dire faire la
loi à l'Empereur, en exigeant des conditions que la Garnison d'Ingolstat n'obtien-
droit pas quand elle seroit forte de dix mille
hommes. Il me fit entendre que j'aurois dû
me borner à demander des Passeports,
pour que chacun de nos Grenadiers pût se
retirer en sûreté où il lui plairoit ; & que ce
seroit même nous accorder une grace, parce que notre Régiment ne pouvoit prétendre d'autres articles que ceux accordés à la
Garnison d'Ingolstat. Que quoi que nous
eussions été oubliés dans le Traité de Madame l'Electrice, il vouloit bien par considération prendre sur lui de nous distribuer
des Passeports, selon l'état que je lui four-
nirois, avec lesquels chacun pourroit se retirer en particulier, ou jusqu'au nombre de
dix ensemble, si on le souhaitoit ; & que
c'étoit tout ce qu'il pouvoit nous accorder,
avec la paye qui nous étoit duë. Il m'ajoûta

qu'il alloit travailler inceſſamment à ſatisfaire la Garniſon, afin de lever tous les pré-
textés d'évacuer la Place, & que ſi j'acceptois les propoſitions avantageuſes qu'il me
faiſoit, nous recevrions l'argent & les Paſſeports au premier jour.

Je repréſentai de nouveau à ce Prince,
que les propoſitions qu'il avoit la bonté de
me faire, paroiſſoient juſtes & raiſonna-
bles, & que dans toute autre occaſion ſes
Paſſeports ſeroient ſuffiſans ; mais que dans
le cas où nous étions ce n'étoit point aſſez.
Que l'on étoit en attention ſur notre Régiment ; que tout le monde avoit décidé de
ſon ſort, le condamnant à périr ; que dans
cette prévention, les Payſans de Souabe,
accoutumés au carnage & aux dépoüilles
depuis la Bataille d'Hochſtet, ne reſpecte-
roient aucuns Paſſeports chez les François
qu'ils trouveroient ſans défenſes ; que la
cruauté de ces Peuples ayant augmenté,
avec la mauvaiſe conduite de nos Grenadiers à leur égard, il étoit moralement im-
poſſible qu'ils puſſent traverſer le pays ſans
être maſſacrés. Que je ſupliois Son Alteſſe
d'entrer dans mes raiſons ; qu'Elle verroit
que mes intentions n'étoient pas de faire la
loi au milieu de l'Empire ; que c'étoit plutôt

la situation où nous étions qui m'impoſoit la néceſſité de demander cette grace ; que notre Régiment ſeul n'étoit pas un objet qui pût tirer à conſéquence pour la gloire de l'Empereur ; & que l'honneur que je demandois n'avoit pour but que notre ſùreté.

Ce Prince , après avoir demeuré quelque tems ſans me répondre , entra enfin dans mes raiſons ; il voulut cependant , avant de ſe découvrir , les combattre par d'autres , pour voir ſi je perſiſterois avec fermeté : & il m'en allégua de ſi fortes , que je fûs contraint de lui dire que le Régiment s'étoit acquis tant de réputation , que pour la ſoutenir , il lui ſeroit plus glorieux de périr dans un Baſtion d'Ingolſtat , que de s'expoſer à être maſſacré par de miſérables payſans , ce qui ne pourroit manquer d'arriver s'il n'avoit la bonté de m'accorder les articles que je lui demandois ; & ſans m'éloigner du reſpect , je lui laiſſaï entrevoir que c'étoit notre derniére réſolution , & celle de toute la Garniſon.

Il comprit par ce diſcours que nous nous étions preſcrit la loi de périr plutôt dans Ingolſtat , que de ne pas obtenir la capitulation que je demandois ; il voyoit d'ailleurs que l'intérêt de l'Empereur n'étoit pas de

hazarder ſes propres Troupes pour nous
forcer, & retarder la poſſeſſion de la Place;
& pour finir, il me fit l'honneur de me dire
que les circonſtances dans leſquelles j'étois
entré, exigeoient de ne pas refuſer entiérement mes propoſitions, mais qu'il lui falloit le tems de la réflexion; & il me dit d'attendre chez lui une réponſe poſitive.

Je ſortis très-ſatisfait de ce Prince, &
je trouvai dans ſon antichambre une nombreuſe compagnie de gens de conſidération, entr'autres le Maréchal d'Herbevillé,
qui me fit compliment ſur ma députation;
il me dit que ſi ſon pouvoir avoit été aſſez
étendu, il nous auroit fait des propoſitions
avantageuſes; qu'il avoit fait valoir nos raiſons au Roy des Romains; & que c'étoit
ſur les avis qu'il en avoit donné, que le
Prince Eugéne s'étoit arrêté dans ſon quartier pour terminer nos différens : qu'aparemment je venois de conclure notre paix,
& qu'il ſouhaitoit qu'elle fût à notre avantage. Pendant qu'Herbevillé me tenoit ce
diſcours, le Prince de Bareyter, beaufrere
du Roy de Pologne, ſe méla par curioſité
avec nous; je connus que ces Seigneurs auroient été bien aiſes de ſçavoir ce que je venois de conclure avec le Prince Eugéne;

mais ne faisant pas semblant de m'en apercevoir, je répondis à leurs honnétetés d'u-
ne maniére assez vague. Nous parlâmes ensuite de choses qui nous conduisirent au détail des actions qui s'étoient passées pendant
la Campagne ; & j'apris que quatre Cavaliers du Régiment de Bareyter, avoient eû
une grande dispute pour partager la dépoüille que j'avois laissée sur le bord du
Danube, quand je passai cette Riviére à la
nage, après l'affaire de Schelemberg, &
qu'un des quatre avoit été tué à ce sujet. Le
Prince me dit que cette querelle avoit été
cause qu'on avoit aporté mon habit chez
lui, qu'il avoit apris mon nom par des pa-
piers qui étoient dans les poches ; que
m'ayant entendu nommer pour la députation, il s'étoit d'abord souvenu de mon
avanture, & qu'il souhaitoit de tout son
cœur pouvoir me rendre service. J'eûs
l'honneur de me trouver auprès de lui ce
jour-là à la table du Prince Eugéne : &
pour me donner des marques de sa bien-
veillance, il me fit boire quelques rasades
de plus qu'à l'ordinaire. La premiére journée se passa ainsi ; & le lendemain le même
Prince m'ayant encore fait asseoir auprès
de lui à table, il fallut continuer à boire
quelques

quelques rafades, fans pourtant que cela me
conduifît à aucun excès, mais feulement
à répondre à celles qu'il but pour m'exciter.
L'après midi il me fit des propofitions qui
furpaffoient tout ce que j'aurois pû efpérer,
fi mon devoir & ma patrie m'avoient pû permettre de les accepter. Le Maréchal d'Herbevillé s'étoit joint à lui : ils m'offroient
d'entrer au fervice de l'Empereur, me promettant tout leur apui, & me faifant efpérer qu'ils auroient affez de crédit à la
Cour de Vienne, pour me faire obtenir un
Régiment de François, pareil à celui que
je commandois, fi cela me faifoit plaifir. Ils
me dirent qu'un Régiment en pied, au fervice de l'Empereur, valoit au moins vingt
mille écus par an ; & que fi j'avois la déli-
cateffe de ne pas vouloir porter les armes
contre ma patrie, on trouveroit moyen de
m'employer en Hongrie, ou chez le Roy
de Pologne ; que dans ma fituation je devois me regarder comme fi je n'avois point
de Maître, & que fans choquer ni honneur
ni bienféance, au moyen du Traité de Madame l'Electrice, j'étois entiérement libre
de mes volontés. Ils me dirent encore de
faire attention que ma patrie ne me tiendroit pas grand compte de mes fcrupules ;

Tome I.   T

qu'une perfonne de plus ou de moins dans
un Royaume n'étoit d'aucune conféquence, & que chacun devoit fonger à fa fortune. Il eft certain que ces Seigneurs me parloient pour mes intérêts ; je voyois comme
eux que le Traité de Madame l'Electrice
m'auroit mis à couvert de tout ce qu'on auroit voulu m'imputer ; mais j'aurois porté
en tous lieux le regret d'avoir accepté des
conditions qui m'auroient mis dans la néceffité de fouhaiter l'élévation des ennemis
de ma patrie, & je ne me ferois jamais con-
folé d'y avoir contribué ; car fans contredit
le Régiment m'auroit fuivi ; je crus même
que c'étoit là leurs vûës, & cette feule
idée me donna une entiére répugnance
pour leur propofition. Je les remerciai
cependant, fans combattre leurs raifons,
& je crus néceffaire de ne leur rien répondre de pofitif.

Le Prince Eugene me fit apeller dans
fon cabinet le foir même ; il combattit encore quelque tems les propofitions que je
lui avois faites ; mais me trouvant pourvû
de nouvelles raifons qui apuyoient celles
dont je m'étois fervi, il fe détermina enfin
à me les accorder, excepté celle d'envoyer
des Otages à Strafbourg, & de paffer des

domeftiques Allemands au deffus de l'âge
de quinze ans. Il me dit à l'égard des Otages, que la chofe étoit inutile, en ce que
les précautions qu'il prenoit d'ailleurs feroient plus que fuffifantes ; qu'il envoyeroit
des Ordres de l'Empereur dans toutes les
Provinces & Principautés où le Régiment
devoit paffer, afin de les prévenir fur l'exécution de tous les articles du Traité ; que
des Commiffaires qu'on joindroit à l'efcorte pour nous accompagner, fupléeroient à
tout ; que je pouvois m'en retourner à Ingolftat, & revenir dans fix jours, pour lui
donner le tems de faire figner le Traité par
Sa Majefté Impériale ; qu'alors il me le remettroit, & m'indiqueroit à peu près le jour
de notre départ ; qu'en attendant il travailleroit à faire ordonner les payemens de
toute la Garnifon ; que je pouvois l'en affurer, & que tout le monde feroit fatisfait.
Il ajoûta auffi en riant, que je ne fçavois pas mal faire mes Capitulations : que
celle-ci affortiffoit bien celle de Rhanes.

En arrivant à Ingolftat, je fus environné
de tous les Officiers de la Garnifon, qui
attendoient avec impatience le réfultat de
ma Députation ; je leur en rendis compte,
& tout le monde parut très-content. Nos

T ij

François sur-tout en eûrent une joye infinie; ils virent leur bonheur passer leurs espérances, & se trouvoient comblés d'honneur au moment qu'ils se croyoient perdus; car quelque résolution que nous eussions fait paroître, il n'y en avoit pas un qui ne sentît le poids de sa situation, & il y en avoit même de si préocupés des funestes idées de leur perte, qu'ils avoient de la peine à croire que des conditions si commodes & si honorables fussent observées avec sincérité. Le Traité que je venois de conclure se présentoit bien à propos pour sauver Boismorel des poursuites qu'on auroit faites contre lui à Munich, en l'absence de ceux qui auroient pû s'intéresser dans son affaire; pour ne pas manquer une occasion si favorable, je dépêchai le même jour un Officier en poste, pour lui en apprendre la nouvelle, & pour lui dire de faire son paquet, & de nous venir joindre, puisqu'il pouvoit facilement se dérober de sa sentinelle; & qu'en attendant j'allois pourvoir à un logement pour lui. J'allai prévenir M. de Liselbourg, qui à ma considération voulut bien consentir qu'on lui en marquât un, à condition qu'il ne paroîtroit point en public, & encore moins chez lui, afin de ne pas fembler contribuer à fon évafion. Je vis arriver le lendemain au foir Boifmorel, charmé de fe voir en liberté , & de toucher au moment de repaffer en France ; comme il ne devoit paroître dans la Ville qu'inco-gnito , il n'eut pour compagnie , après les Officiers de fon Régiment, que deux In-génieurs François , Parifiens , qui avoient été jettés dans Ingolftat avant la Bataille d'Hochftet , avec lefquels il contracta une liaifon fi étroite, qu'ils ne fe quittoient plus. Il étoit fi content de tenir table avec ces Meffieurs , qu'il eut bientôt oublié tous fes malheurs paffés & tous les fervices que je venois de lui rendre ; les premiéres marques qu'il m'en donna furent l'ingratitude de la Fable du Serpent : un Payfan l'avoit ré-chauffé pour lui rendre la vie , & il en fut piqué enfuite.

Je partis d'Ingolftat pour me rendre chez le Prince Eugene, le jour qu'il me l'avoit ordonné , afin de recevoir les Articles de notre Capitulation ; Boifmorel ni perfonne de la Garnifon n'ignoroient que c'étoit le feul fujet de mon voyage, fans qu'il fût queftion d'autre négociation. Je trouvai toutes chofes dans la même forme & teneur , que le Prince avoit eû la bonté de me les

promettre ; il me remit lui-même les Artí-
cles, & m'affura que des Commiffaires
travailloient à faire des liftes de payement
pour notre Garnifon ; & que quand l'arrangement feroit fait nous recevrions notre argent. Que je pouvois dire à nos Meffieurs
qu'on ne leur demanderoit de vuider la Place que deux jours après que tout le monde
auroit été fatisfait ; & qu'à l'égard de celui de notre départ, il ne pouvoit pofitivement l'affurer, parce qu'il falloit communiquer le Traité à tous les Princes fur les Terres defquels nous devions paffer, afin de
régler fans confufion les lieux des logemens. Il me dit encore qu'avant que tout
fût en ordre, il fe pafferoit quelque tems ;
mais que fi rien n'étoit prêt quand nous for-
tirions d'Ingolftat, il nous avoit deftiné la
petite Ville de Scheremhaufen, dans laquelle nous attendrions la route & l'Efcorte qui nous y joindroit, autant qu'il
pouvoit juger, vers le 15. de Décembre.
Tout étant fini je pris congé du Prince, &
m'en revins à Ingolftat, où j'arrivai un peu
tard, accablé d'une violente migraine. Je
trouvai comme la première fois tous les
Officiers affemblés chez M. de Lifelbourg,
excepté Boifmorel ; je rendis compte de

ma Députation, & remis les Articles entre
les mains de notre Général, parce qu'ils
contenoient auffi les affurances du payement de la Garnifon, & ne pouvant prefque plus me foutenir, je me retirai chez
moi pour me coucher. J'avois réfolu de
partir le lendemain de grand matin pour
Munich, où j'avois tous mes Effets, afin
de profiter de l'intervalle de notre départ,
pour mettre ordre à bien des affaires dont
j'étois chargé ; dans cette intention je me
mis en robe de chambre d'abord que je fûs
arrivé à mon logis ; mais m'étant amufé à
quelque arrangement pour mon voyage,
j'étois encore debout quand je vis entrer
dans ma chambre le Garçon Major du Régiment, qui vint me dire que Boifmorel
fouhaitoit me parler. Je fis entendre au
Garçon Major l'impoffibilité qu'il y avoit
que je puffe fortir, & lui dis que quant à
notre affaire, plufieurs Officiers du Régiment qui s'étoient trouvés chez M. de Lifelbourg la lui avoient aparemment dit, les
en ayant priés ; qu'il n'y avoit rien que ce
qu'il fçavoit avant mon départ : qu'au refte,
je ne partirois pas le lendemain pour Munich, avant de me rendre chez lui. Peu de
tems après que le Garçon Major fe fut reti-

ré, je vis arriver encore un autre meſſager
de la part de Boiſmorel, pour la même
choſe; je lui demandai s'il étoit ſeul chez
lui; il me dit que non, qu'il étoit à table
avec les Ingénieurs; je ne doutai point
alors qu'il ne voulût me mettre de leur partie, & j'envoyai lui faire des remercimens
avec la même réponſe que j'avois faite la
premiére fois; mais j'étois dans l'erreur.
Boiſmorel avoit prétendu que je devois
perſonnellement lui aller rendre compte de
mon arrivée & de ma commiſſion; ſans faire attention que ma commiſſion dépendoit
du Commandant de la Garniſon, à qui
toutes choſes devoient être raportées.
D'ailleurs il n'étoit point de la Garniſon,
parce qu'il falloit le ſupoſer dans les fers, &
qu'un Officier eſt interdit de toute fonction, quand il ne ſeroit qu'aux arrêts; ainſi
non ſeulement il ne pouvoit rien exiger de
moi, qui devois commander le Régiment
en Chef, mais encore du moindre ſubalter-
ne. Boiſmorel dans ſes idées étoit piqué de
ce que je ne m'étois pas rendu chez lui par
préférence au Général, & m'avoit envoyé
avertir de venir remplir mon devoir, par
ces deux meſſagers, qui voyant le compliment hors de ſaiſon, n'avoient pas oſé me

le faire, & m'avoient dit seulement qu'il
souhaitoit me parler. Les Ingénieurs, aussi
ingorans que lui dans le Service, l'avoient
confirmé dans son opinion, prétendant
que c'étoit faire tort à son autorité; que j'a-
gissois en homme qui vouloit s'ériger en
Chef du Régiment; il ne lui en fallut pas
davantage pour le mettre dans une si grande
fureur, qu'il partit à la seconde réponse, &
vint dans ma chambre, tout bouffi de colére, me demander raison de ma désobéis-
sance. J'allois me mettre au lit quand je le
vis entrer, il étoit suivi de deux messagers,
qui par discrétion demeurérent à la porte
de la chambre; en m'abordant il me dit
d'un ton de Maître: eh bien, Monsieur, il
faut donc que je vienne ici moi-même pour
vous ranger à votre devoir, & vous aprendre que vous devez obéir à mes ordres
quand je vous les envoye. Sçavez-vous que
je suis votre Colonel, & me connoissez-
vous? Oüi, Monsieur, lui dis-je, je vous
connois bien, & si vous vous connoissiez
de même, vous vous seriez évité la peine
de venir chez moi me faire un pareil compliment. Cependant, pour le faire revenir
de son erreur & de son emportement, je
lui détaillai avec modération ce que ses

T v

meffagers m'avoient dit, & ce que je leur
avois répondu ; je lui dis qu'ayant cru que
c'étoit pour m'engager dans une partie ,
l'état où j'étois m'en avoit privé ; mais il
étoit fi prévenu de fon autorité , qu'il
croyoit que je voulois lui enlever , & fi
rempli de ce que les Ingénieurs lui avoient
infpiré , que toutes mes raifons devinrent
inutiles. Bien loin de fe rapeller ce qu'il me
devoit, il fe fervit de ce que je venois de lui
dire pour m'accabler d'invectives fi baffes ,
que j'avois honte de les entendre prononcer par une perfonne revêtue de fon caractére ; j'eus beau lui repréfenter qu'il y avoit
d'autres moyens de s'y prendre pour fe faire faire raifon , quand on croyoit être offen-
fé , que je partois le lendemain pour Munich , que mon heure feroit la fienne pour
lui donner telle fatisfaction qu'il fouhaite-
roit ; au lieu de m'entendre , fa fureur augmenta tellement , qu'en redoublant fes injures , il fe fervit de gefticulations menaçantes des mains , qu'il me porta jufques
auprès du vifage. Alors voyant que le jeu
alloit trop loin , dans la crainte d'être frapé
le premier , je jugeai à propos de le prévenir : & n'ayant rien dans ce moment pour
l'apoftropher , je lui lançai un grand coup

de poing dans la face, qui le fit chanceler.
Il fut si étourdi du coup, qu'il ne songea
plus qu'il avoit une épée à son côté, & nous
nous saisîmes l'un & l'autre à l'instant.
Quand les deux Officiers qui étoient restés
à la porte nous entendirent, ils acoururent
avec mon valet de chambre, & nous sépa-
rèrent. Aussitôt Boismorel, oubliant toujours son épée, se jetta sur la sentinelle qui
étoit au haut de mon escalier, pour lui ôter
son fusil; mais le Grenadier lui ayant rési-
sté, il n'en put venir à bout. Pendant ce
tems-là je courus dans un cabinet pour me
saisir de mes armes; & la crainte qu'il eut
que je ne fusse plutôt prêt que lui, lui fit
sauter les dégrés, & il se retira précipitamment chez lui.

Quand je fus livré à mes réflexions,
après que ma colère fut calmée, je ne pouvois comprendre, par quelle malheureuse
étoile je pouvois m'être précipité dans une
si cruelle affaire. J'aurois eu lieu de croire
que celui qui en étoit l'auteur auroit dû lui-
même se sacrifier pour moi par reconnois-
sance, à cause des soins que je m'étois donné pour le faire sortir de la Tour, & de le
rapeller à Ingolstat. Je lui avois procuré la
liberté, & peut-être même sauvé la vie; &

T vj

bien loin de s'en souvenir, il renoit de me
mettre dans le cas indifpenfable de nous
l'arracher l'un ou l'autre : car il avoit été
frapé, & ne pouvoit plus vivre dans le
monde avec honneur, que l'affront ne fût
lavé par le fang. Je ne doutai donc point
qu'il ne fallût fe battre le lendemain de bon
matin ; & pour qu'il n'eût rien à me reprocher fur la fatisfaction qu'il devoit me demander, je retardai mon voyage de Munich jufqu'après midi ; j'affectai même de
me promener long-tems fur la Place, afin
qu'on pût s'apercevoir qu'il pouvoit me
trouver s'il vouloit, & je n'entendis parler
de rien. Je crûs alors que fçachant que je
devois aller à Munich, il vouloit peut-être
venir me joindre hors de la Ville ; ce qui fit
qu'étant monté à cheval l'après midi, je
m'arrêtai exprès à caufer fur la Place avec
un Officier, pour lui donner le tems d'a-
prendre que je partois, & de fe préparer
pour me fuivre : mais je continuai mon
chemin fans le voir, ni perfonne de fa part.

J'arrivai à Munich, où je trouvai les habitans dans une grande confternation ; les
plaifirs y étoient entiérement éteints ; &
cette Ville qui avoit tant brillé l'hyver, par
la grande compagnie & les Officiers de dif-

T

tinction de l'Armée de France, se trouvoit
ensévelie dans de fâcheuses réflexions. Il y
avoit environ huit jours que j'étois dans la
Ville, quand un laquais d'une Dame de
distinction vint me dire que sa Maitresse
souhaitoit que je me rendisse chez elle pour
une affaire de conséquence. Je ne connoissois pas la Dame dont il étoit question, &
je ne sçavois qu'imaginer de cette affaire de
conséquence; cependant je me rendis chez
elle. Ma surprise ne fut pas petite, quand
en entrant je trouvai ma Beauté de Straubing avec sa mere; elles vinrent l'une &
l'autre me sauter au col, avec un empresse-
ment si bien étudié, qu'on auroit juré que
la passion la plus violente animoit surtout
mon aimable Princesse : l'adieu que nous
nous étions fait à Landzhut n'étoit rien en
comparaison de la tendresse larmoyante
qu'elle feignoit d'avoir dans ce moment; &
la Comédie qu'elle joüoit étoit telle, qu'à
son abattement & à ses langueurs, il n'y
avoit personne qui n'eût véritablement cru
qu'elle m'aimoit jusqu'à en devenir folle.
Elle s'étoit fait un prétexte de reproches &
d'excuses de ce qui s'étoit passé lorsque j'é-
tois allé la voir dans sa Terre; & se plai-
gnoit de ce que j'étois parti subitement,

fans daigner feulement demander de fes
nouvelles ; elle me dit enfuite que fi elle n'a-
voit pas alors marqué tous les empreffe-
mens qu'elle auroit fouhaité, c'étoit la furprife qui en avoit été caufe ; qu'elle avoit
été tellement faifie, qu'elle en avoit prefque
perdu connoiffance ; mais que cela n'empêchoit pas qu'elle ne reffentît une fatisfaction qu'elle ne pouvoit manifefter. Que cet
abattement étant paffé le lendemain, elle
ne m'avoit plus trouvé chez elle ; qu'alors
le défefpoir avoit fuccédé à la joye, &
qu'ayant apris que j'étois à Munich pour
quelque tems, elle y étoit venue exprès
pour me voir, & me faire des reproches fur
mon indifférence. Qu'une démarche de
cette conféquence, faite par une Demoifelle de fa condition, étoit la plus grande
preuve qu'elle pût donner de l'attachement
& de l'eftime qu'elle avoit pour moi ; que
je devois lui en tenir compte, & en avoir
une parfaite reconnoiffance ; que cependant elle fçavoit que j'étois fur le point de
repaffer en France, fans lui donner les marques d'amitié que je lui avois fi fouvent jurée ; mais que j'étois trop honnête homme
pour vouloir partir avant d'accomplir ce
qu'elle avoit efpéré de moi ; qu'elle s'étoit

propofée de n'avoir d'autre volonté que la mienne, & qu'elle me fuivroit par-tout où je jugerois à propos d'aller. Que le voyage de France ne pouvoit être un obftacle, puifqu'elle le feroit avec plaifir; & qu'enfin il lui étoit impoffible de pouvoir vivre fans moi. J'écoutois toutes ces fourberies avec un étonnement qui me rendoit auffi immobile que la Statue au Feftin de Pierre. A cet agréable difcours fe joignirent la Mere & la Dame chez qui nous étions, qui comme femmes d'expérience trouvoient des remédes faciles à nos maux : il ne falloit point, difoient-elles, nous alarmer, puifque nous pouvions fans obftacles terminer tous nos embarras, en nous époufant promptement; qu'il n'étoit queftion que de mettre la main à l'œuvre, & que nous joüirions bientôt d'un parfait contentement. Ces Dames croyoient effectivement que nous n'avions d'autre envie que de nous aller préfenter devant un Prêtre, & que la maniére de s'y prendre faifoit toute la difficulté. Cependant j'avois envie de répondre à tous ces rôles de Comédie, & je ne pouvois placer un mot, à caufe du babil continuel de ces trois perfonnes ; mes penfées s'échapoient, & changeoient felon le plus ou le

moins d'agitation qu'elles me caufoient ;
enfin ayant eû le tems de me modérer , je
pris le parti de tourner la chofe en plaifanterie ; & me voyant accablé d'empreffe-
mens, & perfécuté pour conclure , je dis
très-férieufement à la Demoifelle , que la
furprife où j'étois me tenoit tellement faifi,
que j'en perdois prefque connoiffance ; que
cela n'empêchoit pas que je ne reffentiffe
une fatisfaction que je ne pouvois manifefter, que mon abatement fe pafferoit le lendemain ; que je la chercherois chez elle,
pour voir fi le défefpoir fuccéderoit à la
joye ; & fans leur donner le tems de répondre , je fis une grande révérence & me retirai.

Je fis des réflexions fur le chapitre de ces
Dames , qui véritablement me furpre-
noient ; je ne pouvois pas concevoir que des
perfonnes de confidération puffent joüer
des rôles fi différens en fi peu de tems ; je
trouvois extraordinaire que la tendreffe de
cette Demoifelle fe fût rallumée au moment que j'allois abandonner le pays. Je me
rapellois la maniére dont elle m'avoit reçû
lorfque je l'avois trouvée auprès de fon im-
bécile Campagnard ; j'avois de la peine à
comprendre qu'après en avoir ufé avec moi

avec fi peu de mefures , elle pût s'imaginer
que fes fourberies fiffent quelque impref-
fion fur mon efprit. Plus j'examinois la
chofe , plus le mépris que j'avois déja conçû pour elle redoubloit ; enfin je conclus
qu'il falloit que quelque mariage imprévû
lui eût enlevé fon amant , ou peut-être la
mort , & que pour derniére reffource elle
mettoit fes rufes en ufage , pour m'engager
à l'emmener en France , où l'on ne fçavoit
rien de fes avantures.

Je partis en peu de jours de Munich ,
après avoir demandé les ordres & pris congé de Madame l'Electrice , qui ne parut
avoir aucun chagrin de ce qui s'étoit paffé à
Ingolftat , au contraire cette Princeffe reçut la liberté que je pris avec toutes les bontés du monde. J'avois apris que la Garnifon d'Ingolftat avoit été payée de tout ce
qui lui étoit dû ; que les Impériaux étoient
entrés dans la Place , & que notre Régiment étoit dans la petite Ville de Scheremhaufen , en attendant que l'Efcorte fût prê-
te pour l'aller conduire felon le Traité. Je
me rendis auffitôt au Régiment ; & à peine
eûs-je mis pied à terre dans le logis qu'on
m'avoit deftiné , que Meffieurs de Flori-
mond , les deux Ingénieurs , & quelques

autres Officiers qui paſſoient en France à
la faveur de ma Capitulation, vinrent chez
moi me dire qu'en mon abſence ils étoient
convenus avec Boiſmorel, que l'affaire que
nous avions enſemble ne ſe vuideroit qu'à
la derniére journée de notre marche pour
entrer en France; parce qu'on avoit eû avis
que les Impériaux avoient intention d'élu-
der le tems de notre départ, pour voir de
quelle maniére la choſe ſe paſſeroit. Ils
comptoient que l'événement leur donneroit occaſion de chercher quelque prétexte
d'ennuyer le Régiment, & d'en cauſer l'entiére déſertion; qu'il étoit néceſſaire, pour
l'intérêt du Roy, & de tant d'honnêtes
gens qui eſpéroient paſſer à la faveur du Bataillon, de faire tréve à notre différent, juſqu'à ce que nous fuſſions ſur la Frontiére.
Qu'alors, ſans porter préjudice à perſonne,
nous pourrions vuider notre querelle, &
que Boiſmorel, à leur conſidération, ayant
conſenti à ce qu'ils avoient demandé, ils
eſpéroient que je ne m'y opoſerois pas. Je
dis à ces Meſſieurs qu'il n'y avoit nulle aparence que les Impériaux euſſent de pareilles vûes ſur nous, & moins encore qu'ils
s'aperçuſſent de ce qui s'étoit paſſé entre
Boiſmorel & moi; mais que puiſqu'ils

trouvoient plus à propos que nous fissions
une tréve de quelques jours, je n'avois aucune raison de m'y opofer; qu'au furplus,
c'étoit à Boifmorel, qui avoit été frapé,
de me demander fatisfaction, & qu'il étoit
le maître de garder le filence auffi long-
tems qu'il le jugeroit à propos; que cependant, en éloignant cette affaire, il étoit à
craindre qu'il n'en fît naître de nouvelles
par fes emportemens. Ces Meffieurs me dirent qu'ils avoient penfé comme moi; mais
qu'ils y avoient pourvû, & qu'ils efpé-
roient le contenir.

Les avis qu'avoient eûs ces Meffieurs
n'étoient véritablement que trop certains,
car le Maréchal d'Herbevillé, qui fe trouva commander dans cette Province, depuis que le Prince Eugéne fe fut retiré à
Vienne, fâché du refus que nous lui avions
fait dans Ingolftat, crut avoir trouvé le
moyen de fe venger, en différant le tems de
notre départ, pour occafionner la défertion
du Régiment. Le 15. & le 16. du mois
étoient déja paffés, fans que nous euffions
entendu parler de rien; ce filence nous mit
dans une véritable confternation: & l'on
eut encore recours à moi pour aller chez le
Maréchal d'Herbevillé. Ce Général fe fer-

vit de plufieurs prétextes qui l'avoient empêché de nous faire fçavoir de fes nouvelles, & me fit quelques difficultés que je tâchai de lever. Dans la fuite du difcours, je
lui fis entrevoir que quelque mal intentionné avoit femé le bruit d'un différent furve-
nu entre Boifmorel & moi, qui n'avoit rien
de réel; je lui repréfentai auffi qu'il n'étoit
pas de l'intérêt de l'Empereur, ni des habitans de Scheremhaufen, que nous demeu-
raffions long-tems dans le pays ; que nos
Grenadiers étoient fort à charge dans tous
les lieux où ils habitoient, & qu'ils s'y trouvoient fi bien, qu'ils feroient ravis d'y refter long-tems. Enfin je lui dis tant de chofes, qu'il fe détermina à fixer le jour de notre départ pour la veille de Noël, & m'affura que les Commiffaires & l'Efcorte fe
trouveroient ce jour là aux portes de la Ville pour nous conduire, & qu'on nous avoit
choifi de très-honnêtes gens & très-paifi-
bles, dont nous aurions lieu d'être fatisfaits. Je me retirai très-content de ma commiffion, & je foulageai réellement nos Meffieurs, quand je leur aportai une fi bonne
nouvelle; mais Boifmorel n'avoit pas fait
de tréve avec fes inquiétudes; fa paffion lui
fit imaginer les moyens de fe venger fans

rifquer fa vie, & fans qu'on pût l'accufer
d'avoir manqué perfonnellement à la parole
qu'il avoit donnée. Pour y parvenir, il fe
fervit des difpofitions qu'il trouva dans l'efprit & dans l'humeur de fon Lieutenant,
qui étoit fon fecond tome. C'étoit un jeune
Gentilhomme Champenois, plein de feu
& d'ardeur, qui faute de biens avoit été
élevé dans la campagne, fans beaucoup
d'éducation ni d'expérience, facile à prévenir, incapable de diftinguer les intentions & la vérité des cas qu'on lui propofoit. Boifmorel lui perfuada que j'avois de
mauvais deffeins contre lui; qu'il fçavoit de
bonne part que j'avois prémédité de le faire caffer en arrivant en France, en haîne de
ce qu'il s'étoit attaché à lui; qu'il étoit à
craindre qu'il ne fût facrifié à ma jaloufie;
qu'il devoit en tirer vengeance avant que
j'euffe le tems d'agir. Ce jeune Officier fut fi
pénétré des avis de Boifmorel, qu'inconfi-
dérément il fe mit à répandre mille invectives menaçantes contre moi. Le Chevalier
de la Baftide, qui étoit fort attaché à mes
intérêts, en aprit les particularités, & craignant quelque furprife, il me les commu-
niqua à mon retour de chez le Général
d'Herbeville. Je me tins fur mes gardes, &

le même jour paſſant dans une ruë, je rencontrai par hazard le Lieutenant; je crûs que je pourrois le deſabuſer ſi j'entrois en explication avec lui, & je l'abordai à ce ſujet; mais je trouvai cet homme ſi prévenu contre moi, que ſans aucun ménagement, il me chargea d'injures, avec une voix ſi haute & ſi peu conforme au reſpect qu'il me devoit, que je mis l'épée à la main, & le frapai du plat, pour lui faire reſſentir ſes injures; après quoi je me reculai, pour lui donner le tems de ſe mettre en défenſe, mais nous fûmes ſéparés à l'inſtant par nombre de perſonnes que ſa voix avoit attiré, qui nous remmenérent chacun chez nous.

Boiſmorel fut au comble de la joye, quand il aprit que l'affaire étoit engagée de maniére à ne pouvoir pas s'en dédire: & qu'il falloit que le Lieutenant me demandât ſatisfaction, ſans qu'aucune raiſon de politique pût en empêcher, parce qu'il n'étoit pas d'un rang aſſez élevé dans le Régiment. Il eſpéra que ce jeune homme vif & robuſte pourroit lui épargner le danger de ſe battre contre moi; & pendant le reſte du jour, il eut ſoin de lui inſpirer toute la fureur & la rage dont il étoit capable. Il lui

conseilla de se munir d'un bâton, pour me
fraper avant que de mettre l'épée à la main,
s'il pouvoit me surprendre, afin de se laver
du coup de plat d'épée que je lui avois donné, & l'envoya roder le lendemain au matin aux environs de mon logis. J'étois à
m'habiller quand je l'aperçûs au travers des
vîtres de mes fenêtres ; il passoit sur une
Place, avec un bâton à la main ; je me doutai d'abord de son dessein, & pour ne pas
retarder la satisfaction qu'il avoit à prétendre, j'achevai de m'habiller promptement,
& allai moi-même le chercher, sans m'embarrasser de son bâton. Je ne le trouvai plus
sur la Place : & m'étant avancé du côté du
logis de Boismorel, où je jugeai qu'il pouvoit être, je l'aperçûs dans la ruë, & le
Colonel à sa fenêtre qui lui parloit. Quand
je vis que l'un & l'autre me voyoient, je
pris ma route du côté d'une porte de la Ville, qui étoit fort près de là, afin d'être en
liberté de nous battre, & ne pas tomber
dans le cas d'être séparés comme nous l'a-
vions été la veille. Le Lieutenant me suivit d'abord qu'il m'eut remarqué, & me
voyant sortir hors des portes, il s'imagina
que je n'avois pris cette route qu'à dessein
de l'éviter ; cette idée augmenta tellement

son courage, qu'il doubla le pas pour me joindre, en criant : arrête, arrête, tu ne m'échaperas pas. J'étois sur le pont du fossé de la Ville, quand sa voix vint brutalement me choquer les oreilles ; je me sentis si indigné de cette menace, qu'en deux sauts je fus sur lui l'épée à la main. Il n'eut que le tems d'abandonner son bâton, sans pouvoir s'en servir comme il l'avoit prémédité, & de tirer la sienne. La démarche qu'il me vit faire, si contraire à son opinion, contribua beaucoup à son désavantage ; il fit cependant de son mieux pour se défendre, mais en confusion, sans conserver de sang-froid ni de mesure. Je sentis aussitôt que je pourrois facilement venir à bout de mon homme & j'eus heureusement pour lui assez de tems pour songer que si je le tuois, sa mort pourroit donner occasion à quelque fâcheux événement. Je le blessai donc en deux endroits du bras, & le désarmai ; je lui donnai la vie que j'avois en mon pouvoir, quoique je fusse bien persuadé qu'il n'auroit pas eu les mêmes égards pour moi, s'il avoit pû avoir l'avantage, car je lui étois trop bien recommandé par Boismorel. Quelques Officiers, qui s'étoient doutés de l'affaire, &

qui

qui étoient survenus par curiosité, fûrent
témoins d'une réprimande que je lui fis sur
ses mauvais desseins, & sur les conseils qu'il
avoit été capable de suivre, sans connoître que celui qui les lui avoit donnés, ne
vouloit que le sacrifier à sa vengeance, en
lui faisant épouser sa querelle; je lui fis comprendre combien il devoit se méfier à l'a-
venir de ses discours pernicieux, & qu'il
devoit profiter de l'accident qui venoit de
lui arriver, pour éviter d'entrer dans les
querelles d'autrui. Il en profita à la vérité,
& fit son possible pour rentrer en grace chez
moi, ce que je lui accordai avec plaisir.
Boismorel, qui attendoit avec une extrême
impatience la décision de notre combat,
fut d'un étonnement étrange quand il aprit
l'avantage que j'avois eû sur son ami, & la
morale que je lui avois faite après notre
combat; il avoit formé des projets qu'il
voyoit anéantir: il en fut si touché, qu'il
devint tout rêveur, & cette derniére action
nous redonna le calme.

Le jour de notre départ, tel que nous l'a-
voit promis le Maréchal d'Herbevillé, arriva enfin; l'escorte & les Commissaires
vinrent nous recevoir à Scheremhausen,
& nous prîmes la route de France le 23.

Décembre. Alors il ne resta plus dans toute la Baviére que les Troupes de Sa Majesté Impériale, & le Bataillon que s'étoit réservé Madame l'Electrice. Tous les Bavarois avoient été congédiés, selon le Traité qui avoit été fait; & plusieurs qui ne sçavoient où aller prîrent parti dans les Troupes de l'Empereur, & on eut soin de les envoyer en Hongrie & en Italie, crainte que l'envie leur prît de s'aprocher de leur Souverain. Madame l'Electrice ne vit pas longtems régner la bonne foi de son Traité; cette Princesse eut le chagrin d'éprouver que sous des prétextes frivoles, la Cour de Vienne envoya un Commandant dans Munich, pour veiller à ce qu'il ne se passât rien de contraire aux intérêts de l'Empereur. Son Altesse s'étant aperçûe de certaines dispositions, qui ne pronostiquoient rien d'heureux pour l'avenir, voulut garantir sa famille, en demandant un Passeport pour faire le voyage de Rome : & la Cour de Vienne se servant de cette occasion pour venir à bout de ses desseins, accorda le Passeport pour la Personne de Madame l'Electrice seulement, & fit conduire les Princes ses enfans, qui étoient au nombre de cinq, dans la Ville de Gratz, afin de ne plus avoir d'objets de crainte dans les Etats de Baviére, & par-là l'Empereur s'en trouva paisible possesseur. Les revenus considérables de ce Pays contribuérent essentiellement aux frais de la Guerre, & ne vérifiérent que trop qu'il étoit en état de se soutenir, comme nous l'avions remarqué, & quelque mauvais événement qui fut arrivé, on ne pouvoit tout au plus que perdre Troupes & Pays, & laisser tous les Sujets de l'Electeur en proye aux subsides que la Cour de Vienne leur imposa, qui montoient annuellement au moins à trente millions Monnoye de France. Tel fut la fin de la Guerre de Baviére, que très-peu de personnes en Europe ont apris dans la pure sincérité; on ne sçauroit lui donner de circonstances plus ou moins étenduës, sans altérer la vérité; & si j'avois autant d'élégance que de sincérité, mes Mémoires seroient dans l'ordre qu'on pourroit desirer. Je sçai que ce dernier point leur manque; mais je laisse au Traducteur le soin d'y supléer.

Fin du premier Tome.

6.ª

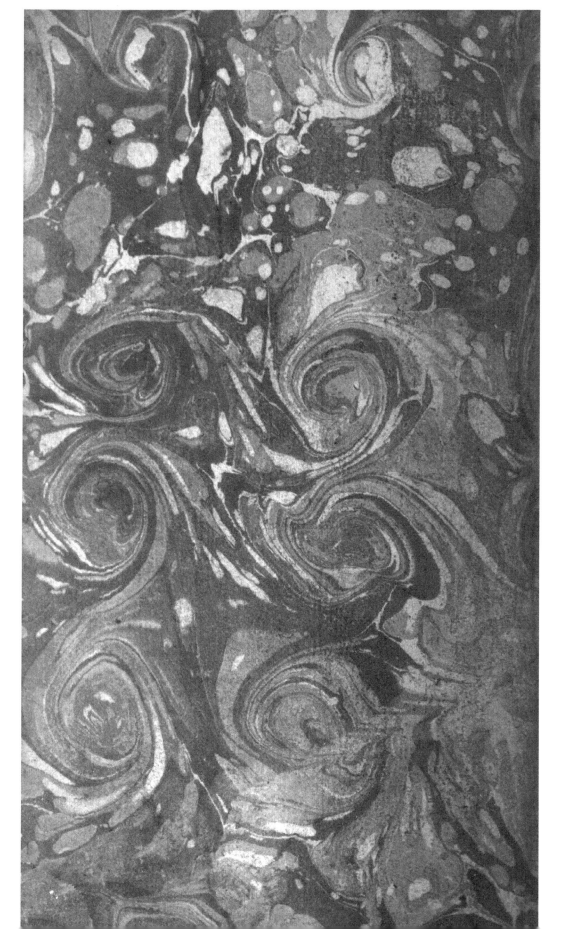

Lightning Source UK Ltd.
Milton Keynes UK
UKHW032212161118
332481UK00007B/486/P